FELIX NEUREUTHER

DAS ERBE DER ALPEN

Was unsere Bergwelt bedroht
und warum wir sie retten müssen

»Einem Berge
Du, Berg, bist gut. Auf deinen Matten ruht
Das Auge gern und gern auf deinem Wald;
Du bist nicht hoch noch stattlich von Gestalt,
Doch macht dein sanfter Reiz dem Träumer Mut.
Die Sonne liegt auf deiner breiten Brust
Den langen Tag: du gibst sie uns zurück;
Und über deinem gütevollen Glück
Entlässt das Herz die letzte böse Lust.«

Christian Morgenstern (1871–1914)

FELIX NEUREUTHER

Peter Neusser – Michael Ruhland

DAS ERBE DER
ALPEN

Was unsere Bergwelt bedroht
und warum wir sie retten müssen

INHALT

VORWORT

In meinen jungen Jahren als Profiskifahrer hatte ich nur den Sport und den Wettkampf im Kopf. Was drumherum passierte, interessierte mich nicht groß. Oder sagen wir so: Es drang noch nicht bis zu meinem Herzen vor. Training, Rennen, Reisen, Regeneration, ich war jung und wollte gewinnen – alles war neu und spannend und begeisterte mich. Von außen wurde mir immer wieder eingehämmert: Wenn du Rennen gewinnen willst, musst du voll fokussiert sein, alles, was dich von diesem Ziel ablenken könnte, musst du ausschalten. Doch bald merkte ich, dass ich nicht dieser Rennläufertyp war, der ein Skifahrerleben lang in dieser Blase leben wollte. Ich war neugierig und nach den ersten Erfolgen wurde es Zeit, mein Umfeld zu hinterfragen und genauer zu beobachten. Ich war Ganzjahressportler und bei den Gletscher-Trainingseinheiten begann ich zu realisieren, wie mir mein Lebensinhalt quasi unter den Füßen wegschmolz. Mir wurde klar, dass ich selbst und wir alle ein Teil des Problems sind. Seit einigen Jahren äußere ich mich laut und versuche Lösungen und Anpassungen zu finden, die uns erlauben, auch weiterhin noch Ski zu fahren oder Rennen auszurichten. Ein Grundstein dafür ist die Suche nach den Ursachen und nach den zu erwartenden Folgen der Klimakrise für unsere so einzigartige Bergwelt. Wir müssen Möglichkeiten finden, die uns aus der Krise helfen können.

Meine Frau Miri und ich haben inzwischen drei Kinder. In welche Zukunft schicken wir sie, welche Hypotheken bürden wir ihnen auf? Für mich ist es entscheidend, dass schon Kinder von klein an lernen, wie die Natur funktioniert. Das ist ein Auftrag an alle Eltern, aber auch an unser Bildungssystem. Warum gibt es kein eigenständiges Fach, in dem es allein um Natur und Umwelt geht? Man müsste dabei auch unterrichten, was gerade mit unseren Bergen los ist, was mit den Gletschern und dem Permafrost passiert. In Österreich fahren Schulklassen beispielsweise aufs Kitzsteinhorn und bekommen dort live mit, wie die Wissenschaftler die Felsen und den Gletscher untersuchen. So ein praxisnaher Unterricht bleibt hängen, weil es für die Kinder spannende Erlebnisse sind.

Wir sind beide positiv denkende Menschen, dem Leben zugewandt und wollen keine apokalyptischen Bilder heraufbeschwören. Das wäre nur destruktiv. Gleichzeitig wissen wir, dass es nicht 5 vor 12 ist, sondern vielleicht schon ein paar Minuten danach. Gerade diese Erkenntnis ist ja umso mehr ein Auftrag, etwas zu ändern. Die großen globalen Herausforderungen können wir nicht lösen, aber es gibt so vielfältige Möglichkeiten, etwas im Kleinen zu bewegen. Und es gibt erfreulicherweise so viele außergewöhnliche Menschen, die uns – ohne groß Aufhebens zu machen – vorleben, wie es gehen kann. Und genau darum soll es in diesem Buch „Das Erbe der Alpen" gehen. Es ist so viel an Wissen da, an gelebter Tradition, an neuen Ideen, die auf alten Techniken fußen, dass man nur mal genauer hinschauen muss.

> »Im Kern geht es um die Frage: Wie kann ein gutes Leben in den Alpen künftig ausschauen und wie ein nachhaltiger Tourismus?«

Genau dazu will ich in dem Buch Anregungen geben, indem ich Menschen vorstelle, die für mich Vorbilder sind. Keine Heroen, keine Nobelpreisträger, auch keine Umweltaktivisten, sondern einfach Menschen, die durch Traditionen oder innovative Ideen das Erbe der Alpen in eine gute Zukunft tragen.

Es sind die Begegnungen mit Menschen, die mich bei diesem Buchprojekt am allermeisten fasziniert haben. Bei allem Wissen um Zahlen, um Wahrscheinlichkeiten, um Prognosen und düsteren Aussichten für die Gletscher und die Natur in den Alpen gibt es doch Hoffnung. Am Spinnrad mit Waltraud Schwienbacher in ihrem Kräuterhof Wegleit im Südtiroler Ultental zu sitzen und die Ruhe und Kraft dieser außerordentlichen Frau zu spüren, in der Stube der Familie Schuen in den Dolomiten ladinischen Liedern zu lauschen, über die Skulpturen des Holzbildhauers Christoph Finkel zu streichen, der aus Lawinenholz filigrane Kunstwerke für die Ewigkeit macht, dem jungen Spitzenkoch Thomas Gufler in seiner Küche über die Schulter zu schauen, auf der Alpspitze eine Bergmesse zu erleben und mit einem Bergbauern auf 2400 Metern Höhe mit Sense und Steigeisen eine Steilflanke zu mähen – das sind alles Geschichten, die von unheimlicher Energie und Zuversicht zeugen.

>>Dieses Buch bringt mich selbst zurück zu
den Wurzeln meiner Familie.<<

Was viele nicht wissen: Wir sind nicht etwa nur Skifahrer und Langläufer beziehungsweise Biathleten. Die Geschichte der Neureuthers ist eine Bergsteigergeschichte gepaart mit wissenschaftlichem Anspruch. So führt die Spur zurück ins 19. Jahrhundert zu den Schlagintweits. Die Brüder Hermann, Adolph und Robert haben damals Großartiges für die Wissenschaft geleistet, sie kartierten und vermaßen Gletscher in den Alpen, im Karakorum und Himalaya und waren Pioniere. Ich bin in vierter Generation direkt mit ihnen verwandt. Das ist für mich eine Ehre, aber auch Auftrag, selbst etwas Gutes zur Zukunft der Alpen beizutragen. Gerade der Wintersport muss sich Gedanken über Alternativen machen. Auch das ist im Buch thematisiert. Ich bin der Überzeugung, dass der Mensch im Einklang mit den Bergen leben kann. Was mich tief beeindruckt hat, war der Schafauftrieb im Juni im Schnalstal.

Man nennt diese Wanderweidewirtschaft Transhumanz und sie verläuft heute noch in etwa nach den gleichen Prinzipien wie vor 6000 Jahren. Unglaublich, aber wahr.

„Der Mensch ist ein Gewohnheitstier, wir brauchen aber eine Transformation", sagt der Meteorologe und Klimaexperte Sven Plöger, mit dem ich mich auf der höchsten Wetterstation Deutschlands, getroffen habe. Ich gebe ihm da vollkommen recht, zumal das Denken der Shareholder von Aktiengesellschaften in Quartalen verläuft. Wir aber benötigen ein langfristiges Denken über mehrere Generationen. Dafür gibt es in der Hotellerie längst einen Begriff: Enkeltauglichkeit. Auch darum wird es in meinem Buch gehen. Ein Drittel der Bevölkerung in Deutschland ist Meinungsforschern zufolge bereit, etwas zu tun, und will etwas ändern. Das macht mir Mut. Ich glaube fest daran, dass es mit der Haltung im Kopf losgeht. Als Wegweiser kann die Agenda 2030 mit ihren 17 Zielen für nachhaltige Entwicklung dienen. Diese wurde am 25. September 2015 von 193 Staats- und Regierungschefs auf dem Gipfeltreffen der Vereinten Nationen in New York verabschiedet. Die Agenda ist eine Art Weltzukunftsvertrag.[1] Das Wissen um die richtigen Weichenstellungen ist längst da. Wir müssen endlich ins Handeln kommen.

Wenn man mich fragt, dann ist das die Botschaft dieses Buches: Es gibt viele Gründe zur allergrößten Sorge, was die Zukunft in einer durch die menschengemachte Klimaerwärmung aus allen Fugen geratenen Welt betrifft. Es gibt aber auch die Signale der Menschen, die sich aktiv um den Schutz der Alpen bemühen, sei es durch ihren Einsatz für die gute Sache, sei es einfach durch ihr Tun. Daraus sollten wir Hoffnung ziehen und Inspiration, es ihnen gleichzutun.

Ihr Felix Neureuther

DIE SCHÖNHEIT DER ALPEN

EINE GESCHICHTE VOLLER BERGE

Manche Erkenntnis dauert, bis sie einem wirklich bewusst ist. Bei mir war das so beim Thema Berge. Klar, ich wollte Ski fahren, am besten die ganze Zeit. Diesen Drang, auf den Brettern zu stehen, konnte ich auch dank der Unterstützung meiner Eltern Rosi und Christian austesten und ausleben. Meine Mutter Rosi Mittermaier gewann 1976 bei den Olympischen Winterspielen in Innsbruck zwei Gold- und eine Silbermedaille. Mein Vater Christian Neureuther war Slalomspezialist und siegte bei insgesamt sechs Weltcuprennen. Doch welche Bedeutung die Berge für mein Leben haben, ist mir erst in den letzten Jahren klar geworden. Die Leidenschaft für sie liegt in der DNA unserer Familie, sie wird seit Generationen weitervererbt. Seit ich genauer hinschaue, finde ich überall die genetischen Bausteine, die auch bei mir die Liebe zu den Bergen vorherbestimmt haben. Dabei hätte ich schon vor 25 Jahren einen wichtigen Schlüssel dazu entdecken können. Denn mein Großvater väterlicherseits, Gottfried Neureuther, den seine Freunde und Bekannten „Goggi" nannten, hatte sich zu meiner Firmung im Jahr 1998 ein ganz besonderes Geschenk einfallen lassen: Er wollte mir ein historisches Himalaya-

Aquarell aus dem Jahre 1856 schenken, gemalt vor Ort vom Naturforscher und Geografen Hermann von Schlagintweit, dessen vor allem symbolischen Wert ich damals vermutlich nicht zu schätzen gewusst hätte.

Mein „Abba", wie ich ihn nannte, hatte also im Sinne, beim Enkel zum wichtigen christlichen Initiationsfest auch die Beschäftigung mit dem Bergsteigen und der geheimnisvollen Welt der Berge in Gang zu setzen. Es ist für mich im Rückblick kaum zu glauben, dass Abba, selbst lange Zeit Arzt in leitender Funktion, trotz eines ärztlichen Verbotes, Treppen zu steigen, eben jene Litografie des furchtlosen Forschungsreisenden Schlagintweit aus dem Obergeschoss unseres Hauses in Gerold holte, um sie mir dann später feierlich überreichen zu können. Es sollte sein letzter Gang im Haus gewesen sein, denn Abba erlitt genau an dem Tag einen Schlaganfall. Das Bild hatte er noch auf den Küchentisch gelegt, zur Übergabe kam es aber nicht mehr, wie mein Vater auf der Rückseite der Originallitografie mit dem Titel „Aussicht vom Morgan-Pass nach Süden" handschriftlich notierte. „Von Abba, Dr. Gottfried Neureuther, an Felix zur Firmung 1998. Am 5.7.98, am Tag der Einweisung ins Krankenhaus, hat Abba das Bild von ‚oben' trotz Treppenverbots heruntergeholt, um es Felix zu schenken. Er kam nicht mehr dazu, da er am 19.7.98 starb."

DAS ERBE DER SCHLAGINTWEIT-BRÜDER
Erst jetzt kann ich ermessen, welchen Schatz mir mein Großvater vermacht hat, der selbst ein passionierter Bergsteiger und anerkannter Forscher zu medizinischen Fragen im Gebirge war. Das Bild hängt zwar seither bei uns im Flur, doch erst vor wenigen Jahren habe ich realisiert, dass ich in direkter Linie mit den Schlagintweits verbunden bin. Die Brüder Hermann, Adolph und Robert Schlagintweit waren wissenschaftliche Pi-

oniere, sie vermaßen die Gletscher in den Alpen und später im Himalaya und bestimmten teils auch ihre Fließgeschwindigkeit. Ihr kaum zu bändigender Forscherdrang trieb sie auch zu bergsteigerischen Höchstleistungen. Im August 1851 machten sich Hermann und Adolph mit drei Bergführern ins Monte-Rosa-Massivs auf, darunter Peter Taugwalder, der später die dramatische Edward-Whymper-Erstbesteigung des Matterhorns gemeinsam mit seinem Sohn und Whymper überleben sollte. Ziel war der damals als „Höchste Spitze" des Monte Rosa bezeichnete Gipfel, den sie am 22. August 1851 mittags erreichten. Als zweite Seilschaft überhaupt. Erst viele Jahre danach wurde festgestellt, dass der später als Ostspitze (4632 m) bezeichnete Gipfel nur die zweithöchste Erhebung des Grates im Monte-Rosa-Massiv ist. Bis zum höchsten Gipfel, heute als Dufourspitze (4634 m) bekannt und damals noch unbestiegen, kämpften sich die Männer nicht mehr durch. Es war damals auch gar nicht ersichtlich, welche Erhebung höher war.

Von der Besteigung berichtet die Schlagintweit-Nachfahrin Helga Alcock 1980 in einem Artikel über die drei Brüder im renommierten Himalayan Journal.[2] Der Kanton Wallis 2014 und die Gemeinde Zermatt benannten die Ostspitze im Jahr 2014 in Dunantspitze um, zu Ehren des Gründers des Roten Kreuzes, Henry Dunant. Ich finde, die Schlagintweit-Brüder hätten den Gipfel auch verdient gehabt. Zumal sie vier Jahre später im Himalaya am Ibi Gamin – ein 7355 Meter hoher Gipfel im indischen Bundesstaat Uttarakhand – einen neuen Höhenrekord aufstellten. Sie erreichten am 19. August 1855 am Gletscher eine Höhe von 6758 Metern, wie sie in ihren wissenschaftlichen Berichten dokumentierten.[3] Damals eine Sensation, denn ihr Mentor, Alexander von Humboldt, hielt den Höhenrekord (mit seiner schlussendlich nicht erfolgreichen) Besteigung des Chimborazo (6263 m) im Jahr 1802 in Ecuador mit den erreich-

ten 5700 Metern mehr als 50 Jahre lang inne.[4] Der Chimborazo galt zu seiner Zeit in der westlichen Hemisphäre als der
höchste Berg der Welt. Man wusste es schlichtweg nicht besser. Humboldt war damals einer der erfahrensten Bergsteiger
weltweit. Die Forschungsergebnisse seiner Besteigungen und
Kartierungen in den Anden prägen noch heute unser Verständnis von den Vegetationszonen der Erde.

> »Wie nahe wir als Familie an den
> Wissenschaftspionieren sind, erfuhr ich erst so
> richtig bei einem Termin im Alpinen Museum des
> Deutschen Alpenvereins in München.«

Stephanie Kleidt, Expertin für die Brüder Schlagintweit, legte
mir einen von ihr erstellten Stammbaum vor, der über zwei
DIN-A4-Seiten reicht und in dem sie mit roten Kästchen die
für mich relevanten Familienmitglieder einrahmte. Über dem
Stammbaum steht gewissermaßen der Urvater, der Münchner
Augenarzt Josef August Schlagintweit (1791–1854). Er zeug-
te insgesamt 13 Kinder, die von drei Frauen stammten – die
erste und die zweite Ehefrau starben früh. Der aus der dritten Ehe stammende Max August (1849–1935) heiratete Lina
Sedlmayr, sie gebar fünf Kinder, darunter Clothilde Yolande.
Clothilde Schlagintweit (1885–1953) ehelichte später einen
Karl Neureuther und wurde somit zur Großmutter Christian
Neureuthers. Es sind also nur vier Generationen bis zum Vater der Brüder Schlagintweit, denen das Alpine Museum 2015
eine große Ausstellung gewidmet hat. Sie hieß „Über den Himalaya. Die Expedition der Brüder Schlagintweit nach Indien
und Zentralasien 1854 bis 1858", und wenn ich heute in dem
opulenten, fast 400 Seiten dicken Ausstellungsband blättere,
dann bin ich voller Ehrfurcht vor den Leistungen der drei Brü-

der. Sie erstellten Dutzende Bände mit meteorologischen Messreihen, mit Manuskripten ihrer Beobachtungen und erstellten gut 750 Zeichnungen und Aquarelle, von denen 480 noch erhalten sind.[5] Zudem erwarben sie Tausende Sammlungsstücke wie Gebetsketten und Musikinstrumente in den fremden Kulturen Zentralasiens und brachten sie mit zurück.

Es gibt in dem Ausstellungskatalog ein Bild, das Adolph und Hermann mit breitkrempigen Hüten, Lodenmänteln und mit langstieligen Eispickeln ausgerüstet zeigt und das vermutlich aus dem Jahr 1850 stammt.[6] Die Gesichter wirken verwegen, die Blicke in die Ferne gerichtet, sie sehen aus wie zwei furchtlose Musketiere – nur nicht im Dienst der Infanterie, sondern der Wissenschaft. Adolph Schlagintweit hat seinen Entdeckergeist allerdings früh mit dem Leben bezahlt. Er überquerte im Frühsommer 1857 ohne seine Brüder ein weiteres Mal den Karakorum, wurde im chinesischen Turkestan unter nie ganz geklärten Umständen im August 1857 in der Stadt Kashgar hingerichtet – wohl auf Befehl eines lokalen Warlords und als Willkürakt.[7] Mich fröstelt bei dem Gedanken, was in dem erst 28-jährigen Forscher in den letzten Stunden seines Lebens vorgegangen sein mag. Immerhin war es kein Geringerer als der große Geograf und Forschungsreisende Alexander von Humboldt (1769–1859), der Hermann und Adolph den Auftrag von König Friedrich Wilhelm IV. und der Britischen Ostindien-Kompanie vermittelte, eine wissenschaftliche Expedition in den Himalaya zu unternehmen, auf der sie auch der Bruder Robert begleitete.[8] Doch die schützende Hand Humboldts, der damals als Naturforscher im In- und Ausland hoch angesehen war, reichte nicht bis nach Turkestan. Die überlebenden Brüder setzten verschiedene britische und russische Hebel in Bewegung, um Aufschluss über die Todesumstände zu bekommen. Erst 1859 bestätigte der Sultan des Bezirks die Hinrichtung, doch Kopf und Leichnam wurden nie identifiziert, auch von einem Grab ist nichts bekannt. So banal und furchtbar das klingen mag, aber Adolph Schlagintweit war damals schlichtweg zur falschen Zeit am falschen Ort.

Beim Termin zur Ahnenforschung im historischen Gebäude auf der Münchner Praterinsel hatte die Schlagintweit-Expertin Stephanie Kleidt Originale und Litografien aus dem Nachlass der Brüder mitgebracht. 17,5 Regalmeter misst er allein in der Staatsbibliothek. Kleidt erzählte meinem Vater und mir damals, dass die jungen Forscher Mappen dabeihatten, in denen sie alle Notizen und Zeichnungen reinlegten, in Schnipsel zuschnitten und später neu ordneten und zusammenfügten. Allein aus diesen Beobachtungsmanuskripten sind 43 Bände entstanden. Die Aquarelle hielten sie frei von Notizen, denn daraus hervorgegangen zur damaligen Zeit Kartenwerke. Die Blätter wurden dazu abgepaust, Konturen und Schraffuren nachträglich eingezeichnet.

Meinen Vater und mich interessierten gerade auch die vielfältigen Arbeiten der Schlagintweit-Brüder über die Geologie und Geografie der Alpen. Ehrfürchtig blätterten wir im 1850 erschienenen „Atlas zu den neuen Untersuchungen über die physicalische Geographie und die Geologie der Alpen". Darin finden sich Lithografien über Alpengletscher, die die Schlagintweit-Brüder mit schwerem wissenschaftlichem Gerät vor Ort vermessen haben. Besonders hatte es mir die „Geologische Karte der Zugspitze und des Wettersteins" von Adolph Schlagintweit aus dem Jahr 1855 angetan, ist es doch meine Heimat – damals hatte der Zugspitzgletscher seine größte Ausdehnung nach dem Ende der letzten Eiszeit.

»›Schau mal, da ist Gerold‹, rief mein Vater plötzlich, ›das ist unser Haus, da bin ich geboren.‹«

Tief beugte ich mich über das in drei Farben kolorierte Werk – die Schlagintweit-Brüder ließen ihre Aquarelle, Zeichnungen und Skizzen von Landschaftsmalern als Auftragsarbeiten fertigstellen und von den besten Lithografen drucken. Sie ließen etliche ihrer Aquarelle in München von renommierten Landschaftsmalern wie etwa Karl Millner und Fritz Bamberger vollenden. „Das war damals nicht ehrenrührig", beschied Stephanie Kleidt. Meinem Papa entlockte es dennoch, begleitet von einem mächtigen Lachen, den Spruch: „Das war ja Fake." Plötzlich entdeckte ich in dem Atlas die Orte Kranzberg und Garmisch und Partenkirchen. Mein Papa merkte an: „Da ist noch kein Bindestrich dazwischen." Und ich antwortete ihm: „Der Bindestrich ist das Schlimmste, was es gibt", in Anspielung auf die von vielen Einheimischen wenig geliebte Zwangsvereinigung der beiden Ortsteile auf Druck der NSDAP im Jahr 1935. Aus Garmisch und Partenkirchen wurde der Markt Garmisch-Partenkirchen.

Ich persönlich glaube, dass es ohne unsere direkte Verbindung zu den Schlagintweits dieses Buch „Das Erbe der Alpen" gar nicht gäbe. Denn sie verkörpern für mich beides: die Leidenschaft für die Berge als Forscher und die Liebe zu den Bergen als Bergsteiger und Pioniere für Expeditionen ins (damals noch) Unbekannte. Sie haben in mir etwas bewegt, was ich als Profiskifahrer zwar schon an den schmelzenden Gletschern gesehen, aber erst nach Ende meiner Karriere richtig realisiert habe.

»Ich möchte mich dafür einsetzen, dass möglichst viele Menschen mehr über die Berge erfahren und sehen, welchen großen Schatz wir dort vorfinden.«

Für mich sind die Berge Ruhepol und Kraftquelle gleichermaßen. Und das gilt für meine gesamte Familie. Mein Vater sagte

einmal zu mir: „Warum habe ich die Rosi geheiratet und du die Miri? Das kann kein Zufall sein!" Ich stimme ihm zu, denn alle waren oder sind sie Bergbegeisterte, auch mein Schwiegervater, der Bergführer ist, und meine Schwiegermama, die immer noch leidenschaftlich gerne klettert. Das ist unser Erbe und das ist mir zugleich Auftrag. Ich würde eigentlich gerne nach Kashmir und im dortigen höchsten Skigebiet Gulmarg auf fast 4000 Metern die indischen Meisterschaften mitfahren. Das wäre ein super Schlusspunkt meiner persönlichen Skikarriere und würde die Geschichte der Schlagintweits und Neureuthers mischen, die Forscher mit den Bergsteigern und Skifahrern. Mal schauen, ob das noch klappt.

MEIN „ABBA": BERGWACHTLER UND BERGDOKTOR

Der Wunsch, die Menschheit durch Forschung voranzubringen, hatte auch meinen Großvater Gottfried, den „Abba", umgetrieben, der mich, wie oben erwähnt, schon früh auf unsere Ahnen stoßen wollte. Im Zweiten Weltkrieg als Stabsarzt tätig, wurde der Facharzt für Innere Medizin später Landesarzt der Bergwacht im Bayerischen Roten Kreuz. „Er war ein fantastischer Bergsteiger und Bergwachtler", sagt mein Papa über seinen Vater. Der Abba war aber auch einer, der ganze Stubn oder Säle in seinen Bann ziehen konnte, wenn er die Gitarre auspackte und sang oder wenn er vor Zuhörern sprach. „Den Goggi haben sie geliebt bei seinen Vorträgen", erzählten mir meine Eltern rückblickend. Ein Entertainer, würde man heute sagen. Diese Eigenschaft hatte ihm im Krieg letztlich wohl das Leben gerettet. „Nur weil er lustig war und singen konnte, haben sie ihn nach Südtirol mitgenommen." Alle anderen seiner Kompanie seien wenig später an der Russlandfront umgekommen.

Sein Forschertrieb brachte ihn 1959 sogar auf eine wissenschaftliche Expedition in den Himalaya, wo er als Expeditionsarzt fungierte. Goggis Spezialgebiet war die allgemeine Unterkühlung, ein Phänomen, das beispielsweise bei Bergungen aus Gletscherspalten auftritt oder bei Unfallopfern, die Regen und Wind ausgesetzt waren. Immer wieder kam es vor, dass Gerettete falsch behandelt wurden und in der eigentlich sicheren Hütte oder unten im Tal unter den Augen der Retter einen Herzstillstand erlitten – man nannte das, eher hilflos, den Bergungstod. „In einer heizbaren Hüttenküche kann man mehr Leben erhalten als nach einem weiteren stundenlangen Abtransport ins Tal", schrieb Dr. Gottfried Neureuther 1968 in der Broschüre „Erste Hilfe im Gebirge", die der Österreichische Alpenverein für seine Nachwuchsgruppen herausgab.[9]

Mein Abba hatte herausgefunden, dass sich ein unterkühlter Körper nach einer gewissen Zeit damit behilft, innen, also im Kern, die überlebenswichtige Temperatur zu erhalten, während außen, also in der Schale, die Gefäße geschlossen werden. Haut, Fettgewebe, Muskulatur, Arme und Beine werden dann weiß und kalt, während Herz, Lunge, Bauchorgane und Gehirn möglichst lange funktionsfähig erhalten werden. Findet man einen Bewusstlosen, dessen Atmung und Herzschlag nur noch schwach spürbar sind, dann müsse man seine „Schale" möglichst schnell erwärmen, sonst fließe das wärmere Kernblut in die noch kalte Schale und kühle sich dort ab und führe im weiteren Verlauf schlimmstenfalls zum Herzstillstand. Heißt: Nur in ein paar Decken einhüllen wäre der falsche Weg. „Wenn das Kernblut in die Schale kommt, muß die Schale schon so warm sein, daß kein Temperatur-Abfall des Kernblutes mehr eintritt", erklärte Neureuther in seinem Aufsatz. Man müsse also möglichst schnell von allen Seiten Wärme an den Körper heranbringen. „Das geht am besten im heißen Bad." Oder in einem Waschzuber. Wenn beides nicht vorhanden sei, so riet er, dann müsse man das Unfallopfer mit feuchten, heißen Tüchern, Wärmflaschen, „Bierflaschen mit heißem Wasser" – kurz: mit allem, was an Ort und Stelle aufzutreiben ist –, wieder möglichst an der ganzen Körperfläche aufheizen.

Bei örtlichen Erfrierungen, beispielsweise an Fingern und Zehen, erklärt mein Abba im weiteren Verlauf seiner Handreichung, müsse man es dagegen genau andersherum machen: „Die Wiedererwärmung muß ganz langsam vor sich gehen."[10] Sonst riskiere man, dass die geschädigten Gliedmaßen ganz abstürben. Denn ein weißer, praktisch lebloser Finger oder Zeh brauche zur Wiederbelebung Sauerstoff aus der Blutbahn. Nachdem aber meist die Gefäße in der Umgebung auch verengt seien, müsse die Erwärmung langsam vor sich gehen. Andernfalls produziere der wiederbelebte Stoffwechsel unter Sauerstoffentzug giftige Substanzen, welche die Zellen schädigten oder ganz zerstörten. Irreversibel.

»Beim Lesen seiner in leicht verständlicher Sprache geschriebenen Erklärungen und Tipps bin ich immer wieder fasziniert, denn sie haben nichts an Aktualität eingebüßt und haben bei mir reihenweise Aha-Effekte produziert.«

Ein Beispiel: „Ein schlotternder, zitternder Mensch befindet sich in einer guten Abwehrlage. Laßt ihn nur die Zähne klappern, er macht sich damit warm."[11] Denn die – nicht steuerbaren – Muskelzuckungen produzierten durch ihre Kontraktionen Wärme. Was ich auch nicht wusste: Im Wasser kühlt ein Körper 27-mal schneller aus als in unbewegter Luft. Auch nasse Kleider sind in diesem Zusammenhang Gift, weil Wasser die Wärme schnell ableitet. Im Schnee dagegen hält sich die Körperwärme dank der zwischen den einzelnen Kristallen liegenden Luftpolster verhältnismäßig lange. Unterkühlungen, schlussfolgerte mein Abba, treten demnach in der Sommerbergsaison eher häufiger auf als im Winter.

Auch mein Opa mütterlicherseits liebte die Berge und den Schnee. Er war Langläufer und Skispringer und wurde während seiner Zeit in der Heeres-Hochgebirgsschule Fulpmes Deutscher Reichsmeister in der 50-Kilometer-Staffel, wie mir meine Mutter einmal erzählte. Heinrich Mittermaier, gelernter Handelskaufmann, wollte raus aus München und nutzte die Gelegenheit seines Lebens: Er pachtete 1938 die Winklmoos-Alm oberhalb von Reit im Winkl, baute in den 1960er-Jahren als staatlich geprüfter Skilehrer eine eigene Skischule auf und pushte die Skirennläuferkarrieren seiner Töchter Heidi, Rosi und Evi. Mir ist er in allerbester Erinnerung, denn er baute bis ins hohe Alter (er wurde 98) riesige Schneeburgen. Die Schneeburgen baute er für seine Enkelkinder, aber ich glaube auch zu einem Großteil für sich selbst und sein Vergnügen. Bei allem war immer der Spaß im Vordergrund, das Leichte. Die Burgen zerbarsten und zerronnen manchmal schnell wieder, doch das störte ihn nicht. „Das ist der Lebenslauf", sagte er dann.

Meine Mama erzählte mir einst eine Geschichte aus ihrer Jugend, die ich ziemlich stark finde. „Kinder, wir brauchen nicht in die Kirche zu gehen, wir gehen auf den Berg. Dort sehen wir alles, wie die Schöpfung funktioniert", habe ihr Vater gesagt. Rosi hat sich zeitlebens das Bodenständige und Bescheidene bewahrt. Sie hat mir beigebracht, dass man die Dinge, die einem zukommen, schätzen lernen muss. „Es ist vieles auch eine Frage der Erziehung. Die Kinder haben und bekommen heute alles. Ich habe mein Skimaterial von meiner Schwester übernommen oder auf ein paar Ski vom Christkind gewartet. So haben wir es übrigens auch bei dir gehalten", sagte sie einmal bei einem abendlichen Plausch.[12] Das ist mir natürlich sehr wohl bewusst und es ist mir weiß Gott nicht immer leichtgefallen, gerade wenn andere aus meinem Umkreis immer die neuesten Modelle fuhren und beim Training gleich mehrere Paar Ski zur Auswahl hatten. Aber ich respektierte die klare Ansage und finde den Erziehungsansatz im Rückblick aller Ehren wert.

> »Die Tradition des Schneeburgenbauens führe ich übrigens nur zu gerne fort. Wenn, ja wenn denn genügend Schnee liegt.«

Aber dazu mehr im Kapitel 5 des Buches.

Das Geburtshaus meines Vaters in Gerold und das Haus meiner Eltern in Garmisch-Partenkirchen sind angefüllt mit Bergsteigergeschichte und -geschichten. Manchmal blättern wir im Familienkreis durch die alten Tourenbücher des Großvaters Goggi oder der Urgroßeltern Nonnenbruch oder durch die Fotoalben mit den Familientouren im Karwendel, Wetterstein und den Ammergauer Alpen. Berge können etwas sehr Verbindendes haben, die gemeinsamen Erlebnisse schweißen zusammen und sie formen, da bin ich mir sicher, auch den Charakter. Aber was macht das mit den Kindern, wenn einer aus der Familie neue Grenzen auslotet und die Entwicklung des Alpinismus für mehr als zwei Dekaden prägt, wie das Reinhold Messner zweifelsohne getan hat? Wie lebt es sich mit einem Übervater, dessen Ego meiner Einschätzung nach größer ist als alle 14 Achttausender zusammen? Wie kalt war/ist der Schatten für seinen einzigen Sohn Simon – er hat zwei Schwestern und eine Halbschwester – oder war der Vater sogar ein wärmender Schutzschild?

REINHOLD MESSNER – EINE ÜBERLEBENSGROSSE FIGUR

Zusammen mit dem Bergkenner Michael Ruhland und dem Fotografen Peter Neusser folge ich Simon Messners Einladung nach Juval in den Vinschgau, wo er gerade zwei Bergbauernhöfe seines Vaters übernommen hat. Doch bevor wir ihn besuchen, nähern wir uns dem Mythos Messner langsam an. Mich hat der Mann schon immer fasziniert, auch wenn ich zum Zeitpunkt seiner größten bergsteigerischen Erfolge noch nicht einmal geboren war.

Messner ist anziehend und irritierend zugleich. Gibt man seinen Namen bei Google ein, weist die Suchmaschine 4,48 Millionen Ergebnisse aus. Zum Vergleich: Bei mir erscheint die Zahl 903 000, Papst Franziskus liegt mit 4,52 Millionen Treffern immerhin knapp vor dem bekanntesten Bergsteiger der Welt.

Das Google-Ergebnis ist umso erstaunlicher, weil Messners – zweifelsohne grandiosen – Erfolge im Höhenbergsteigen 40 Jahre und mehr zurückliegen. So erreichte er 1986 die Gipfel von Makalu (8485 m) und Lhotse (8516 m) und war damit der erste Mensch, der alle 14 Achttausender bestiegen hatte.

Das Bahnbrechende seines alpinistischen Rekordzuges bestand auch darin, dass er den sogenannten Alpinstil ins Höhenbergsteigen überführte, also Besteigungen mit wenig Gepäck, ohne Flaschensauerstoff, ohne Fixseile, ohne Lastenträger und nur mit kleinen Gruppen, die flexibel agieren konnten. Das war mutig und geradezu revolutionär und es stellte die bergsteigerischen Leistungen der einzelnen Alpinisten stärker in den Mittelpunkt.

Der leuchtende Stern war er, Messner, der sich schon früh mit seinem Abenteuergeist und seiner Nonchalance in den

Mittelpunkt zu rücken wusste. Er brach bewusst mit den vermeintlichen Tabus des Kameradschaftskults und des Heroismus und Nationalismus, der das Bergsteigen Jahrzehnte lang bestimmt hatte. Gegenwind, und davon gab es reichlich, verlieh ihm eher Flügel, als dass er sich aus der Bahn hätte werfen lassen.

Auch heute noch fasziniert Reinhold Messner als fast Achtzigjähriger die Menschen und füllt Saal um Saal, begeistert dank seiner grandiosen rhetorischen Fähigkeiten sowie seines enormen Erfahrungsschatzes und Wissens Tausende und signiert Buch um Buch aus seinem reichen Fundus. Mit Widmung. Oft fragt er selbst nach, wenn sich die Leute vor Ehrfurcht oder Nervosität nicht trauen. Auf fast allen Titeln ist das Gesicht des Mannes zu sehen, der dem Tod etliche Male nur knapp entronnen war. Sein Haar ist voll und wild, ungezähmt wie er selbst, weißer nun, aber es ist für mich aus seinem Antlitz nicht wegzudenken.

> »Er wirkt selbst wie eine Naturgewalt, gegen die er als Alpinist und Abenteurer antrat – nach den Achttausendern mit Gewaltmärschen in der Arktis und Antarktis oder in der Wüste Gobi.«

Der Name Messner zieht nach wie vor, er weiß und schätzt das, und sein Alter macht ihn offenbar noch stärker zu einem magnetischen Pol, an dem sich seine Fans ausrichten.

Er hat sich längst sein eigenes Denkmal gesetzt. Und er hat eine Mission: den traditionellen Alpinismus. Der soll nicht sterben, nicht jetzt und nicht mit ihm. Das will er als Erbe weiterreichen. Deshalb erzählt er immer wieder und immer wieder berückend seine Geschichten im Grenzbereich zwischen Leben und Tod.

DAS DENKMAL DER MESSNER MOUNTAIN MUSEEN

Messner ist zu einer fast überlebensgroßen Figur geworden, als Bergsteiger, Publizist, Politiker, Schlossherr, Museumsgründer, Medienprofi und Filmregisseur. Auf der Fahrt nach Südtirol zu seinem Sohn Simon machen wir einen Schlenker zum letzten der sechs Messner Mountain Museen (MMM), zum „Corones" auf dem Kronplatz, der mir als Skifahrer natürlich bestens bekannt ist. Der Kronplatz am Rande der Dolomiten ist ein schöner, viel genutzter, manche sagen auch: ein verbauter, übernutzter Aussichtsberg. Im Winter stehen einem 59 Skipisten zwischen 300 Metern und fünf Kilometern Länge zur Verfügung. Im Sommer gibt es Bikeparks und -routen für die „Bike Family", aber auch für „Bike Explorer", Dutzende Wanderwege (davon etliche auch im Winter präpariert) und oben auf dem 2275 Meter hohen Gipfelplateau stehen Restaurants, die Friedensglocke „Concordia 2000", das Museum der Bergfotografie LUMEN und – seit 2015 – auch das MMM Corones. Messner hat dazu die international hoch angesehene und nur ein Jahr nach der Eröffnung verstorbene Architektin Zaha Hadid als Partnerin gewonnen. Genau genommen sollte Hadid im Auftrag des Liftbetreiberkonsortiums „Skirama Kronplatz" eine spektakuläre Aussichtsplattform auf dem Gipfel verwirklichen, um dem Berg auch im Sommer genügend Besucher zu sichern.[13] Die irakisch-britische Designerin und Hochschullehrerin war durch ihre kühnen Beton-Metall-Glas-Entwürfe bekannt geworden, wie zum Beispiel das Glasgow Museum of Transport, das Phaeno Science Center in Wolfsburg oder die imposante „Galaxy Soho", ein Einzelhandels-, Büro- und Unterhaltungskomplex in Peking, der aus vier kugelförmigen Strukturen besteht, die mit Aluminium und Stein verkleidet und durch Fußgängerbrücken miteinander verbunden sind.[14] Als erste Frau wurde ihr 2004 der Pritzker-Architekturpreis verliehen, die bedeutendste Auszeichnung der Architekturwelt.

Die Besonderheit des MMM Corones (ladinisch für Krone, siehe auch Kapitel 4) liegt darin, dass der größte Teil innerhalb des meiner Meinung nach vom Menschen eh schon recht geschundenen Berges im Innern stattfindet. Die Verbindung zum Draußen stellen eine Art überdimensionale Kameraaugen aus Beton, Stahl und Glas dar, eines davon hat eine kühne, terrassenartige Auskragung, auf der man ins Freie treten und über die Bergketten bis zur Marmolada im Süden, dem Ortler im Westen und den nahen Geislerspitzen, den Bergen von Messners Heimat Villnöss, blicken kann.

Der Meister hat das Museum stärker als die anderen fünf dem traditionellen Alpinismus gewidmet und dem Klettern an den hohen Wänden der Weltberge als Königsdisziplin des Bergsteigens. „Als der Storyteller zum traditionellen Alpinismus will ich weder werten noch dramatisieren, es geht mir um das Verdichten von Erfahrungen, um eine Sache, die auch meine Sache ist, die 250 Jahre währende Auseinandersetzung zwischen Berg und Mensch. Nicht Sport und Rekorde stehen im Mittelpunkt, sondern die großen Persönlichkeiten des Alpinismus, auch Philosophen, Pioniere, die den ‚goldenen Schritt' wagen – von der Idee zur Tat, wenn die Frage nach dem Warum aufgehoben ist", schreibt Messner selbst über den Schlusspunkt seines Museumsprojekts und bezeichnete es „als das Highlight meiner Bergmuseen: Einen Ort der Stille, der Entschleunigung und unvergessener Ausblicke. Dieser Rückzugsraum öffnet alle menschlichen Sinne für das Darüber und Dahinter. Die Berge werden zum Erfahrungsraum, Teil unserer Kultur. Im Geistesflug über alle Gipfel hinweg gilt es sie neu wahrzunehmen."[15] Die MMM haben ihn fast zwanzig Jahre lang Kraft, Zeit und viel Geld gekostet. Bei der Eröffnung bezeichnete er das Projekt als seinen 15. Achttausender.[16] Und gestand in einem Interview, dass ihn die Museen „mehr gekostet haben als alle Expeditionen zusammen".[17]

Wir gehen durch das nördliche, trapezartige Betonauge, den Eingang des Museums, ins Foyer. Ich bin sofort verblüfft ob der genialen Konstruktion des Gebäudes: Drei Raumstränge scheinen förmlich in den Berg hinabzufließen, die anthrazitfarben eingefärbten Betonschalen – laut Hadid eine Referenz an das tiefer liegende Gestein – verstärken den Eindruck, tief im Berg zu sein. Ich folge meinem Impuls, über die Treppenkaskaden hinabzusteigen, wiederum dem Licht entgegen, das durch die raumhohen Fenster – eben den von mir schon beschriebenen „Augen" – hereinfällt. Es ist Mittag, das Sonnenlicht ist gleißend, sodass ich mich erst an die Helligkeit gewöhnen muss. Mein Blick fällt auf ein Zitat an der Wand, das von Messner selbst stammt. „Dem Verzichtsalpinismus geht es um die Menschennatur, nie um Zahlen." Das ist nicht nur die Essenz seines alpinistischen Wirkens, sondern gleichzeitig eine Kritik an den immer neuen Rekordversuchen vieler Profibergsteiger.

> »Messner ging es immer um die persönliche Auseinandersetzung Mensch-Berg, um das Archaische.«

Im Museum finden sich neben großen Gemälden von schroffen Bergriesen und Reliefs berühmter Felswände auch viele historische Exponate, Sammlerstücke, Reliquien früherer Expeditionen. Wie etwa die Nagelschuhe Karlo Wiens, der 1937 die deutsche Nanga-Parbat-Expedition anführte. Sie endete in einer Lawinenkatastrophe, bei der 16 Expeditionsmitglieder ihr Leben verloren. Messner erzählt im Corones-Museum dreisprachig von der Entwicklung des modernen Bergsteigens, besonders von der Ausrüstung, die sich seit Beginn des Alpinismus vor etwa 250 Jahren[18] enorm verbessert hat. In Vitrinen sind, Schmuckstücken gleich, Karabiner, zehnzackige Steigeisen, frühe langstielige Eispickel, Klemmgeräte zum Felsklettern und vieles mehr ausgestellt, meist mit Bezug zu den früheren Nutzern; zum Beispiel Helm und T-Shirt des deutschen Kletterers Alexander Huber, die dieser bei seiner legendären Free-Solo-Zinnen-Direttissima im Jahr 2002 getragen hat.

Ein wenig fühlt es sich nach Heldenepos an, doch die Zitate an den Sichtbetonwänden ordnen ein, geben die Richtung vor. „Das Können ist des Dürfens Maß" ist so ein Leitspruch, er stammt von Paul Preuss (1886–1913), einem österreichischen Alpinisten, der zwar nur 27 Jahre alt wurde, aber mit 150 Erstbegehungen und 300 Solobesteigungen zu den besten Bergsteigern seiner Zeit gehörte. Er gilt als Vater des Freikletterns und seine Grundsätze sind heute noch all denen ein Glaubensbekenntnis, die beim Klettern auf technische Aufstiegshilfen verzichten. Jährlich wird von der Internationalen Paul-Preuss-Gesellschaft der Paul-Preuss-Preis an Bergsteiger vergeben, die bahnbrechende Leistungen im Sinne der puristischen Preuss-Philosophie erbracht haben.[19] Messner zitiert sich in seinen Museen gerne selbst. „Kletterrouten sind wie Songlines. Weltweit durchziehen sie Felswände, ohne dass sie sichtbar wären. Wer sie zu lesen versteht, hat die alpine Geschichte verinnerlicht." Was mich beim Lesen zum Schmunzeln bringt, ist nicht die meiner Meinung nach etwas gewagte Analogie zu den Aborigines. Es ist vielmehr die Tatsache, dass das Messner-Zitat an der Wand unmittelbar nach dem Sinnspruch Buddhas („Du kannst keinen Weg gehen, wenn Du nicht selbst dieser Weg geworden bist") platziert ist. Etwas erhöht sogar. Zufall? Oder sieht sich da einer selbst als Lichtgestalt, wenn nicht gar als Erleuchteter? Wie auch immer: Mess-

ner hat sich mit Corones sein eigenes Denkmal gesetzt, das steht für mich außer Zweifel. Warum auch nicht, denn er hat den Alpinismus in der zweiten Hälfte des 20. Jahrhunderts geprägt wie kaum ein anderer.

SIMON MESSNERS SCHWIERIGES ERBE

Wir fahren vom Pustertal zurück ins Eisacktal und über Bozen und Meran ins Tal der Etsch. Dort am Eingang ins Schnalstal, am Oberortl-Hof auf Juval, sind wir mit Simon Messner zum Mittagessen verabredet. Es bleibt Zeit, über diesen außergewöhnlichen Menschen Reinhold Messner nachzudenken, der den Alpinismus als Teil der europäischen Kultur versteht und sich selbst als „Bewahrer der letzten nicht urbanisierten Räume dieser Erde".[20] Die Museen hat er im Jahr 2017 an seine Tochter Magdalena abgegeben, die 35-Jährige ist seither Alleinverwalterin und Mehrheitsgesellschafterin der MMM in Südtirol. In einem Interview sagte sie, er lasse ihr freie Hand, was sie selbst erstaunt habe.[21] Ihre Abschlussarbeit in Kunstgeschichte schrieb Magdalena Messner über Schloss Juval, jene Burg, die der Vater 1983 erworben hatte und in der die Familie im Sommer lebt(e) und das sich in den anderen Jahreszeiten als MMM Juval mit einer Dauerausstellung den heiligen Bergen widmet wie dem Kailash in Tibet oder dem Uluru in Australien. Der Ort könnte kaum besser gewählt sein: Schloss Juval thront wie ein Adlerhorst auf einem Felsvorsprung. Wenn hier Nebelschwaden über die Türme ziehen, geht mehr Mystik kaum.

Wir biegen aus dem von Apfelplantagen bestimmten Etschtal in Richtung Castel Juval ab, die schmale Bergstraße windet sich in einigen Kehren nach oben. Das rostige Eisentor lässt keine Blicke nach innen zu, ein Name ist auf dem Klingelschild auch nicht zu finden. Man merkt, dass hier jemand lieber zurückgezogen leben will. Als Simon das Tor öffnet und uns herzlich begrüßt, sind wir überrascht ob des Fehlens eines Gebäudes. Wir hatten erwartet, einen Bergbauernhof vorzufinden, doch vor uns liegt eine terrassierte Wiese, an die schließt sich eine weitere Hangterrasse als Pferdekoppel an. Ein Bauernhaus? Fehlanzeige! Selbst ein kleines Häuschen ist auf den ersten Blick nicht zu sehen. Man muss sich schon ein wenig umschauen, um den Eingang in seine Wohnung zu finden, sie ist in den Fels gebaut und bietet – ein wenig wie im MMM Corones – von innen spektakuläre Ausblicke auf das Etschtal. Die Terrasse ist von einem Felsen begrenzt, aus dem wiederum Quader herausgeschnitten wurden, um Nischen ins Freie zu schaffen. Große Glasflächen bringen viel Tageslicht ins Innere. Ich bin sofort eingenommen von der Wohnung, die über mehrere Geschosse geht und die trotz der Betonwände dank vieler Holzelemente Gemütlichkeit ausstrahlt.

Simon hat gemeinsam mit seiner Freundin Anna ein Curry gekocht, es schmeckt vorzüglich. Wir sind auch gleich beim Thema Väter beziehungsweise Eltern, denn wir haben ja diese Parallele: als Sohn von Prominenten geboren zu sein, aber nicht als solcher wahrgenommen beziehungsweise in eine Schublade geschoben werden zu wollen.

> »Sicher, mein Vater war nie diese überlebensgroße Figur, aber auch ich musste mich freischwimmen, besser gesagt auf den Pisten freischwingen, um nicht nur als Neureuther-Sohn zu gelten.«

Ich wollte irgendwann besser sein, mehr Erfolge einfahren, um aus dem Schatten herauszukommen. Was mir zum Glück gelang. Auch wenn meine Eltern ihre Medaillen nie zur Schau stellten, ihre Siege und Podestplätze im alpinen Skizirkus bei uns zu Hause nie ein Thema waren – spätestens als ich mich für eine Skikarriere entschieden hatte, spürte ich einen Druck auf mir lasten. Mein Vater sagte zu mir sinngemäß: Du musst nicht, aber wenn du es machst, dann musst du's gscheid machen. Beide, Mama und Papa, wollten, dass ich selbst meinen Weg gehe. Sie sagten aber auch: ohne Abitur kein Skifahren. Als ich für mich die Entscheidung getroffen hatte, eine Profilaufbahn einzuschlagen, gaben sie mir tausendprozentige Unterstützung.

Vor ein paar Jahren hatte ich in einem Magazin ein Vater-Sohn-Interview von Reinhold mit Simon Messner gelesen, in dem sich der Vater eigentlich dazu bekannte, den Kindern (Messner hat insgesamt vier) die Freiheit der Entscheidung zu lassen, ihren Lebensweg also nicht bestimmen zu wollen. Andererseits gestand er ein, Simon auf eine Schule geschickt zu haben, an der eine landwirtschaftliche Ausbildung integriert ist. Er begründete das damals damit, dass er „ein rein praktisches Interesse daran hatte, dass er Bauer wird". Denn wer Bergbauer sei, „kann in Südtirol einen Hof mit null Prozent Mehrwertsteuer kaufen und ihn steuerfrei vererben". Simon entgegnete in dem Gespräch: „Deshalb habe ich die fünfjährige Oberschule mit landwirtschaftlicher Ausbildung gemacht, obwohl ich eigentlich keine Lust darauf hatte."[22]

Nun hat sich Simon also tatsächlich für ein Bergbauernleben entschieden und der Vater, erzählt er uns am liebevoll eingedeckten Tisch, hat schlussendlich doch die entscheidende Rolle dabei gespielt. Vor Jahren bereits übergab er dem Sohn den Weinbauernhof Unterortl auf Juval, nun drängte er ihn zu einer Entscheidung, auch den oberen, den klassischen Bergbauernhof Oberortl zu übernehmen. Vielleicht könnte man auch sagen: Er setzte ihm das Messer auf die Brust. „Entweder du übernimmst ihn oder ich verschenke den Hof", habe sein Vater zu ihm gesagt. Ob er das wirklich gemacht hätte, will ich spontan von ihm wissen. Simon hält das durchaus für möglich und berichtet von zunehmenden Spannungen zwischen ihm und seinem Vater, gerade wegen der Kletterei, die ihm, Simon, einfach sehr wichtig sei. „Das hat ihm nie gefallen, er will nicht, dass ich klettere. Aber das Klettern gehört zu mir, das lasse ich mir nicht nehmen", sagt er, und wenn ich in sein offenes, zugewandtes Gesicht schaue, dann habe ich keinen Zweifel daran, dass hier ein Sohn spricht, der es sich anders gewünscht hätte. Mehr Akzeptanz durch den Vater, vielleicht sogar etwas Unterstützung, jedenfalls keine Opposition. Oder noch schlimmer: Ablehnung. „Sobald ich das Klettern für mich entdeckt hatte, versuchte er mich darin zu blockieren. Das Thema gab's nicht für ihn." Aus Angst um seinen Sohn? Simon weiß es nicht, sein Vater gab ihm keine Erklärung. „Er konnte das nie artikulieren."

Andererseits sei er jetzt froh, das mit den Höfen zu probieren, sagt Simon. „Wieso eigentlich nicht, wieso soll man nicht Bauer machen?", fügt er fast entschuldigend hinzu. Dazu muss man wissen, dass Simon Molekularbiologie in Innsbruck studiert hat, die letzten viereinhalb Jahre aber mit seinem Vater Bergfilme gemacht hat, elf dokumentarische Streifen über große Besteigungen, oft Dramen oder Tragödien, einige Filme auch über Reinholds Bergsteigergeschichte wie den Dreiteiler „Mord am Unmöglichen", „Ama Dablam – The Holy Mountain", „Diamir – König der Berge" und „Traditional Alpinism", in dem es um die Verarbeitung der Tragödie am Nanga Parbat im Jahr 1970 geht, als Reinhold Messners Bruder Günther sein Leben an der Diamirflanke des Achttausenders verlor.[23] Die Episode mit dem Filmen ist jetzt vorbei, auch da war der Vater die treibende Kraft, er initiierte die Gründung der Messner-Mountain-Movie-Gesellschaft. „Wir machen jetzt Filme", beschied er dem Sohn, wohl wissend, dass der mit seinem Job in einem Labor für Epigenetik nicht glücklich war.[24] Ich bin einigermaßen betroffen von dem Verhältnis Simons zu seinem Vater. Gerade weil mein Papa, der mich auch heute noch managt, und ich komplett die gleiche Sprache sprechen. Ich lasse ihm weitgehend freie Hand, Konflikte gibt es so gut wie gar nicht. Kontroverse Meinungen ja, aber keinen Streit. Ich bin mir bewusst darüber, dass die Beziehung von meinen Eltern und mir speziell ist und heutzutage alles andere als selbstverständlich. Das ist ein sehr großes Glück.

Was mich fasziniert und gleichzeitig freut, ist, dass Simon unheimlich ehrlich ist. Er erzählt von seiner Höhenangst, die ihn dann eher angestachelt habe, sich seinen Urängsten zu stellen. Es war auch eine Flucht ins Innere, zum eigenen Ich.

> **»Der Berg ist einfach da, er ist weder gut noch böse. Das Klettern ist eine Möglichkeit, mich zu erfahren‹, sagt Simon.«**

Wenn er so spricht, dann ist da der Messnersche Entdecker- geist zu spüren, dieser unbändige Antrieb, in den Gefahren- raum hinauszugehen. Im Sommer 2019 gelang Simon Messner in Pakistan im Alleingang die Erstbesteigung des 6200 Meter hohen Toshe III, wenig später eine weitere Erstbesteigung im Karakorum. Zusammen mit dem Österreicher Martin Siebe- rer erklomm er den 6718 Meter hohen Black Tooth im Mus- tagh-Tower-Massiv – beide in der Bergsteigerszene gepriesen. An den Kommentar auf die Erstbesteigung von seinem Vater kann sich Simon noch gut erinnern. „Was, für den Hügel ge- ben sie dir einen Preis?", habe der Vater lachend gesagt. Si- mon hat mit der Art seines Vaters weitgehend seinen Frieden geschlossen. Er hat seinen eigenen Weg in der Welt der Berge gefunden, will kein Held sein, wie er sagt.

Den Antrieb, an die Grenzen zu gehen, kenne ich bei mir selbst auch. Wenn du vor einer Aufgabe stehst, von der du denkst, dass sie niemals zu schaffen ist, und du schaffst sie – das ist das ultimative Gefühl. Wenn ich Angst in Energie umwandeln konnte und am Ende ein Rennen gewann, das eigentlich nicht mehr zu gewinnen war. Simon führt dieser Antrieb in immer neue Erfahrungswelten. Er will zum Klettern dorthin gehen, wo bislang keiner war, und nichts zurücklassen. „Wenn wir ein, zwei Stunden weitergehen als die Masse, dann ist es auch bei uns in den Alpen menschenleer." Dann sind für ihn die Emotionen größer, das Erlebnis stärker, im Wortsinn nachhaltiger. Das gelte dann auch für die nächsten, die kommen, die eine unberührte Wand vorfänden und die Erstbegehung ein weiteres Mal machen könnten. Auf seiner Homepage schreibt Simon: „Bis heute habe ich keinen einzigen Bohrhaken gesetzt. Das bedeutet aber nicht, dass ich a priori gegen Bohrhaken bin, im Gegenteil. Nur sollte eine Route so bleiben, wie sie erstbegangen wurde – das ist alles."[25]

Simon weiß natürlich, dass dies Gedanken eines Alpinisten sind – und da ist er durchaus in der Tradition seines Vaters unterwegs –, für den die Berge ein Spielfeld sind, an dem man als Mensch mit seinem Können an die eigenen Grenzen gehen kann.

> »Mensch, Berg, Abenteuer. Puristisch,
> vielleicht ein wenig verrückt, aber ehrlich und
> ohne Medienspektakel.«

„Das Beste, was wir machen können, ist gar nichts. Die Berge sollen so bleiben, wie sie sind", sagt er, wohl wissend, dass die Alpen vielerorts mit Infrastruktur regelrecht zugeballert wurden.

Die Wirklichkeit spielt freilich auch vor Simon Messners Haustür ohne Namensschild, dort, wo die Touristen Juval sehen wollen und ihre Handys zücken, um Bilder in alle Welt zu schicken. „In Südtirol leben wir vom Tourismus, man kann also nicht alles verteufeln. Wir haben aber 30 Millionen Nächtigungen pro Jahr bei 500 000 Einwohnern", sagt er und schlussfolgert: „Wir sind an einem Punkt, an dem es genug ist." Ich pflichte ihm bei, ein „Nochmehr" darf es im Alpentourismus nicht geben. Stattdessen müssen wir schauen, dass wir die vorhandenen Strukturen in die richtige Richtung lenken. Ein Beispiel ist für mich das Pitztal, wo die Gletscherbahnen seit vielen Jahren einen Zusammenschluss mit dem Ötztal wollen. Die Pläne wurden jüngst von den Behörden abgeschmettert, doch es gibt schon wieder neue. Meine klare Meinung: Statt 100 Millionen Euro in die umweltschädliche Erweiterung zu stecken, sollte das Geld ins bestehende Skigebiet fließen, um es nachhaltig zu machen.

Simon zeigt sich für die Zukunft eher skeptisch: „Wenn wir nicht einmal das 1,5-Grad-Ziel schaffen, dann schaffen wir auch keine Systemänderung", konstatiert er. „Aber die würden wir brauchen, weg von der Wachstumsdoktrin." Er erzählt von seinem Aufenthalt im Karakorum am Baltoro-Gletscher im Jahr 2022, als die Null-Grad-Grenze bis auf über 7000 Meter stieg. „Das war unglaublich, das gab's seit Menschengedenken noch nie." Und dann schwenkt Simon, der Biologe, auf das große Ganze über. Er sagt: „Es gibt zwei Arten des Lebens: Lebensformen, die mit dem sie umgebenden Substrat leben und schauen, dass es weiter besteht. Die andere Lebensstrategie, zum Beispiel bei einem Virus, bedeutet, alles zu fressen, was da ist, und zu sterben, wenn nichts mehr da ist. Im Moment verhält sich die Menschheit, die früher lange mit dem Substrat gelebt hat, wie ein Virus." Alles vergebens also?

Nein, Simon hat Vorschläge für einen qualitativ hochwertigeren Alpentourismus, die klingen allerdings radikal. Einer ist der Rückbau von Infrastruktur.

»Es regelt sich schnell von alleine, wenn wir die Hälfte der Seilbahnen abbauen. Wer auf einen Gipfel will, muss dann zu Fuß hochgehen.«

„1000 Höhenmeter muss jeder schaffen, und wenn er es nicht schafft, muss er nicht gehen." Dadurch schaffe man Qualität. Das sei freilich schwer durchsetzbar, entgegne ich ihm. Denn wer will Liftbetreiber zwingen, Anlagen rückzubauen? Ich selbst finde allerdings auch, dass wir Schritte zurückgehen müssen, gerade im Skizirkus. Wenn man sieht, dass inzwischen zehnjährige Kinder im Juli auf den Gletschern trainieren, dann läuft etwas komplett schief. Der Aufwand, der dahinter steckt, ist verrückt. Das können sich nur noch reiche Familien leisten. Warum gibt es keinen Cut, dass im Sommer einfach nicht mehr Ski gefahren wird? Punkt. Aus. Ende. Es gibt ja nur noch drei Gebiete, Zermatt, Saas-Fee und Stelvio. Und deswegen trichtern wir den Kindern einen Leistungsgedanken ein, der krankhaft ist? Dass jemand wie meine Mutter aus einfachen Verhältnissen von der Winklmoos-Alm zur Olympiasiegerin reift, so etwas wird es nicht mehr geben.

Wie aber kann künftig ein gutes Leben in den Alpen ausschauen? Simon spricht von sinnstiftenden Aufgaben für die junge Generation, die es brauche. „Wenn junge Leute diese Aufgabe wieder in den Alpen finden können, dann gibt es automatisch Leben in den Bergen." Er glaubt, dass es zuvor den großen Crash brauche, „damit die Leute sehen, dass es nicht nur um Konsum geht". Ich denke sofort an die verlassenen Orte und Täler im Piemont und wie dort neue Keimzellen entstehen (siehe Kapitel 2). Wir sind uns einig, dass Eltern ihren Kindern durch Zeit in der Natur ein Bewusstsein für die Umwelt mitgeben müssen.

>»Was man selbst erlebt hat, vergisst man
auch nicht mehr‹, sagt Simon.«

Das ist genau mein Ansatz, wie ein Wandel in den künftigen Generationen möglich ist. Noch haben Simon und Anna keine Kinder. Ihre Aufgabe sind die beiden Höfe auf Juval. Der untere ist ein Weinhof mit vier Hektar Fläche, dort gedeiht ein guter Riesling. Das sei mehr oder weniger ein Selbstläufer. Sorgen bereitet Simon der Oberortl-Hof, der in der Vergangenheit auch verpachtet war, aber nicht wirklich wirtschaftlich arbeitete. Seine Idee: „Ich möchte möglichst viele Produkte veredeln und ab Hof verkaufen", kündigt er an. Anna kümmert sich um die Renovierung und Wiederbelebung der Ferienwohnungen, die entscheidend zu den Betriebseinnahmen beitragen sollen. Die Wertschöpfung am Hof halten sei generell eine Zukunftsperspektive für das Bergbauerntum. Ob das im Kern nachhaltig ist, stellt Simon für die Juval-Höfe infrage. „Ich muss mit dem Auto runter ins Tal fahren, um Futter für die Tiere zu kaufen und so weiter." Hier spricht wieder Simon, der Skeptiker. Man müsse, sagt er, „wenn man ehrlich zu sich ist, vieles rückbauen und kleiner machen".

Juval wird ein Experiment für Simon und Anna und es wird auf jeden Fall eine Erfahrung. „Das Herz sind die Erfahrungen, die man macht", sagt er im Laufe unseres Gesprächs, als es um das Wesen des traditionellen Alpinismus geht. Der Satz lässt sich aber auch gut auf das ganze Leben ausdehnen, denke ich mir. Und hier ist Simon seinem Vater ganz nah – zumindest im Wertekanon.

DIE ALPENVEREINE: WEGBE-REITER DER TOURISTISCHEN ERSCHLIESSUNG

Als wir an dem nasskalten Dezembertag Juval verlassen, schweifen meine Gedanken zurück zu meinen Vorfahren, den Schlagintweit-Brüdern. Wie würden sie wohl heute die Alpen erleben? Gäbe es für sie noch Potenzial zum Entdecken? In dem besagten Schlagintweit-Ausstellungsband habe ich gelesen, dass Hermann bereits 1869, im Jahr seiner Gründung, dem Deutschen Alpenverein beigetreten ist. Er war damit, ob er es wollte oder nicht, auch Wegbereiter der alpinistischen Erschließung der Alpen.

Wenn man sich heute wandernd, bergsteigend oder mit dem Mountainbike durch die Alpen begibt, dann stammt vieles, vermutlich sogar das meiste der Infrastruktur von den jeweiligen Alpenvereinen der acht Alpennationen. Am ältesten ist der Österreichische Alpenverein (OeAV), er wurde am 19. November 1862 gegründet, nicht etwa in irgendeiner Behelfsbehausung am Berg, sondern im grünen Saal der Akademie der Wissenschaften in Wien, was auf das wissenschaftliche Selbstverständnis der Gründungsväter hindeutet. Vereinszweck war, „die Kenntnis von den Alpen zu verbreiten, die Liebe zu ihnen zu fördern und ihre Bereisung zu erleichtern".[26] Als Mittel dazu dienten in erster Linie Vorträge und Publikationen. An der akademischen Ausrichtung gab es schon bald Kritik, vor allem vom Ötztaler Priester Franz Senn, selbst ein ausgezeichneter Alpinist und als „Gletscherpfarrer" landesweit bekannt. Senn, selbst Gründungsmitglied, wünschte sich eine praktischere Ausrichtung des Vereins, ihm schwebte eine Partnerschaft von erholungssuchenden Städtern und Bergbewohnern vor. Funktionieren sollte so eine Kooperation über den Bau von Wegen und Unterkunftshütten, ausgebildete Bergführer sollten die Kundschaft auf die Gipfel bringen.[27]

»Die Berge als Zufluchtsort und Jungbrunnen des Städters sind also kein neues Phänomen.«

Die rasante Industrialisierung im 19. Jahrhundert ließ die ersten Ballungsräume entstehen und die Menschen sehnten sich nach Natur. Wie auch nach Gemeinschaftserlebnissen in den Bergen. So ist es kein Wunder, dass nur wenige Jahre später im Mai 1869 deutsche und österreichische Bergsteiger in München den Deutschen Alpenverein (DAV) gründeten, wobei damals die gesamten Ostalpen als „Deutsche Alpen" bezeichnet wurden. Franz Senn wie auch der Wiener Paul Grohmann, ausgezeichneter Alpinist und ebenfalls Gründungsmitglied des OeAV, sahen im Deutschen Alpenverein ihre zweite Chance. So wurde der DAV von Anfang an dezentral organisiert. Es gründeten sich selbstständige Sektionen von Norddeutschland bis an die Adria, die wiederum Hütten und Wege bauten sowie Bergführer ausbildeten. Der Anspruch war kein geringerer, als die Alpen für die breite Öffentlichkeit zu erschließen, anders als beispielsweise beim Schweizer Alpenclub, der sich 1863 gründete und sich als Bergsteigerverein der bürgerlichen Eliten verstand. Man wollte auf keinen Fall die sich damals abzeichnende boomende Eroberung der Alpen alleine den Ausländern überlassen, namentlich den Briten, die mit der Gründung des ehrenwerten „Alpine Club" in London 1857 den Stein gewissermaßen ins Rollen gebracht hatten.[28] Es gäbe jede Menge spannende, teils kuriose Geschichten über die Gründungszeit der Alpenvereine zu erzählen, doch möchte ich mich auf einen Beitrag des DAV-Mitbegründers Theodor Trautwein beschränken, den er 1870 in der Vereinszeitschrift veröffentlichte.

„Der Grundgedanke war, der Deutsche Alpenverein solle alle Verehrer der erhabenen Alpenwelt in sich vereinigen, mögen sie die Deutschen Alpen selbst bewohnen, möge es ihnen auch nur zeitweilig vergönnt sein, diese zu besuchen, – mag sie ernste Forschung in die Thäler und Schluchten, über die grünen Höhen bis hinan zur Grenze organischen Lebens treiben, – mögen sie, einer Fachwissenschaft fernstehend, nur offenen Sinn mitbringen für die unvergesslichen Eindrücke der Hochgebirgsnatur, deren läuternde und verjüngende Kraft erkannt zu haben zu den schönsten und edelsten Errungenschaften unseres Jahrhunderts gezählt werden muss. Für sie alle soll der Deutsche Alpenverein das gemeinsame Band sein, er soll durch Wort und Schrift die Resultate der Forschung allgemein verbreiten, jene Eindrücke bleibend fixieren, zu neuer Thätigkeit anregen. Er erhebt keine anderen Ansprüche an seine Mitglieder, er verlangt keine besonderen Leistungen, nur reges Interesse für die Alpenwelt; er ist kein Verein von Bergsteigern. Überall soll die Liebe zu den Alpen geweckt und gepflegt werden, überall, wo sich Alpenfreunde finden, soll ein Mittelpunkt für diese geschaffen werden."[29]

2000 HÜTTEN, 100 000 KILOMETER WEGE

Im Prinzip gelten diese vielleicht ein wenig pathetischen, aber dem damaligen Zeitgeist entsprechenden Maximen auch heute noch. Im ersten Jahr des DAV gründeten sich immerhin schon 24 Sektionen, mit der Fusion von OeAV und DAV zum „Deutschen und Österreichischen Alpenverein" im Jahre 1873 (erst nach dem Zweiten Weltkrieg wurden sie wieder eigenständig) bekam die alpinistische Bewegung noch mehr Auftrieb. Bis zum Ersten Weltkrieg bildeten sich fast 400 Sektionen, 1914 zählte der Verein insgesamt 319 Hütten in den Alpen und Mittelgebirgen mit mehr als 8500 Betten zu seinem Eigentum.[30]

Viele Hüttennamen wie etwa die Berliner Hütte (erbaut 1879 in den Zillertaler Alpen) oder die Heidelberger Hütte (1889, Silvretta) weisen auf die Sektion hin, die sie errichtet hat – die Berliner Hütte steht gar seit 1997 unter Denkmalschutz.

Heute gliedert sich der DAV in 356 eigenständige Sektionen, die insgesamt 325 Hütten mit 20 400 Schlafplätzen betreiben. Pro Jahr begrüßen die Hüttenwirte des DAV rund zwei Millionen Tagesgäste und verzeichnen 890 000 Übernachtungen. Die meisten DAV-Hütten befinden sich nicht in Deutschland, sondern in Österreich: 183 Hütten in Österreich sind im Besitz von DAV-Sektionen. In Bayern werden zudem 69 Hütten durch DAV-Sektionen betrieben; in den deutschen Mittelgebirgen insgesamt 71 sowie jeweils eine in der Schweiz und im französischen Mittelgebirge. In Summe bewirtschaften die Alpenvereine Deutschlands, Österreichs und Südtirols 575 Hütten, die unter der Marke Alpenvereinshütten zusammengefasst sind.[31] Der Schweizer Alpenclub betreibt nach eigenen Angaben 153 Hütten mit rund 9000 Schlafplätzen.[32] Rechnet man noch die Hütten in Frankreich und Slowenien sowie die erkleckliche Zahl unbewirtschafteter Selbstversorgerhütten dazu, so kann man davon ausgehen, dass Wanderern und Bergsteigern weit mehr als 2000 Hütten in den Alpen zur Verfügung stehen. Eine Zahl liest sich noch imposanter: Gut 30 000 Kilometer an von Ehrenamtlichen des DAV regelmäßig gepflegten Wegen stehen Bergsportliebhabern in den Alpen und Mittelgebirgen zur Verfügung.[33] Um ein ähnlich großes Wegenetz kümmert sich der Österreichische Alpenverein, nämlich um 26 000 Kilometer.[34] Nimmt man die ausgewiesenen Wanderwege, Klettersteige und hochalpinen Routen der übrigen Alpenstaaten hinzu, dann reißt man die 100 000-Kilometer-Marke. Das ist zweieinhalbmal der Erdumfang! Nicht miteingerechnet sind dabei die Wege, die von den touristischen Gemeinden in den Alpen selbst angelegt wurden. Man kann sich leicht ausrechnen, dass ein einzelnes Leben nicht ausreicht, um alle diese Wege wenigstens einmal gegangen zu sein. Nicht umsonst gelten die Alpen als das weltweit am besten erschlossene Hochgebirge der Welt (siehe dazu auch Kapitel 2, Stichwort Overtourism).

»Der Alpenverein hat die Zeichen der Zeit meiner Ansicht nach erkannt.«

Er ist ja seit seiner Gründung sozusagen in doppelter Funktion unterwegs, als Bergsportverein, aber auch als Naturschutzverband. Dass diese zwei Ziele nicht immer leicht zu vereinbaren sind, zeigen seit Jahren Diskussionen im Verein über die künftige Ausrichtung: mehr Naturschutz oder mehr Angebote für die Freizeitgesellschaft, mehr Verantwortung für die Umwelt oder mehr Alpen-ADAC? Im Jahr 2022 hat die Hauptversammlung des DAV – mit inzwischen mehr als 1,4 Millionen Mitgliedern ist er der größte Bergsportverein der Welt – ein neues Leitbild verabschiedet. Darin ist auch klar festgehalten, dass es keinen weiteren Ausbau der alpinen Infrastruktur mehr geben soll, also weder neue Wege noch Hütten. „Alpenvereinshütten bieten Schutz und einfache Unterkunft. Mit Hütten und Wegen nutzen wir die Möglichkeit, den Zugang zum Naturraum Berge zu lenken, und unterstützen damit einen naturverträglichen Bergsport. Dabei betrachten wir die Erschließung der Alpen grundsätzlich als abgeschlossen, die keiner weiteren Hütten und ähnlicher Projekte mehr bedarf. Kletteranlagen und Vereinseinrichtungen machen wohnortnahen Bergsport möglich und stärken das Vereinsleben. Diese Infrastruktur wird von den Sektionen des DAV getragen und steht auch der Allgemeinheit zur Verfügung", heißt es unter dem Punkt „Wir machen Bergerlebnisse möglich".[35]

Festgehalten ist ferner, dass der DAV ab 2030 klimaneutral sein will. Im Jahr 2019 beschloss der Verein auf seiner Jubiläumshauptversammlung den sogenannten Klima-Euro. Pro Mitglied fließt seit 2021 ein Euro des Mitgliedsbeitrages in einen weltweiten Klimafonds.[36] Modellprojekte wie zum Beispiel das auch mit Geldern des Europäischen Fonds für regionale Entwicklung (EFRE) mitfinanzierte Projekt „Alpine Nachhaltigkeit auf Hütten" der Sektion München & Oberland[37] oder Mobilitätskonzepte wie Bergsteigerbusse aus München ins Karwendel und die Ammergauer Alpen sind meiner Ansicht nach Schritte in die richtige Richtung und werden dem Anspruch des DAV gerecht, „Vorbild für Politik, Gesellschaft und andere Verbände"[38] zu sein.

DER ZAUBER DER FALKENHÜTTE

Mein alter Schulfreund und heutiger Eishockeyspieler Uli Maurer und ich beschließen, uns nach langer Zeit mal wieder auf eine Hüttentour zu begeben. Wir haben als Ziel unserer Wanderung die Falkenhütte im Karwendel ausgesucht. Sie liegt spektakulär unterhalb der Lalidererwände, also auf der Nordseite der Lalidererspitze. Wir wollen von der Eng Alm aus loswandern, über deren Problematik als sommerlicher Tourismushotspot ich in Kapitel 2 schreibe. Gerade an Wochenenden mit schönem Wetter schlängelt sich oft eine Art Autoausflugskorso durch das enge Tal des Rißbaches und über die Mautstraße am Großen Ahornboden vorbei bis zum Almdorf. Wir wollen mit gutem Beispiel vorangehen und nehmen den vom DAV ins Leben gerufenen Bergbus, der am Freitag um 9:55 Uhr vom Zentralen Omnibusbahnhof in Bad Tölz aus startet. An Wochenenden und Feiertagen fährt der Bus deutlich früher ab, er ist getaktet mit der Bayerischen Oberlandbahn, die in München ihren Ausgangspunkt hat.[39] 31 Euro kostet das Ticket für Hin- und Rückfahrt und ist fünf Tage gültig, was also auch Mehrtagestouren ermöglicht. Da haben die Planer mal mitgedacht! Unser Bus fährt pünktlich los und kommt fahrplangemäß um 11:22 Uhr am Alpengasthof Eng an. Für uns ist die Uhrzeit ideal, denn wir wollen auf der Hütte übernachten, müssen also nicht am gleichen Tag zurück. Mehr als zweieinhalb Stunden werden wir wohl nicht brauchen für die etwa sieben Kilometer und 800 Höhenmeter Aufstieg zur Falkenhütte.

Ich war lange nicht mehr da und freue mich auf den Besuch, zumal das Haus erst vor drei Jahren komplett saniert und umgebaut worden ist und ich neugierig bin, wie sich Alt und Neu zusammenfügen. Es gibt ja jede Menge spektakulär gelegene Hütten, manche direkt auf einem Berggipfel gelegen wie das Matrashaus auf dem Hochkönig (2941 m), höchster Gipfel der Berchtesgadener Alpen. Die Falkenhütte aber liegt direkt unterhalb der Nordabstürze der Lalidererspitze, und wer je das Schauspiel in einer sternenklaren Nacht erlebt hat, in der sich die senkrechten Wände von der sie umgebenden Landschaft absetzen, als führten sie ein Eigenleben, weiß um die mystische Kraft dieses Ortes.

Uli und ich kennen uns seit der Schulzeit, wir saßen nebeneinander und ich erinnere mich noch gut daran, dass er viel fleißiger war als ich und fast immer alles wusste, was man in Schulaufgaben so wissen musste. Der ideale Kandidat zum Spicken also. Wenn er nur mal größer geschrieben hätte! Ich konnte seine Minischrift einfach nicht lesen. Was ich nicht alles probiert habe, ihn zu einer größeren Schrift zu bringen – es hat einfach nicht gefruchtet. Uli und ich waren früher dick befreundet und oft zusammen. Er wurde Eishockeyprofi, spielte in der Heimat beim SC Riessersee, später in Nürnberg, Augsburg und beim EHC München und jetzt wieder in Garmisch. Seit wir beide Familienväter sind, sehen wir uns nicht mehr so häufig, es fehlt einfach die Zeit. Umso glücklicher sind wir über den gemeinsamen Aufstieg und den Hüttenabend bei Weißbier und einer deftigen Brotzeit.

Am Abend zuvor hatte ich mir online die Broschüre angeschaut, welche die Alpenvereinssektion München & Oberland zur Fertigstellung ihres Mammutsanierungsprojektes erstellt hat. „Die Falkenhütte im Karwendel. Für die nächsten 100 Jahre gewappnet", ist sie überschrieben und macht den Anspruch klar, den das 6,4-Millionen-Bauwerk letztlich erfüllen soll.[40] Allein 850 000 Euro hat es gekostet, die Auflagen des österreichischen Bundesdenkmalamtes zu erfüllen, das die Hütte 2015 – mitten im Planungsprozess – unter Denkmalschutz stellte. Die gleiche Summe verschlangen die technischen Anlagen wie Beleuchtung, Lüftung, Elektro und Küche. Das eigentliche Bauwerk, also die Arbeiten der Zimmerer, Schreiner, Maler, Spengler, Schlosser, die Fenster, Türen und Böden und so weiter, beliefen sich auf gut zwei Millionen Euro, die Gutachten, Planungskosten und diversen Gebühren kosteten stolze 1,35 Millionen.

> »Was mich ziemlich beeindruckt, sind die zig Maßnahmen, die die Sektion rund um das Thema Nachhaltigkeit umgesetzt hat.«

Dazu gehören die langlebigen und umweltverträglichen Lärchenschindeln, welche die alten Holzschindeln, ein Markenzeichen der Hütte, ersetzen. Als Dämmmaterial wurde Glasschaumschotter verwendet, ein Material, das zum Großteil aus aufbereitetem Recyclingglas besteht. Das Abwasser der Hütte läuft jetzt durch eine Pflanzenklärstrecke und wird hier gereinigt, bevor es zurück in die Natur darf. Eine Müllpresse reduziert die Entsorgungsfahrten ins Tal, der Strom für die Hütte

kommt aus regenerativen Quellen, zum Heizen und Kochen wird Biogas verwendet. Die Liste ließe sich noch fortsetzen, doch ging es eben nicht nur um Öko, sondern auch um den Erhalt von Teilen der ursprünglichen Hütte aus dem Jahre 1923. In der alten Stube der Falkenhütte legten Restauratoren in aufwendiger Handarbeit die alten Deckenmalereien frei, sodass man heute wieder gesellige Hüttenszenen von anno dazumal bestaunen kann. Fensterstöcke und -rahmen sowie die Bänke wurden im ursprünglichen historischen Grün gestrichen, während der alte Anbau der Hütte, das Horst-Wels-Haus, Schicht für Schicht abgetragen wurde und einem Neubau wich. Wenn man bedenkt, dass der Sektion München & Oberland von den Bayerischen Alpen bis in die Hohen Tauern und dem Wilden Kaiser 16 bewirtschaftete Hütten und 23 Selbstversorgerstützpunkte gehören, dann ist so ein Projekt umso mehr als Kraftakt einzuschätzen.

Als wir am Nachmittag nach einem strammen Marsch ankommen, begrüßen uns die Wirtsleute Claudia und Bertl, die die Hütte mit der Fertigstellung im August 2020 übernommen haben – unter erschwerten Bedingungen, da die Pandemie einen Normalbetrieb unmöglich machte. Mittlerweile hat sich alles gerüttelt und geschüttelt und der Hüttenalltag für die Familie mit ihren zwei Töchtern Emilia, 18, und Lilli, 9, ist zur Routine geworden. Während der Woche ist einer der beiden Wirtsleute mit den Kindern im Tal, in den neun Wochen Sommerferien sind alle oben und die Kinder – Emilia hat gerade Abitur gemacht – helfen mit, erzählt Claudia. „Lilli empfindet die Natur dort oben als größten Spielplatz der Welt", sagt die Mutter. Und ich kann das nur bestätigen, auch ich habe als Kind am liebsten draußen in den Bergen gespielt.

140 Betten hat die neue Falkenhütte, in den Gasträumen ist Platz für 150 Personen, die Terrasse fasst bis zu 250 Gäste. Das ist

eine Menge Holz, zumal die Hütte gut gebucht ist. Zwölf Festangestellte und vier Aushilfen beschäftigen Claudia und Bertl.[41]

Auch an diesem Freitag ist die Hütte voll und unter den Gästen ist eine Gruppe junger Scharnitzer, die, wie ich später erfahre, die Verpflegungsstation für den Karwendelmarsch am folgenden Tag betreiben werden. Die meisten von ihnen sind Skilehrer oder Bergwachtler, auf alle Fälle Berggänger. Einer aus der Gruppe erkennt Uli und mich auf dem Gang und zerrt uns in ihre separate Stube, in der die Stimmung bereits bestens ist. Die Ziach, wie wir in Bayern die Steirische Harmonika nennen, spielt Volksmusik und es dauert nicht lange, da sind wir mittendrin in den Paartänzen und beim Mitsingen.

>>Ich bin vollkommen davon überzeugt, dass es solch intensive Abende nur auf Hütten geben kann.<<

Es ist das absolute Gefühl der Freiheit, der Ungebundenheit. Man kann es eigentlich nicht richtig erklären. Man muss einfach selbst auf Hütten wandern und dort übernachten. Dann erschließt sich bestimmt für jeden irgendwann der Zauber.

DAS BERGGLÜCK DER GROSSEN LITERATEN

Der Zauber der Berge hatte auch den deutsch-schweizerischen Schriftsteller, Dichter und Maler Hermann Hesse früh in seinen Bann gezogen. Sein Erweckungserlebnis war eine Wanderung über den Albulapass, durch das Engadin und das Bergell bis zum Comersee im Alter von 28 Jahren. Damals hatte er gerade seinen ersten Roman „Peter Camenzind" (1904) veröffentlicht. Die Erlebnisse seiner Wanderungen im Jahre 1905 schilderte er in mehreren Aufsätzen, überschrieben mit

„Sommerreise", die kurz danach in den Münchner Neuesten Nachrichten veröffentlicht wurden und die in dem, wie ich finde, sehr schönen Hesse-Band „Engadiner Erlebnisse" abgedruckt sind.[42] Ich mag Hesses Art, wie er Landschaften beschreibt, daher zitiere ich aus der Sommerreise: „Das urweltlich Kolossale der Steinlandschaft reinigt die Phantasie, schon indem es für eine Weile alle menschlich kleinen Beziehungen zum Schweigen bringt und mit schlichter Gewalt, gleich den ersten Worten der Genesis, auf die Geburtszeit der Erde und ihre Einheit mit dem Kosmos deutet, die uns sonst selten so klar und nachhaltig zum Bewusstsein kommt."

Besonders hatte es ihm Maloja angetan, seit er von einem Felsvorsprung aus auf die 1200 Meter abfallenden Bergflanken nach Süden hinuntergeblickt hatte und mit seinem Rucksack auf dem Buckel ins Tessin marschiert war. Hesse kehrte zeitlebens gerne ins Oberengadin zurück, das für ihn – selbst als er als 42-Jähriger in das Dorf Montagnola unweit von Lugano gezogen war – zu einer Art Jungbrunnen wurde. Hesse liebte den Schnee im Winter, er war ein leidenschaftlicher Skifahrer mit passabler Technik und verabredete sich regelmäßig mit Elisabeth Mann, der jüngsten Tochter von Thomas und Katia Mann, zu Skitouren. Im Sommer schätzte Hesse in späteren Jahren das milde Klima des Hochtales, wenn es im Tessin schwülheiß und stickig wurde. Doch der Dichter war fern davon, das Engadin zu verklären, denn dort hatte sich bereits zur Jahrhundertwende ein mondäner Tourismus breitgemacht. 1908 schrieb er in einem Brief an den befreundeten Maler Wilhelm Füssli: „Die Gecken sind zu allen Zeiten und in jeder Mode gleich. So laufen sie heute noch in Baden-Baden herum und leider haben sie bisher noch viele andere Berge und Täler bis ins hohe Engadin hinauf dazu erobert, wo sie zwischen Felsen und Schneebergen ihre Arroganz und Eleganz spazieren führen."[44] Sankt Moritz war für ihn eine Art Touristenmoloch. „Die Promenade wimmelt von Toiletten, Figuren und Physiognomien, die sich am Boulevard des Italiens, in Ostende oder auch in Monte Carlo besser machen würden. Man sieht Lebemänner, internationale Dirnen, Mütter mit mannbaren Töchtern, Herumtreiber und Gauner mit den bekannten konfiszierten Gesichtern, halb Casanova, halb Frank Wedekind", ätzt er über den Ort, dem er im Jahr 1905 eine kurze Stippvisite auf seiner Wanderung durchs Engadin abstattete.[45] Nicht besser fiel sein Urteil über Davos aus. „Die beiden Orte Davos-Dorf und Davos-Platz sind als Hoteldörfer das Grauenhafteste, was es in den Alpen gibt, aber das Tal ist wunderbar, überall der Sonne geöffnet und von reichgezackten herrlichen Bergen umgeben", schrieb er ein Jahr später in seinen Notizen „Wintertage in Graubünden".[46]

SILS MARIA – NIETZSCHES ZUFLUCHTSORT

Als wohltuend empfand Hesse dagegen einen kleineren Ort, nur zehn Kilometer südlich von St. Moritz gelegen, mit dem Namen Sils Maria. Der war dem jungen Schriftsteller allein schon deshalb ein Begriff, weil dort der Dichterphilosoph Friedrich Nietzsche in den Jahren 1881 und 1883–88 in den Sommer- und Herbstmonaten Zuflucht gesucht und in einem kargen Zimmer ein Eremitendasein geführt hatte. In den letzten Jahren seines Lebens, längst dekoriert mit dem Literaturnobelpreis, setzte sich Hesse (nebst anderem) dafür ein, das kleine Haus zu erhalten. Sonst stünde dort, da bin ich mir sicher, längst ein mondäner Hotelkomplex. Das landläufig als Nietzsche-Haus bekannt gewordene Gebäude im Ortskern wurde 1960 als Museum eröffnet, das neben den Ausstellungsräumen im Erdgeschoss auch Nietzsches nur aus einem bäuerlichen Bett sowie einem Wasch- und einem Arbeitstisch bestehende Kammer beherbergt. Seither wird dort von einer Stiftung ein umfangreiches Nietzsche-Archiv verwaltet, eine Gästewohnung steht Forschern und kreativen Köpfen für ihre Arbeit zur Verfügung.[47] Nietzsche litt zeitlebens unter starker Migräne und unterwarf sich in Sils Maria einem strengen Tagesplan mit genau definierten Arbeits- und Essenszeiten und mit „täglich 5–7 Stunden Bewegung", wie er damals notierte. „Hier", und er meinte damit das trockene, sonnenreiche Klima des Hochtals, „ist mir bei weitem am wohlsten auf Erden."[48] Auf seinen ausgedehnten Spaziergängen und Wanderungen füllten sich seine Notizbücher, er entwickelte schon bei seinem ersten Aufenthalt die Grundkonzeption zu „Also sprach Zarathustra". Basis war der „Ewige-Wiederkunfts-Gedanke". „Ich ging an jenem Tage am See von Silvaplana durch die Wälder; bei einem mächtigen pyramidal aufgethürmten Block unweit Surlei machte ich Halt. Da kam mir dieser Gedanke."[49] Noch heute kann man sich am Silvaplanersee an den Zarathustra-Stein, einen mächtigen Granitblock, lehnen oder obendrauf setzen. Eine Erinnerungstafel ist in den Stein eingelassen.

Zurück zu Hermann Hesse, dem im Oberengadin regelmäßig zum Spazieren und Wandern, aber weniger nach einem asketischen Dasein zumute war. Der Dichter lernte durchaus die Vorzüge der Grandhotels schätzen, in die er im Laufe seiner Karriere als Romancier häufig eingeladen wurde. So auch in das 1908 in Sils Maria auf einem Hügel errichtete Hotel Waldhaus, das er schon im Sommer 1908 kennenlernte, also unmittelbar nach der Eröffnung anlässlich eines Treffens mit seinem Verleger Samuel Fischer, dem Begründer des S. Fischer Verlags in Berlin (heute ist der Sitz in Frankfurt am Main). Grandhotels waren eine Erfindung des 19. Jahrhunderts, sie ahmten in der Architektur wie im Raumkonzept Schlösser nach und ersetzten sie zugleich. Im Grandhotel zählten nicht mehr nur Stand und Herkunft, sondern auch Unternehmertum und Künstlerschaft gelten nun etwas.[50] Hauptsache, man weiß sich einigermaßen zu benehmen – und hat das nötige Kleingeld.

HOTEL WALDHAUS: ZUHAUSE VON KÜNSTLERN, WISSENSCHAFTLERN UND LITERATEN

Das Waldhaus wurde schnell zu einem Treffpunkt für prominente Gäste aus der Welt der Literatur, Musik, Kunst und Wissenschaft. Thomas Mann gehörte zu den Stammgästen und tauschte sich bei seinen Aufenthalten regelmäßig mit seinem Autorenkollegen Hesse aus. Marc Chagall, Albert Einstein, C. G. Jung, Ernst Jünger, Clara Haskil, Theodor Heuss, Theodor W. Adorno, Friedrich Dürrenmatt und Rolf Liebermann stehen genauso auf der Gästeliste wie Adolf Muschgg, Michael Klett, Eugen Drewermann, Maximilian Schell, Peter Sloterdijk und Gerhard Richter. Die Liste ließe sich tatsächlich über ein paar Buchseiten fortsetzen, sie liest sich wie ein repräsentativer Querschnitt aus der Welt der Klugen, Reichen und Schönen. Sie ist aber nur als Fragment vorhanden, wie das Hotel in seiner Monografie „111 Jahre Waldhaus Sils" aus dem Jahr 2019 selbst schreibt, denn für eine Aktualisierung habe schlichtweg die Zeit gefehlt.[51] Die dortige Aufstellung aus dem Jahre 1983 würde sich jedenfalls bestens für ein Namedropping eignen.

Die besondere Atmosphäre des Hotels und die imposante Berglandschaft, die sich vom Waldhaus dank seiner erhöhten und exponierten Lage in allen vier Himmelsrichtungen bestaunen lässt, inspirierten offensichtlich zu außergewöhnlichen Werken. Richard Strauss komponierte im Engadin seine Alpensymphonie, auch er war Gast des Hotels. Hermann Hesse war im Waldhaus ebenfalls produktiv. Die beiden Räume, die er mit seiner Frau Ninon in der Beletage des Grandhotels

bewohnte, glichen mehr einem Büro als einem Feriendomizil. Er ließ sich täglich die Briefpost ins Waldhaus nachschicken, um sie von dort zu beantworten. Auch traf er sich mit etlichen Intellektuellen und Künstlern, die im Hotel logierten und mit ihm in einen Austausch kommen wollten.[52]

Das Waldhaus gibt es immer noch, inzwischen wird es von der 5. Generation der Gründerfamilie Josef und Amalie Giger betrieben. Und es hat sich seinen Ruf als Haus mit literarischem und künstlerischem Anspruch bewahrt. So findet zum Beispiel das Nietzsche-Kolloquium 2023 „Wie leben wir mit dem Nihilismus?" in dem Traditionshotel mit der breit gefächerten literarischen Vorgeschichte statt.[53] Die Bergwelt – ein Rückzugsort für die geistige Elite? Ich muss an Reinhold Messner denken und seine Motivation, das Berggeschehen in seinen sechs Museen abzubilden. In einem Interview sagte er einmal: „Ich will zeigen, (...) wie die Berge Dichter, Maler, Philosophen, Gipfelstürmer und Religionsstifter beflügeln."[54]

Als wir beim Hoteldirektor Patrick Dietrich kurzfristig um einen Termin anfragen, bin ich erst einmal überrascht: Es klappt vollkommen unkompliziert, und das, obwohl die Wintersaison gerade durchstartet. Die zweite Überraschung dann vor Ort: Ich hatte mir vorgestellt, dass uns ein älterer Grandseigneur als Direktor vorgestellt würde. Doch Patrick Dietrich, der das Waldhaus zusammen mit seinem Bruder Claudio managt und der uns in der Eingangshalle begrüßt, ist gerade einmal Anfang 40 und steht mit seinem offenen, jungenhaften Gesicht in einem spannenden Kontrast zu den ehrwürdigen Mauern, den Säulen und dem Stuck, dem historischen Fischgrätenparkett und den schweren Teppichen und Antiquitäten.

Patrick Dietrich ist mit den Augen überall, hier ein Nicken, dort ein Gruß, aber er nimmt sich Zeit für uns und antwortet nicht etwa in Stereotypen oder Marketingfloskeln. Es scheint, als sei der Spirit des Hauses in ihn eingezogen, er spricht leise, bedacht, aber eben gleich mit persönlicher Note. Er habe die Aufgabe im Mai 2010 ohne elterlichen Druck übernommen, erzählt er, „es musste niemand, wir durften frei wählen". Dennoch habe er anfangs gedacht, es genauso machen zu sollen wie die Eltern zuvor. „Es hat dann drei Jahre gedauert, bevor ich selbst angekommen bin und gespürt habe, wie ich es machen will." Das Waldhaus, sagt er, „funktioniert nicht ohne den Ort". Es steht auf der Larethöhe über Sils Maria und ragt über die Baumwipfel hinaus, ist also über den Dingen. Hier hatte der Ururgroßvater, Josef Giger, der selbst aus einfachen bäuerlichen Verhältnissen aus einem Dorf am Walensee stammte und sich in der Gastronomie und Hotellerie über die Jahrzehnte hocharbeitete, nichts dem Zufall überlassen. Er ließ an einem Frühlingstag im Jahr 1905 auf der Larethöhe ein Holzgerüst mitten im Wald errichten, um mit dem Architekten Karl Koller aus St. Moritz und dem Silser Bürgermeister einen Überblick zu bekommen und den besten Standort für das Waldhaus – der Name war naheliegend – wählen zu können.[55] Der Bau dauerte samt aller Genehmigungen nur zweieinhalb Jahre, heute undenkbar. Steine und Sand lieferte die Bürgergemeinde Sils. Dazu wurde einen Kilometer westlich des Bauplatzes ein temporärer Steinbruch samt Schienenweg direkt zum entstehenden Hotel angelegt.

Mir gefällt diese Geschichte und besonders die Tatsache, dass da damals einer etwas gewagt hat, vielleicht sogar gegen jede Vernunft. Das Waldhaus jedenfalls hat sich gehalten, auch weil über all die Generationen die Familie dahinterstand und zusammenhalf, gerade wenn äußere oder innere Turbulenzen dieses große Schiff mit seinen 140 Zimmern ins Wanken brachten. Patrick Dietrich nennt das Grandhotel „ein Fünfsternehaus ohne Starallüren" und spricht davon, dass die Gäste allesamt ein Kulturverständnis mitbrächten, sodass „man sich auf Augenhöhe begegnen kann". Einen VIP-Status gebe es im Waldhaus nicht, „alle werden gleich behandelt." Vielleicht ist das der Grund dafür, dass 70 Prozent der Gäste wiederkommen, manche so oft, wie es Hesse tat, nämlich 13-mal. Was die Nationalität betrifft, so liegt die Schweiz mit 45 Prozent vorne, gefolgt von Deutschland (35 %). Der Rest verteilt sich vor allem auf Europa und die USA. Ist es eine Bürde, in so jungen Jahren – Patrick Dietrich war gerade erst 30 Jahre alt, als er die Geschäftsleitung zusammen mit seinem drei Jahre älteren Bruder Claudio und dem Großonkel Urs Kienberger (heute 71 Jahre) im Jahr 2010 übernahm? Patrick überlegt nicht lange.

>»Ehrfurcht ist der richtige Begriff,
aber Furcht ist nicht dabei‹, sagt er.«

Die Aufgaben jedenfalls sind nicht nur vielfältig, sondern auch schwierig. Kann man ein 115 Jahre altes Haus energetisch auf einen heutigen Stand bringen und vielleicht sogar klimaneutral machen? Nicht wirklich. „Aber etwas Bestehendes zu erhalten und zu pflegen kann auch nachhaltig sein", sagt der Hoteldirektor und trifft damit sicherlich einen wichtigen Punkt. Mancher Gast frage nach, wieso es noch diese alten Stühle gebe, erzählt Patrick. Die Antwort ist dann bestechend einfach und ehrlich. „Weil er gute Dienste getan hat und immer noch tut." Dabei ist es mitnichten so, dass das Waldhaus nicht ständig angebaut und modernisiert hätte. Jüngstes Beispiel ist der Spabereich, in dem sich der minimalistisch gehaltene Ruheraum als Beton-Glas-Konstruktion trapezförmig nach oben verjüngt und man von den Liegen aus in den Himmel und die Sterne schaut. Das Schweizer Architekturbüro Miller &

Maranta hat es meines Erachtens auf geniale Weise geschafft, dass Innen und Außen miteinander verschmelzen.

Vielleicht ist es ja übertrieben, von einem Geheimnis zu sprechen, das das Waldhaus so besonders macht. Urs Kienberger, im Waldhaus aufgewachsen und selbst 25 Jahre lang Teil der Geschäftsführung, erklärt den Spirit des Hauses damit, dass es ein historisch gewachsenes Grandhotel geblieben sei, in dem es immer noch Speisesäle, die große Bar und das Hoteltrio gebe, das die Gäste unterhalte; kein Museum, sondern lebendig, ein Haus, in dem „die Soziologie noch funktioniert" und in dem man sich trotz der Größe um die persönliche Betreuung der Gäste kümmere. „Es ist ein Teil der Alpenkultur geworden", sagt Urs und ich wünsche mir insgeheim, dass es das Waldhaus mit seinem Charme, der der Schnelllebigkeit trotzt, auch in 100 Jahren noch gibt.

HOLZ: EIN WERKSTOFF DER ZUKUNFT FÜR HOTELLERIE & ARCHITEKTUR

Das mit den „in 100 Jahren" sollte meiner Meinung nach ein Schlüssel sein für vieles, was im Hier und Jetzt geplant und gemacht wird. Auf meinen Recherchetouren durch die Alpen ist mir mehrmals der Begriff „Enkeltauglichkeit" begegnet. Bedeutet: Wenn ich als Investor, als Kommune oder als Privatperson etwas initiiere, sollte ich die übernächste Generation auch noch im Blick haben. Ist meine Investition so langlebig, dass sie dann auch noch trägt? Sind die Folgen meines Tuns so bemessen, dass die Enkel sich nicht mit Altlasten herumschlagen müssen? Können sie gar dann die Früchte ernten?

Ich konfrontiere Martin Damian mit dem Begriff. Martin leitet den Cyprianerhof am Ortsende von St. Zyprian im Tierser

Tal auf 1100 Metern über Meereshöhe. Es ist ein Familienbetrieb, seine Eltern hatten Anfang der 1960er-Jahre klein begonnen und ihm 1985 ihr Hotel mit zwölf Zimmern übergeben. Inzwischen ist der Cyrianerhof ein 5-Sterne-Haus mit 97 Zimmern. „Wir wollen nicht mehr wachsen, die Größe passt", sagt Martin. Ein Satz, den man in der Branche eher selten zu hören bekommt, denke ich mir.

Und wie ist das mit der Enkeltauglichkeit? „Urenkeltauglich wäre noch besser", sagt der 62-Jährige.

> »Der Mensch hat über viele Tausend Jahre eine Symbiose mit der Natur gelernt. Und wir als moderne Zivilisation haben alles über Bord geworfen.«

Doch in den vergangenen fünf bis zehn Jahren habe sich auch in der Hotellerie ein neues Umweltbewusstsein herausgebildet. „Es gibt nicht mehr nur leere Versprechungen, sondern Lösungen und Taten." Damian sieht sich durchaus als Vorreiter. Bereits im Jahr 2014 erstellte sein Haus einen „Gemeinwohlbericht"[56] nach den Kriterien der Gemeinwohlökonomie. Die stützt sich auf die Grundwerte Menschenwürde, Solidarität, Mitbestimmung, Transparenz und ökonomische Nachhaltigkeit.[57] Ein Wettrüsten mit immer neuen Angeboten für die Kunden macht er nicht mit. Projekte kämen nach sozialen, ökonomischen und ökologischen Gesichtspunkten auf den Prüfstand. So habe sein Haus auf ein zweites Schwimmbad verzichtet, stattdessen das erste erweitert und saniert, sodass es jetzt weniger Energie und Wasser verbraucht als vorher.[58] Die Energiekrise, sagt er in unserem Gespräch, „könnte nicht besser sein, weil jetzt jeder vor den Kopf gestoßen wird". Sein großes Ziel für die Zukunft: Er will den Cyprianerhof zum Passivhaus-Plus-Standard bringen, also mehr Energie erzeugen, als verbraucht wird.

Es seien manchmal auch die kleinen Dinge, die etwas bewirkten. Vor Jahren entschied sich der Geschäftsführer des Cyprianerhofs, der auch Tourismusreferent der Gemeinde Tiers ist, ganz auf Plastikslipper zu verzichten. „Unsere Gäste bekommen vor der Anreise eine Mail, in der wir sie auf die Müllvermeidung hinweisen und bitten, ihre eigenen Saunaschuhe mitzunehmen. Das klappt prima", erzählt er mir. Im Haus stehe das Thema Reparieren und Wiederverwerten weit oben in der Prioritätenskala. Bevor ein Gerät weggeworfen werde, sei es ein Staubsauger oder eine Kaffeemaschine, werde versucht, sie reparieren zu lassen. „Auch wenn das erst einmal teurer ist." Manchmal brauche es auch Erfindergeist, zum Beispiel bei den Tellerduschen. Dort habe es zuerst keinen passenden Perlator gegeben, der Luft in den durchfließenden Wasserstrahl mischt und dadurch Wasser und letztlich auch Energie spart. „Jetzt haben wir eine Lösung gefunden, sodass wir nur fünf Liter pro Minute brauchen", berichtet Martin.

Und dann kommt er auf ein Thema, das viele Hoteliers umtreibt und das in puncto Nachhaltigkeit alles andere als einfach ist. Denn wer auf die Büffets der Hotels und größeren Pensionen schaut, findet dort meiner Erfahrung nach selbst im Winter Erdbeeren und tropische Früchte. Die Gäste würden explizit danach fragen, höre ich von den meisten Hotelchefs, auch von Martin. „Nahrung ist ein großes Thema, es dauert, bis wir hier ein neues Bewusstsein haben." Die Küchen hätten viele Möglichkeiten, sagt er, zum Beispiel bei der Entscheidung, ein ganzes Tier zu verwerten. Ich denke an das Buch des Engländers Fergus Henderson „Nose to Tail", in dem er sich schon vor 20 Jahren mit der Zubereitung aller Teile eines Schweines befasst hat. Auch das ist eine Form von Nachhaltigkeit.

Unweit des Reschenpasses liegt „Das Gerstl Alpine Retreat", ebenfalls ein familiengeführtes Hotel der Oberklasse, an dessen Spitze der 36-Jährige Lukas Gerstl steht. Auch er hat das Haus früh von den Eltern übernommen, als damals 22-Jähriger (Martin Damian war 26). Wenn ich die Familiengeschichte[59] lese, muss ich sagen: Hut ab, ich hätte die Verantwortung mit Anfang zwanzig nicht übernehmen wollen. Lukas hatte eine Ausbildung als Koch im Belvita Hotel Lindenhof in Nadurns absolviert, sechs Jahre blieb er dort, bevor er in den elterlichen Hof einstieg. Ihn übernahm, muss man richtigerweise sagen. Damals, im Jahr 2009, hatte das Haus fünf Mitarbeiter, heute sind es 60. Lukas ist ein Pionier, wenn man so will, er hat vor acht Jahren seine „R30"-Philosophie ins Leben gerufen. Die besagt, dass idealerweise alle Nahrungsmittel von heimischen Produzenten im Umkreis von 30 Kilometern stammen sollen. Das klappt freilich nicht durchgängig, aber das Hotel spielt hier mit offenen Karten: Auf den Speisekarten sind die betreffenden Produkte und Zutaten mit einem Signet „R30 – Drhoam Garantie" versehen. Die Eier beispielsweise kommen von drei benachbarten Höfen, die Teebeutel von den „Kräuterrebellen", einer nachhaltigen, ökologisch wirtschaftenden Firma aus dem Vinschgau, aufgezogen von zwei Einheimischen.[60]

»»Wir versuchen die ganze Regionalität in den Vingschgau reinzubringen und die Apfelmonokultur aufzubrechen‹, sagt Lukas.«

Er ist seit zwölf Jahren auch Präsident der Ferienregion Obervinschgau. Und, klappt das? Es sei nicht einfach, meint der Hotelchef, denn noch wanderten zu viele Arbeitskräfte in die nahe Schweiz ab – wegen der besseren Verdienstmöglichkeiten.

Qualität scheint sich jedenfalls zu bewähren, denn sowohl Cyprianerhof als auch Das Gerstl sind gut gebucht. Beide Ho-

tels bieten auch Shuttles vom und zum nächsten Bahnhof an, immer mehr Gäste nutzten das. Und sie setz(t)en bei ihren Ausbauten und Modernisierungen auf den Werkstoff Holz.

Wie wichtig das ist, habe ich vor Kurzem von dem Wissenschaftler Professor Hans-Joachim Schnellhuber erfahren. Schellnhuber ist emeritierter Direktor des Potsdam-Instituts für Klimafolgenforschung und gilt weltweit als einer der renommiertesten Klimaexperten. Er sieht die Lösung der CO_2-Problematik im Bausektor, denn dort werden seinen Angaben nach Unmengen von Kohlendioxid emittiert, also mit der klassischen Beton- und Ziegelbauweise. Man müsse auf die Holzbauweise umsteigen, denn in solchen Gebäuden würde das im Holz gebundene CO_2 weiterhin gespeichert bleiben. Und zwar Hunderte Jahre lang. Man kann auch mit Holz in die Höhe bauen, zig Stockwerke, das geht. Schellnhuber sagte zu mir, dass wir das 1,5-Grad-Ziel weltweit erreichen könnten, wenn man nur noch mit Holz bauen dürfe. „Das ist die große Chance für die Menschheit", so der Wissenschaftler.

In Österreich ist das Bundesland Vorarlberg und darin die Region Bregenzer Wald führend im innovativen Holzbau. Wir treffen den vielfach ausgezeichneten Architekten Bernardo Bader, der sein Büro in Bregenz hat und selbst in seiner Heimat, dem Bregenzer Wald, wohnt, auf einem kleinen Parkplatz im hügeligen Vorderwald, wie der nordwestliche Teil genannt wird. Um uns herum Wiesen, ein paar Einzelgehöfte, Inseln von dichtem Wald. Bernardo will mit uns einen kleinen Spaziergang machen, er hat sich etwas dabei gedacht. Wir steigen einen Wiesenpfad empor und plötzlich taucht das Objekt auf, dessentwegen der Architekt uns hierherbestellt hat. Es ist eine Kapelle, die sich am Ende der Hügelkuppe langsam vor uns aufbaut, schlank in der Gestalt, Dach und Korpus mit kleinen Holzschindeln verkleidet. In der Zentralperspektive sieht der Bau wie ein Kunstwerk aus, wie ein Beitrag für eine Biennale. Irgendwie ist es auch ein Kunstwerk, nur dass hier Architekt und Bürgerschaft ein verfallenes sakrales Gebäude mit einer Gemeinschaftsanstrengung zu etwas Besonderem, vielleicht sogar Richtungsweisendem gemacht haben. Bernardo gestaltete dazu ehrenamtlich einen Entwurf und gründete mit anderen einen Kapellenverein, schließlich stammt er aus der Gemeinde Krumbach, auf dessen Flur die Lourdeskapelle steht. 20 Leute hätten geschindelt, also Dach und Fassade vertäfelt, die örtlichen Handwerker hätten sich eingebracht, Spenden seien geflossen. Überhaupt das Handwerk: „Es hat einen hohen Stellenwert bei uns, es gibt viele gute Handwerker", sagt Bernardo. Und vielleicht ist dies das Geheimnis des Bregenzer Waldes. „Bauherr, Handwerker und Architekt arbeiten auf Augenhöhe."

Wir öffnen die schlicht gehaltene Holztür der Kapelle und verharren einen Moment. Innen ist es erstaunlich hell, das Draußen dringt durch ein mannshohes Fenster herein, es öffnet den Raum. Der ist minimalistisch gehalten, einfache Holzbänke, ein kleiner, rechteckiger Altar, eine Standkerze und links als Blickpunkt eine Madonnenfigur an der Wand. Wenn man drinnen steht, spürt man den Raum förmlich, man kommt augenblicklich zur Ruhe. Ein eigenes Buch hat der Verein über seine Kapelle Salgenreute geschaffen, mit vielen erstklassigen Bildern und Texten über den Ort, die Geschichte, die Arbeiten und die besondere Architektur.[61] 4000 Stück wurden inzwischen verkauft, erzählt Bernardo. Auch deshalb ist der Kredit bereits zurückbezahlt.

»Der Mensch, das zeigt sich mir auf meiner Tour durch die Alpen, kann Außergewöhnliches schaffen – durchaus im Einklang mit der Natur.«

DIE ALPEN
HOTSPOT DER BIODIVERSITÄT

NATUR, DIE UNSEREN SCHUTZ BRAUCHT

Wer das volle Spektrum dessen, was die Alpen zu bieten haben, in relativ kurzer Zeit erleben will, dem empfehle ich eine Tour durchs üppig bewachsene Hinterautal zu den Quellen der Isar und weiter hinauf zur Lalidererspitze, wo im bröseligen Kalkgestein kaum mehr ein Grashalm wächst. Man durchquert und durchwandert so fast alle Höhenstufen und Klimazonen der Bergwelt. Wir starten am frühen Morgen in Scharnitz auf knapp 1000 Metern mit unseren Mountainbikes. Wir wollen hoch zur Lalidererspitze und am Abend auch wieder zurück – so unser Plan. Die Strecke entlang der jungen Isar habe ich von früheren Touren ins Karwendel als wunderschön in Erinnerung, aber sie zieht sich. Am Ende sind es gut 16 Kilometer, bis wir die Räder am „Hinteren Boden" (1430 m) im Talkessel Rossloch stehen lassen und auf dem kleinen Steig Richtung Lalidererspitze (2588 m) zu Fuß weitergehen. Anders ist die Tour auch nicht an einem Tag zu schaffen, sie ist so schon fordernd genug. Das kleine Konrad-Schuster-Biwak (2495 m) ist kein Übernachtungsziel, sondern eine Notunterkunft unweit des Gipfels. Sie ist in erster Linie Kletterern vorbehalten, die von der Nordseite her über die Laliderer-Nordwände kommen und nicht mehr genug Zeit zum Abstieg haben – oder es dient bei einem Wetterumschwung als Quartier. Sehenswert ist es allemal, denn es klebt spektakulär am felsdurchsetzten Hang und ruft in mir unweigerlich die Vorstellung eines notgelandeten UFOs hervor. Aber der Reihe nach.

Ich war lange nicht mehr im Hinterautal, in dem die Isar entspringt und das für mich mit zu den schönsten Naturlandschaften in den Bayerischen Alpen gehört. Hier darf der Fluss noch frei und ungezähmt dahinfließen. Wobei das Fließen mehr ein Rauschen ist, das uns mal näher, mal ferner als eine Art beständiger Klangteppich begleitet. Im Frühjahr schmelzen Schnee und Eis in den hochgelegenen Karen des Karwendels. Kare sind Mulden oder große Kessel zwischen den Felswänden, in denen früher ein Gletscher sein Nährgebiet hatte. Dann rumpelt und poltert es ordentlich im Flussbett, Tonnen von Kalkgestein werden gerollt und geschoben, allmählich rund geschliffen und flussabwärts transportiert. Welche Kraft das Wasser entwickeln kann, zeigt sich uns von oben, als wir den ersten kleinen Anstieg auf einer breiten Forststraße bewältigt haben. Tief unter uns liegt sie und wird ihrem lateinischen Namen Isara Rapidus („Die reißende Isar") gerecht. Mich fasziniert besonders ihre hellblaue Farbe, die mich an die Gletschereisbonbons in meiner Kindheit erinnert. Die Isar hat sich hier tief ins Kalkgestein eingegraben und leuchtet so einladend herauf, dass ich am liebsten runterklettern und reinspringen würde. Doch wir haben ja noch einiges vor heute an diesem Hochsommertag, sodass mich meine Begleiter, der Autor und Bergkenner Michael Ruhland und der Profifotograf Peter Neusser, zur Räson bringen. Zumal wir eh gleich neben dem Fluss entlangradeln werden. Der Forstweg führt nun wieder nach unten, noch ist der Fahrtwind morgenkühl, das wird sich später ändern. Die breiten Kiesbänke entlang der Isar mit ihren Kieseln unterschiedlicher Größe haben Wanderer oder Radler zu kleinen Bauwerken inspiriert. Immer wieder tauchen Dutzende von Steinmanderln auf, Kunstwerke, manchmal regelrechte Installationen, die aber nur von kurzer Dauer sein werden. Das nächste Hochwasser kommt bestimmt und schafft eine neue Ordnung. Besser gesagt: eine neue Unordnung. Wir nähern uns dem Quellbereich der Isar, um den es früher schon mal Debatten gab. Lebende Größen wie der Bluesmusiker Willy Michl sehen den Isarursprung im Lafatscher Bach. Der Bach sprudelt aus dem Fuß des mächtigen Großen Lafatscher (2696 m) heraus – zumindest den größten Teil des Jahres.

Nun will es aber die Definition von Quelle, dass immerwährend Wasser austritt, wie eine Infotafel am Talschluss des Hinterautals erklärt. „Als Ursprung eines Flusses wird jener Platz bezeichnet, bei dem ganzjährig Wasser rinnt", steht da unter anderem geschrieben, und dass es hier hinten tief im Karwendel „zahlreiche Wasseraustrittsstellen" gebe, „am Hallanger, im Rossloch, am Lafatscher". Ich stelle mir spontan vor, wie der Tiroler Bezirkshauptmann einen Trupp mit dem Spezialauftrag hierherschickte, in sengender Hitze und eisiger Kälte nachzuprüfen, aus welchem Loch nun ständig Wasser quoll und welches zeitweise versiegt war. So ganz aufgeklärt werden kann das Mysterium um den Isarursprung also nicht.

> »Wir sind angekommen im Quellbereich der Isar,
> einem für mich magischen Platz.«

Überall gurgelt und plätschert es, die Felsen sind mit Moosen und Flechten besetzt, der Wald ist üppig grün, Fichten, Lärchen, Buchen, Kiefern, Erlen und Birken gedeihen hier ne-

beneinander, für mich wie ein Garten Eden. Wild und lieblich zugleich. Direkt unter dem an einer großen Fichte angebrachten Holzschild mit der Aufschrift „Isarursprung – Quelle 1" drängt aus einem kaum 50 Zentimeter großen, von Moosen überwucherten Loch glasklares und eiskaltes Wasser, das Monate oder sogar Jahre vorher viel weiter oben am Berg in den Kalkfelsen versickert ist.[62] Ich lege meinen Rucksack ab, gehe in die Knie und schöpfe mit beiden Händen das jungfräuliche Isarwasser, um Gesicht und Kopf zu kühlen.

Die ebenfalls beschilderte Quelle 2 finden wir keine 300 Meter entfernt, sie präsentiert sich ein wenig heller. Feiner, weißlicher Schlick umkleidet die Öffnung. Ich sehe mehrere braun gescheckte Frösche rund um die Karstquellen, vermutlich ist es auch für sie ein Paradies. Wobei, sie kennen ja kein anderes Zuhause. Glück gehabt. Es ist inzwischen ordentlich warm geworden, auch hier auf 1160 Metern, und vor uns liegt noch der größte und schweißtreibendste Teil der Tour. Ein zartblauer Schmetterling setzt sich auf meine Hand und fühlt sich offensichtlich wohl. Vielleicht schmecken ihm die Salzkristalle auf meiner Haut, jedenfalls krabbelt er langsam bis zur Spitze meines Zeigefingers, klappt die Flügel zusammen und verharrt, bis ich ihn leicht anpuste.

Wir verabschieden uns fürs Erste von der Isar, die leider nur wenige Kilometer von ihren insgesamt 295 Kilometern Länge so frei fließen darf wie im Hinterautal. Schon in Scharnitz ist sie in ein Betonbett gezwängt, klar, hier ist der Schutz vor Überflutung der Grund. Doch wurde der Wildfluss nicht nur immer wieder gezähmt, sondern auch ausgebeutet. Das Isarwasser wird bis zur Mündung im niederbayerischen Plattling von sage und schreibe 27 Kraftwerken zur Stromproduktion genutzt.[63] Wobei ihr das Quellwasser schon früh abgegraben wird. Zwischen Mittenwald und Krün wird die Isar am

Krüner Wehr erstmals gestaut, ihr Wasser hier größtenteils abgezweigt und durch die Isarüberleitung dem Kraftwerk Obernach am Walchensee zugeführt.

Der Mensch braucht Strom und Wasserkraft ist eine regenerative Energieform. Knapp zwei Prozent des bayerischen Strombedarfs deckte die Isar damit im Jahr 2022, rechnerisch reicht der Strom – die durchschnittliche Jahresproduktion liegt bei 1,6 Milliarden Kilowattstunden – für 500 000 private Haushalte.[64] Ob die ganzen Wehre, Kanäle, Stauseen und Fließkraftwerke aber ökologisch sind, möchte ich bezweifeln. Jedenfalls tragen sie nicht zum Artenreichtum bei, sondern dezimieren den Fischbestand und der Fluss wird seiner Dynamik beraubt. Immerhin gibt es zwischen Wallgau und Vorderriß (und in Teilen auch in der Pupplinger Au bei Geretsried) noch eine weitere weitgehend ursprüngliche Isarflusslandschaft. Dadurch ist die obere Isar ein einzigartiger Lebensraum für seltene Pflanzen wie den immergrünen Rispelstrauch, aber auch für streng geschützte Vogelarten wie den Flussuferläufer oder den Flussregenpfeifer. Und es ist der letzte Flussabschnitt in Bayern, in dem noch eine sich selbst erhaltende Population Huchen lebt. Die Raubfische können bis zu 1,20 Meter groß werden.[65]

NATURGEWALT AUF DER LALIDERERSPITZE

Wasser bedeutet Leben und sein Fehlen mindert die Artenvielfalt, das merken wir von jetzt an mit jeder Viertelstunde, die wir in Richtung Lalidererspitze vorankommen. Der Wald wird nun lichter, wir fahren vorbei an der Kastenalm noch ein Stück weiter hinein ins Rossloch, bis der schotterige Weg am Hinteren Boden endet. Hier füllen wir unsere Wasserflaschen und Trinkblasen auf, es ist die letzte Gelegenheit auf dem Weg zum Gipfel. Bald erreichen wir die Latschenzone, Steinmandl

sind hier nicht als Kunstwerke aufgeschlichtet worden, sondern markieren den Weg. Wir treffen auf eine Herde Alpiner Steinschafe mit ihren charakteristischen seitlich abstehenden und wie gedrechselt aussehenden Hörnern. Für uns eine willkommene Pause, für die Schafe offenbar eine willkommene Abwechslung. Ich werde regelrecht belagert, die schönen Tiere lassen sich gerne an Kopf und im Nacken kraulen.

Allmählich verschwinden auch die Latschen, wir steigen durch felsdurchsetzte Matten weiter empor, bis schließlich Schotter und Fels dominieren und der alpine Rasen immer spärlicher wird. Knapp drei Stunden sind vergangen, seit wir die Räder im Rossloch stehen gelassen haben, und die Landschaft hat sich komplett verändert. Vor uns baut sich die 2602 Meter hohe Bockkarspitze auf, ihre Basis ist in einzelne Felstürme zerklüftet. Wir lassen sie links liegen und ergattern erstmals einen Blick auf die kleine Metallschachtel des Konrad-Schuster-Biwaks, benannt nach dem Gründer der „Alpinen Gesellschaft Gipfelstürmer". Es ist früher Nachmittag, wir sind also gut im Zeitplan. Von der Biwakschachtel aus sind es nur noch etwa 20 Minuten bis zum Gipfel. Dort wollen wir eine schöne Brotzeit machen und danach wieder absteigen zu unseren Bikes. Was wir aber auch sehen, als wir wieder freien Blick nach Westen haben: Es baut sich ein veritables Gewitter auf, was im Karwendel erfahrungsgemäß sehr schnell gehen kann. Der Wetterbericht hatte keine erhöhte Gewittergefahr für den Tag gemeldet, aber die Ambosswolken, die nach oben schießen, sprechen eine klare Sprache.

Als wir die achteckige Biwakschachtel erreichen, schallt der Donner bereits von den Wänden des Karwendels zurück. Es dauert nicht lange und die elektrische Spannung, die sich in den Wolken aufgebaut hat, entlädt sich in einem Stakkato an Blitzen. Wir sind im Trockenen und Sicheren – und warten ab. Das Gewitter bleibt im Kessel hängen und wir beschließen, nicht mehr abzusteigen. Zu gefährlich. Wir sind zwar nicht besonders gut für eine Nacht ausgestattet, doch haben wir genug zu trinken dabei, was das Wichtigste ist. Außer uns ist keiner da und wir sind froh um den Notfallstützpunkt des Alpenvereins Innsbruck.[66] Zum Glück gibt es Decken, denn durch das Gewitter hat es empfindlich abgekühlt. Wir machen unsere Brotzeit drinnen und gehen früh schlafen. Die Nacht wird unruhig, das weiß ich jetzt schon. Ich schlafe in der Höhe meistens schlecht, aber wir wollen eh früh raus und hoffen auf einen schönen Sonnenaufgang.

Der kommende Morgen ist gigantisch. Wir sind um fünf Uhr mit der einsetzenden Dämmerung draußen, steigen auf den Gipfel, genießen die Stille und den erhabenen Moment. Es ist keine Wolke am Himmel, dafür leuchtet der Horizont in orangen und violetten Pastellfarben. Die Luft ist kühl, aber es weht nur ein leichtes Lüftchen. In den Tälern hängt noch der Dunst der Nacht. Wir warten auf die ersten wärmenden Sonnenstrahlen, die den kalt und abweisend wirkenden Kalkstein in ein weiches Licht tauchen.

»Wir sitzen in der Morgensonne und schweigen. Am Berg, zumal in dieser Höhe und Abgeschiedenheit, stören Worte oft nur.«

Ich finde hier immer ins Lot zurück, spüre Ruhe tief in mir. Ohne Berge wollte ich nicht sein. Sie norden mich ein und erden mich.

Beim Abstieg werden mir die Kontraste bewusst, die man in den Alpen erleben kann. Oben im Gipfelbereich ist der Fels lebensfeindlich, die wenigen Arten, die in der Zone oberhalb von 2500 Metern gedeihen können, wie zum Beispiel das Steinröschen oder das Felsen-Hungerblümchen, sind Überlebens-künstler. Sie müssen mit Trockenheit, Stürmen und großen Temperaturschwankungen zurechtkommen. Letztere können zwischen Tag und Nacht 50 Grad und mehr betragen, je nach Exposition und Sonneneinstrahlung. Das Edelweiß, die sym-bolträchtigste Alpenblume schlechthin (zu finden übrigens auch im Logo des Alpenvereins), schützt sich durch die sil-brig-weiße Behaarung vor dem Austrocknen. Weiß reflektiert das Sonnenlicht, ihr brennt die Sonne, salopp gesagt, nicht so stark auf den Pelz. Das Edelweiß ist schon lange vom Ausster-ben bedroht. Als erste Pflanze überhaupt wurde es bereits 1886 unter strengen Naturschutz gestellt.[67]

Andere Pflanzen wie beispielsweise die Pfingstnelke sind mit einer Wachsschicht überzogen, um sich gegen Verduns-tung zu schützen. Der Alpen-Mauerpfeffer wiederum speichert Wasser in den fleischigen Blättern und verschiebt seinen Ga-saustausch in die Nachtstunden, wenn es kühler ist.[68] Dadurch kann er Hitze wie Kälte gleichermaßen trotzen und schafft es bis in die höchsten Höhen der Alpen, in die sogenannte nivale Stufe, in der das ganze Jahr über Schnee liegen kann. Im Monte-Rosa-Massiv im Kanton Wallis wurde der Mauer-pfeffer sogar in 3500 Metern gesichtet![69] Auch das zerbrech-lich wirkende und hübsch anzusehende Alpenglöckchen hat eine raffinierte Überlebensstrategie entwickelt. Es nutzt den Albedo-Effekt (siehe auch Kapitel 5), also die Tatsache, dass weiße Oberflächen das Sonnenlicht zurückstrahlen, während dunkle Flächen die Sonnenenergie absorbieren.

Während also im beginnenden Sommer oberhalb von 2000 Metern oft noch eine dünne Schneedecke liegt, entfaltet das Alpenglöckchen bereits seine Blüte und nutzt dabei seine dunklen Knospen und Blütenstiele, die sich regelrecht durch den Restschnee hindurchschmelzen.

»>In seinem grazilen Innern schlummert die Durchschlagskraft eines Torpedos‹, so der Klimaexperte Sven Plöger.«[70]

Insgesamt gibt es in den Alpen rund 400 Spezialisten, die sich an die harten klimatischen Bedingungen oberhalb der Waldgrenze angepasst haben.[71] Das intensive und oft auch frühe Blühen, das uns beim Bergwandern regelmäßig in Entzücken versetzt, ist dabei nichts anderes als eine Anpassungsstrategie an den kurzen Zeitraum, in dem Wachstum, Blüte und Frucht überhaupt möglich sind. An manchen Standorten ist das nur etwas mehr als ein Monat. Die kurzen Vegetationsperioden sind bei Bäumen zum Beispiel am langsamen Wachstum abzulesen, ihr Holz ist am Ende vergleichsweise härter.

Auch das Alter der Pflanzen ist teils rekordverdächtig: Schweizer Forscher wiesen mithilfe von Molekulartechnik nach, dass die Alpengrasart Krumm-Segge bis zu 5000 Jahre alt werden kann.[72] In Höhen von 2200 bis 2800 Metern hat sie in den Zentralalpen oft das Sagen, sie dominiert dort die alpinen Magerrasenflächen. In den Ötztaler Alpen findet man sie auch auf deutlich über 3000 Metern. Ihre Spezialität ist es, abgestorbene Blätter nach oben zu schieben und sie gewissermaßen als Windbrecher zu instrumentalisieren. Der eisige Wind wird einfach abgelenkt, sein Chill-Effekt abgewendet. Jeder Bergsteiger kennt das Phänomen, dass es im Wind schnell deutlich kühler ist, als es die Außentemperaturen eigentlich erwarten lassen. Unter der bräunlich-gelben Schutzschicht ist es deshalb im Vergleich zur Außentemperatur deutlich kuscheliger.[73] Spontan stelle ich mir vor, dass Ötzi mit seinen Bärenfellschuhen (er hatte sogar einen Innenschuh aus Lindenbastgeflecht und eine Isolierschicht aus Grasfasern) über den gleichen Rasen marschiert ist wie ich bei meiner Tour im Sommer 2022 zum Similaun hoch. Verrückter Gedanke!

Bald hüllt uns beim Absteigen von der Lalidererspitze das satte Dunkelgrün der Latschen ein, das perfekt mit dem hellen Grün der alpinen Gräser harmoniert. Unsere Räder haben den Gewitterregen gut überstanden, wir rollen vom Rossloch wieder zurück ins Hinterautal auf die Forststraße. Überall dampft es, die Luft ist angefüllt von Terpenen, Duftstoffen der Bäume und Pflanzen, die unser Immunsystem stärken und Stresshormone vermindern sollen. Wie auch immer, es riecht intensiv und aromatisch. Trotz der kurzen Nacht fühle ich mich frisch und fröhlich. Mir ist bewusst, dass solch eine Landschaft natürlich viele Menschen anlockt und nicht jeder weiß, wie man sich richtig verhält in der Natur. Und das ist beileibe kein neues Phänomen.

KARWENDEL: DAS ÄLTESTE SCHUTZGEBIET TIROLS

Es ist nur konsequent, dass diese einzigartige Naturlandschaft des Karwendels schon früh unter Schutz gestellt wurde. Fünf Jahre noch, dann kann der Naturpark seinen 100. Geburtstag feiern. 1928 gegründet, ist er das älteste Schutzgebiet Tirols. Er umfasst beinahe das gesamte Karwendelmassiv und ist mit einer Fläche von 739 Quadratkilometern das größte Tiroler Schutzgebiet und der größte Naturpark Österreichs. Im Zentrum liegt das Naturschutzgebiet Karwendel, das mit Abstand größte Schutzgebiet des Naturparks. Biologen haben bislang 1305 Pflanzenarten und mehr als 3035 Tierarten nachgewiesen. Außerdem rühmt sich der Park, die größte Steinadlerdichte der Alpen zu haben.[74] Seine topografische Lage reicht von 600 Metern über Meereshöhe bis hinauf auf die Birkkarspitze, mit 2749 Metern der höchste Gipfel des Karwendels. Damit sind vier der insgesamt fünf Höhenstufen in den Alpen abgedeckt, es fehlt lediglich die nivale Stufe, die Wissenschaftler ab 3000 Meter ansetzen.[75]

2008, zum 80. Geburtstag, gründete sich der gemeinnützige Naturpark-Verein, der aus den 16 Tiroler Gemeinden besteht, den fünf Tourismusverbänden sowie den Bundesforsten als größter Grundeigentümer im Karwendel, dem Land Tirol, der Landwirtschaftskammer und dem Alpenverein. Vorrangig geht es um den aktiven Naturschutz, dazu gehören Vogelkartierungen genauso wie ein grenzüberschreitendes Bartgeierprojekt oder ein Naturschutzplan für einen Teil der 101 Almen des Naturparks. Ein wichtiges Ziel ist ferner die Umweltbildung, beispielsweise über das Naturparkhaus Hinterriß und das Infozentrum Scharnitz, aber auch mittels Naturführungen, Vorträgen von Rangern und diversen Mitmachaktionen wie Zaunreparaturen am Ahornboden.

»Ich bin mir sicher: Wer selbst mitmacht, dem erschließt sich auch sofort, wie schutzbedürftig zum Beispiel die bis zu 600 Jahre alten Berg-Ahornbäume sind, die märchenhaft im Talboden der Eng stehen.«

Und je jünger die Volontäre sind, desto mehr wird solch ein erlebtes Naturbewusstsein in ihrem sich ausbildenden Wertesystem seinen festen Platz finden.

Wer nur zum Schauen oder Sporteln kommt, ist auch willkommen, muss aber nach Ansicht der Naturpark-Verantwortlichen „gelenkt" werden, sprich: Eine in den vergangenen Jahren wachsende Zahl von Rangern versucht, den ebenfalls größer werdenden Zustrom von Touristen in naturverträgliche Bahnen zu bringen. Denn nicht jeder Pfad eignet sich für Biketouren, nicht jede Wiese ist für ein Picknick direkt am Bachufer geschaffen. Zwischen 900 000 und 1,1 Millionen Besucher verzeichnet der Naturpark nach eigenen Angaben pro Jahr.[76] Dass dieser Zulauf schwer zu handeln ist, leuchtet ein. Wer je an einem schönen Wochenende in der Eng (und am Großen Ahornboden) war, weiß, welche Massen sich auf den Spazierwegen in dem Almdorf gegenseitig auf die Füße treten. Dutzende Ausflugsbusse und Tausende Autos fahren dann die kurvenreiche Straße über Hinterriß bis in den Talschluss. Das schreit nach einer Regulierung, finde ich. Nicht zuletzt deshalb ist im Januar 2023 ein von der EU gefördertes Interreg-Projekt mit dem etwas sperrigen Namen „Aufbau eines grenzüberschreitenden Besuchermonitoringsystems" gestartet, Bayern und Österreich arbeiten hier Hand in Hand. Ziel ist es, möglichst genaue Daten über das Gästeaufkommen und deren Verhalten zu erheben. „Auf dieser Basis können die Projektpartner politische Debatten zum Beispiel zum Thema Overtourism mit belastbaren Zahlen begleiten, den Rangereinsatz optimieren und die Gäste über die tatsächliche Auslastung an Besucherhotspots informieren", heißt es in der Projektbeschreibung.[77]

Meiner Meinung nach macht der Naturpark vieles vorbildlich. So wird seit 2013 auch eine Wissensdatenbank mit den unterschiedlichsten Themen zur Region bestückt. Dort findet man eine Masterarbeit „über den Impakt des Menschen auf die Verteilung und den Lebensraum alpiner Gämsen in Tirol" genauso wie ein Kapitel des Buches „Warnsignal Klima: Hochgebirge im Wandel" oder eine Studie des WWF zum „Wildnisareal Tiroler Karwendelgebirge – Naturräumliche und naturkundliche Besonderheiten".[78] Die Datenbank ist für jedermann online zugänglich, das ist prima.

Wissen ist Macht, wie es nach einem Ausspruch des englischen Philosophen Francis Bacon (1561–1626) heißt. Das ist mehr denn je richtig und beinhaltet für mich einen Imperativ. Sich Wissen anzueignen, hat für mich mit Verantwortung gegenüber der Schöpfung zu tun. Denn nur wenn wir genügend Informationen angesammelt haben, können wir überhaupt abschätzen, was auf dem Spiel steht.

Machen wir doch erst einmal eine grobe Bestandsaufnahme: Mehr als 2500 Pflanzenarten haben Wissenschaftler in den Tälern, an Bergwiesen, Geröllhängen und im Felsgestein der Alpen nachgewiesen.[79] Zirka 400 davon sind endemisch, kommen also nur im größten Gebirge Europas vor. Der Bund Naturschutz geht gar von 13 000 Pflanzen in den Alpen aus, 4491 davon seien Gefäßpflanzen,[80] haben also die drei Organe Wurzel, Stängel und Blatt. Der Rest sind Moose und Flechten. Noch deutlich mehr Tierarten fühlen sich in den verschiedenen Höhenstufen des Alpenraumes wohl: 30 000 lautet die Zahl, die meisten davon sind Insekten, 80 Säugetierarten leben in dem Hochgebirge.[81] Wenn man bedenkt, dass die Alpen nicht einmal zwei Prozent der Landfläche Europas ausmachen, so bieten sie ungefähr 40 Prozent aller Arten eine Heimat.

Das wenig überraschende Fazit: Die Alpen sind ein Hotspot der Biodiversität. Dies liegt einerseits an den beschriebenen Höhenstufen, die den unterschiedlichsten Arten Nischen bieten. Andererseits gibt es durch die Ausrichtung der Hänge in die unterschiedlichen Himmelsrichtungen auf dem gleichen Höhengradienten ganz unterschiedliche Lebensbedingungen – die Biologen sprechen von Mikrohabitaten. Und überdies sind die Alpen wasserreich, denn feuchte Luftmassen vom Atlantik oder dem Mittelmeer stauen sich an den Alpen, manchmal im Süden, öfter im Norden. Für die Wolken stellen die Berghänge eine Barriere dar, die feuchte Luft muss aufsteigen, kühlt sich ab und es beginnt zu regnen, weil kalte Luft weniger Feuchtigkeit aufnehmen kann. Wissenschaftler gehen davon aus, dass

etwa 40 Prozent des Süßwassers Europas aus den Alpen kommen, sie versorgen rund 170 Millionen Menschen mit Trinkwasser.[82] Mehr als 200 Milliarden Kubikmeter Wasser fließen jährlich aus den Alpen ab.[83] Der Rhein entwässert in die Nordsee, Rhone, Po und Etsch ins Mittelmeer und über Lech, Isar, Inn sowie Save und Drau fließt Alpenwasser in die Donau und damit ins Schwarze Meer. Das Wasser der Alpenflüsse besteht – vor allem in den Sommermonaten – aus Niederschlag und Gletscherschmelze. Die Klimakrise wird besonders in den Sommermonaten die Mengen und die Verfügbarkeit drastisch ändern. Hydrologen haben hochgerechnet, dass Ende des 21. Jahrhunderts bis zu 55 Prozent weniger Wasser aus den Zentral- und den Südalpen abfließen wird.[84] Die Gletscher werden dann voraussichtlich – bis auf wenige Toteisflächen – aus den Alpen verschwunden sein (vergleiche Kapitel 5).

Die Biodiversität der Alpen ist, erdgeschichtlich betrachtet, das Resultat recht junger Prozesse, genauer gesagt: das Ergebnis von Wanderungen. Im Prinzip war es eine Rückeroberung. Die letzte Eiszeit, nach dem Fluss Würm benannt, begann vor rund 35 000 Jahren, die Gletscher erreichten vor 25 000 bis 20 000 Jahren ihren Höchststand. Nur die größten Alpengipfel ragten zu der Zeit aus den Eismassen heraus. Die damals herrschenden Durchschnittstemperaturen waren um 10 bis 12 Grad Celsius kälter als heute. Doch ab etwa 18 000 vor unserer Zeitrechnung wurde es allmählich wärmer und schon tausend Jahre später waren die großen Täler weitgehend eisfrei. Erste Pflanzen und Tiere siedelten sich dort an, wo zuvor über mehr als zwei Millionen Jahre, in denen die Alpen in alternierenden Kaltzeiten teils mit kilometerdickem Eis bedeckt waren, kein Leben möglich war. Als die Gletscher in den Voralpen langsam abschmolzen und sich ins Hochgebirge zurückzogen, bewaldeten sich die Alpen im Zeitraum von

18 000 bis 10 000 Jahren v. Chr. mit Kiefern-Birken-Wäldern.[85] Während der Eiszeiten kamen viele der heute in den Alpen vorkommenden Arten auch in anderen, niedrig gelegenen Räumen vor.

So wissen Forscher anhand von Untersuchungen von Sedimenten, dass für die Bäume der Alpen Refugien im Balkan und auf dem Gebiet des heutigen Italiens lagen. Vor allem im Torf der Moore und in den Ablagerungen von Seen lassen sich Blütenpollen, Sporen und Reste von Pflanzen finden, die der Wissenschaft einen recht genauen Blick zurück in die Vergangenheit ermöglichen. So lassen sich die Wanderungen von einzelnen Baumarten recht gut rekonstruieren. Die Tanne beispielsweise begann vor etwa 9500 Jahren, die Täler der Südschweiz zu besiedeln, erreichte vor zirka 7000 Jahren das Vorderrheintal und überschritt schließlich den Alpenhauptkamm über den Reschenpass und breitete sich zwischen 5400 und 2400 v. Chr. weiter nach Norden und Osten aus.[86] Auf ihrem Weg aus den südlichen Gefilden in die nördliche Hemisphäre der Alpen musste die Tanne auch sehr trockene Standorte wie den Vinschgau durchlaufen und passte ihr Erbgut entsprechend an. Der Wissenschaftszweig, der sich mit solchen Fragen beschäftigt, heißt übrigens Archäobotanik.[87]

> »Ich persönlich finde die Rekonstruktionen, die Forscher mittels konservierter Pflanzenreste über unsere Umwelt vor Abertausenden Jahren erstellen können, unglaublich spannend.«

Die Fichte, der Baum mit der aktuell größten Verbreitung in den Alpen (knapp 50 Prozent), hatte ihre Rückzugsgebiete während der Eiszeiten im Dinarischen Gebirge, einem Gebiet also, das sich von der Balkanhalbinsel bis ins südliche Burgenland Österreichs zieht. Die Wiederansiedlung erfolgte daher von Osten nach Westen und zwar über den nördlichen Alpenrand. Eine ähnliche Wanderung vollzog auch die Buche, während die Eiche auf der Iberischen Halbinsel und im Süden der Alpen ausgeharrt hatte und nun ihrerseits von Südwesten und Westen, her wieder in den Alpenraum drängte. Im Zeitraum von 5400 bis 2400 v. Chr. war sie sogar mit einem Anteil von mehr als 50 Prozent die dominierende Baumart im Alpenwald.[88] Heute kommt sie in den Alpen nicht einmal mehr auf zwei Prozent, sie wurde vor allem von Buche und Fichte verdrängt. Und natürlich hat der Mensch einen großen Anteil daran, wie sich der Wald heute in den Alpen verteilt – durch Rodungen, durch die Bewirtschaftung von Wäldern, durch Neupflanzungen.

Allgemein gilt: Mit der beginnenden Erwärmung vor 20 000 Jahren zogen sich viele Pflanzen und Tiere, die während der Eiszeiten in niedrig gelegenen Gebieten Europas vorkamen, in arktische Bereiche oder in mitteleuropäische Gebirgsregionen wie die Pyrenäen, Hohe Tatra und eben die Alpen zurück. Das erklärt, warum viele Alpenpflanzen und -tiere auch in Nordeuropa und anderen Gebirgen Europas vorkommen. Dr. Sebastian Seibold, Experte für Biodiversität, weist darauf hin, dass es zum Beispiel das Alpenschneehuhn auch in der Arktis gebe. Bei Gämsen hätten sich dagegen im Verlauf der Jahrtausende zwei Arten herausgebildet. Die in den Pyrenäen hat andere Merkmale als die in den Alpen. Das Sommerfell der Pyrenäen-Gämse ist röter, im Winter hat sie ein langes, dunkelbraunes Fell mit weißen Flecken an bestimmten Körperpartien wie Nacken und Schultern. Die Tiere passten sich ihren jeweiligen Lebensbedingungen an. Und wenn ihr Lebensraum erst wieder Hunderte Kilometer entfernt in ähnlicher Weise vorkomme, dann könnten sich Populationen auseinanderentwickeln,

Unterarten bis hin zu komplett getrennten Spezies. Dadurch entstehen Arten, die es nur in sehr kleinen Bereichen gibt. Endemismus nennt das die Wissenschaft. „Die Evolution ist bis zu einem bestimmten Maß zufällig", sagt Seibold.

GENERALINVENTUR DER ARTEN IM NATIONALPARK BERCHTESGADEN

Ich habe den Forstwissenschaftler Dr. Seibold bereits vor drei Jahren bei den Recherchen zu meinem ersten Alpenbuch befragt. Damals startete die Technische Universität München in Kooperation mit dem Nationalpark Berchtesgaden gerade ein Projekt, das in Sachen Biodiversität in den Alpen seinesgleichen sucht. Der Anspruch war kein geringerer, als eine Art Generalinventur der Arten in den Alpen zu bewerkstelligen, und zwar Pflanzen und Tiere gleichermaßen. Seibold und mehrere Forscherkollegen des Lehrstuhls für Ökosystemdynamik und Waldmanagement in Gebirgslandschaften der TU definierten insgesamt 213 Flächen, vom Königssee auf 600 Metern über dem Meeresspiegel bis hinauf in die Gipfelregionen. „So decken wir den Höhengradienten unseres Untersuchungsgebietes fast vollständig ab", sagte Seibold damals und meinte damit: Ihnen entgingen keine Tiere und Pflanzen in all den Klimazonen von submontan bis alpin.

Doch dem nicht genug. Die Wissenschaftler beachteten bei der Auswahl der Flächen auch das jeweilige Mikroklima, sodass Wald genauso vorkommt wie alpine Rasen, Almflächen, Schotter und Fels – und das in Abhängigkeit der Exposition.

„An einem einzelnen Hang können verschiedenste Mikrohabitate entstehen, also Kleinstlebensräume, in denen sich die Temperaturen und mit ihnen Bewuchs und Bewohner völlig unterscheiden", so Seibold. Gerade durch die Topografie des Gebirges entstünden einzigartige Bedingungen, die wenige

Meter entfernt schon wieder ganz anders sein können. Damit habe die Bergwelt gegenüber dem Flachland einen Vorteil, denn dort müssten Arten weite Strecken zurücklegen, um sich neuen Bedingungen anpassen zu können. „Das Gebirge ist daher ein Refugium für viele Arten." Der Nationalpark sei der bestmögliche Untersuchungsraum, weil die menschliche Nutzung auf ein Minimum reduziert sei. Soll heißen: Hier werden die Effekte des Klimawandels nicht verzerrt durch Land- oder Forstwirtschaft. Eine der damaligen Thesen des Forschers, der beim Nationalpark als „Co-Leiter Sachgebiet Forschung und Monitoring" fungierte, lautete: Der Klimastress in den Bergen führe dazu, dass Populationen verinselten, also nicht mehr oder nur schlecht miteinander vernetzt seien, was über die Zeit einen Genverlust nach sich ziehe.

Jetzt, drei Jahre später, hat die Zeit der Auswertung begonnen. Zwar hat Seibold inzwischen eine Professur an der Uni Dresden angetreten und forscht zu den Folgen von Waldbränden für die Biodiversität. Doch das weltweit einmalige Megaprojekt im Nationalpark Berchtesgaden betreut er weiter. Die Fülle an Daten wird gerade erst ausgewertet, aber ein Fazit kann Seibold schon jetzt ziehen: „Durch den Klimawandel erhöht sich derzeit noch die Biodiversität." Daraus nun zu folgern, dass der Klimawandel halb so schlimm oder – bezogen auf die Artenvielfalt der Alpen – sogar positiv ist, wäre aber falsch. Denn schon jetzt sei sicher, dass mit der fortschreitenden Erwärmung die Kältespezialisten weit oben am Berg in zunehmende Bedrängnis kommen und schlussendlich aus den Alpen verschwinden werden.

»»Wenn der Klimawandel so stark ist, dass es ganz oben in den Bergen zu warm wird, dann haben einige Arten keine Chance mehr‹, sagt Seibold.«

Ein Verlust einer Art ist laut Seibold dabei höher zu bewerten als die Zuwanderung von Arten aus tiefer gelegenen Gebieten, denn die gebe es ja auch anderswo. Die verschwundene Art muss zwar dann noch nicht zwingend ganz ausgestorben sein, sie hält sich unter Umständen noch in Polarregionen oder höheren Gebirgen der Welt wie dem Himalaya. Für die Alpen ist sie aber verloren. Als einen der Ersten könnte es zum Beispiel den Laufkäfer mit dem klangvollen Namen Oreonebria austriaca treffen, der nur am Rande von Schneefeldern überleben kann. Auch der Gletscherfloh werde voraussichtlich mit den Gletschern verschwinden.

Selbst wenn Arten eine gewisse Temperaturtoleranz haben, wie zum Beispiel der Gletscherhahnenfuß, der laut Seibold auch ohne Gletscher überlebensfähig ist, kann ihnen die neue Konkurrenz von unten eventuell den Garaus machen. Denn die absoluten Spezialisten hatten bislang einen Standortvorteil, der mit den steigenden Temperaturen wegfällt. Sorgen bereitet dem Biodiversitätsexperten auch noch ein anderer Umstand. Pflanzen und Tiere, insbesondere Insekten, leben häufig in Netzwerken, sind also voneinander abhängig. So bräuchten bestimmte Blumen bestimmte Insekten zum Bestäuben, die Insekten wiederum den Nektar der Blüten als Futter. Nun gilt in den Alpen der Grundsatz, dass „in der Hauptsache die Temperatur steuert, welche Arten wo vorkommen", erklärt der Wissenschaftler. Pflanzen wanderten aber oftmals langsamer als Insekten, wenn die Temperatur steige. Die Wanderung könne nach oben erfolgen, manche Arten suchten sich aber auch auf gleicher Höhe neue Mikrohabitate, wanderten zum Beispiel vom Süd- zum schattigeren Ost- oder Nordhang. „So können Beziehungen zerreißen", sagt Seibold, „und wir wissen noch viel zu wenig, inwieweit es zu einer Reorganisation kommt." Heißt: Entstehen neue Netzwerke oder führt das Zerreißen zum Verlust von Ar-

ten? Zumindest gibt es laut Seibold „deutliche Hinweise darauf, dass die Verinselung von Arten in den Bergen zunimmt".

>>Letztlich sei dadurch der genetische Austausch erschwert und mittelfristig schrumpfe der Genpool, es gibt also weniger Unterarten.«

Eine internationale Gruppe von Wissenschaftlern bestätigt nicht nur Seibolds These, sondern zeigt auf, dass die meisten Pflanzen, Pilze und Tiere dem Tempo der Temperaturerhöhung nicht folgen können. „Mit der möglichen Ausnahme einiger Gruppen von terrestrischen Insekten, wie zum Beispiel Schmetterlingen, ist der Trend zu einer Aufwärtsverschiebung bei Pflanzen, Pilzen und Tieren derzeit zu langsam, um die durch die Klimaerwärmung verursachten Isothermenverschiebungen nachzuvollziehen.

In der Tat wäre eine Aufwärtsverschiebung von etwa 330 m notwendig, um den Anstieg der Lufttemperatur von fast 1,8 °C zu kompensieren, der seit 1970 in der europäischen Alpenregion stattgefunden hat (d. h. 0,36 °C pro Jahrzehnt)", schreiben die Forscher in der wissenschaftlichen Publikation „Biological Reviews" der Cambridge Philosophical Society.[89] Die meisten der untersuchten Arten seien zwar nach oben gewandert, doch hätten sie oftmals nur etwa die Hälfte an Höhe zurückgelegt, die dem vom Klimawandel bedingten Temperaturanstieg entsprechen würde. Darüber hinaus haben die Wissenschaftler Seibolds These belegt, wonach Insekten meist schneller wanderten als Pflanzen, Netzwerke also auseinandergerissen würden. Über die Folgen könne wenig gesagt werden, da es noch sehr wenige Studien gebe.[90]

Die Berchtesgadener Untersuchung der Klimawandelfolgen für die Biodiversität wird hier wichtige Erkenntnisse liefern.

Denn entscheidend für die Aussagekraft des Projektes ist, dass das Datenerheben weitergeht. Auf kleinerer Flamme zwar, der Aufwand und damit die Kosten wären zu hoch. 54 Flächen sind für ein langfristiges Monitoring auserkoren, sie werden also dauerhaft beobachtet und die Daten regelmäßig ausgewertet. „Vielleicht wird in zehn Jahren auch entschieden, dass wieder alle 213 Flächen mit aufgenommen werden", sagt Seibold. Der große Vorteil sei, dass mit dem Nationalpark als Partner und dem Bayerischen Umweltministerium als Financier eine langfristige Untersuchung gewährleistet sei, während Unis oft nur in Dreijahresprojekten arbeiteten. Vieles deutet darauf hin, dass mittelfristig sowohl die Artenvielfalt als auch die genetische Vielfalt abnehmen werden. Für den Augenblick aber kann der Forstwissenschaftler Seibold sogar Neuentdeckungen von Arten vermelden, wie den Acanthotarsius ebentulus, einen Bandfüßer (besser bekannt unter der Bezeichnung Tausendfüßer), der in Deutschland bislang noch nicht nachgewiesen worden war, sowie die Ameisenart Myrmica karavajevi, die nun für Bayern erstmals belegt werden konnte und die laut Seibold „vom Klimawandel eher profitiert und sich ausbreitet".

DER SÜNDENFALL IM ALLGÄU UND DIE LÄUTERUNG

Gewinner und Verlierer. Oft passiert das gleichzeitig, manchmal geht es nach dem Prinzip „The winner takes it all", wie im legendären Song von ABBA aus dem Jahr 1980. Aus meiner Zeit als Skirennläufer kenne ich solche Momente und weiß, wie es sich anfühlt, wenn mir an einem Tag alles gelungen ist und ich ganz oben stand. Ich kenne aber auch gut die andere Seite, wenn ich mit leeren Händen (und manchmal auch einer Leere in mir drinnen) nach Hause fuhr. Seit ich mich intensiver mit dem Schutz der Alpen auseinandersetze, weiß ich, dass ein Sieg manchmal Jahre oder sogar Jahrzehnte dauern kann und die Gefahr der Niederlage dabei immer mitschwingt.

Beispielhaft ist das Projekt einer Skischaukel am Riedberger Horn (1787 m) im Oberallgäu, das über Jahre zum Zankapfel zwischen den Gemeinden Obermaiselstein und Balderschwang, Natur- und Vogelschützern sowie der Bayerischen Staatsregierung wurde. An diesem markanten Grasberg der Oberallgäuer Flyschalpen gibt es seit Menschengedenken viele Rauhfußhühner. Als Flysch wird in der Geologie eine Zone vor allem in den Nordalpen und den Karpaten bezeichnet. Sie besteht überwiegend aus Ton und Sandstein und markiert den Übergang der Alpen zum nördlichen Alpenvorland. Das Auerhuhn wird vom Bundesamt für Naturschutz auf seiner Roten Liste als „vom Aussterben bedroht" geführt, Birkhuhn und Haselhuhn unter der Kategorie „stark gefährdet".[91] Auch das Bayerische Landesamt für Umwelt (LfU) weist in seinem Internetauftritt auf die Bedrohung der Rauhfußhühner hin. „Der Bestand aller drei Raufußhuhnarten ist durch Lebensraumverlust und Störungen von Freizeit- und Erholungssuchenden rückläufig. In der Roten Liste gefährdeter Brutvögel Bayerns gelten Auer- und Birkhuhn als vom Aussterben bedroht, das Alpenschneehuhn ist als stark gefährdet eingestuft", heißt es dort unmissverständlich.[92] Es wird auch erklärt, warum Wintersportler, ob nun Tourengeher, Freerider oder Schneeschuhgeher, im Hochwinter die Lebensbereiche der seltenen Birk- und Schneehühner meiden sollten. „Unsere großen Hühnervögel müssen regelmäßig Nahrung aufnehmen. Bei der Flucht verbrauchen sie sehr viel Energie, die im Winter aufgrund des begrenzten Nahrungsangebots nur schlecht zu ersetzen ist. Häufige Störungen führen zur Schwächung der Tiere bis hin zum Tod durch Verhungern."

Als in den 1960er- und beginnenden 70er-Jahren der Erschlie-
ßungseifer von bayerischen Berggebieten überhandnahm und
in- und ausländische Investoren sich Gipfel um Gipfel für
Lifte und Seilbahnen vornahmen, reagierte die Politik. 1972
wurde der Alpenplan ins Leben gerufen mit dem Ziel, eine
ausgewogene Entwicklung der Bayerischen Alpen zu gewähr-
leisten. Er definierte drei Zonen, sodass einerseits Räume zur
Erschließung von Tourismus, Gewerbe und Wohnen möglich
sein sollten und andererseits Landschaften vor Eingriffen des
Menschen geschützt würden, auf dass diese für eine naturnahe Erholung zur Verfügung stünden. Herausgekommen ist
ein Plan mit einem 35-Prozent-Anteil für die Erschließungszo-
ne A (Erschließungen grundsätzlich möglich), 22 Prozent des
bayerischen Alpenraums wurden als Übergangszone B definiert (Erschließungen nur unter strengen Auflagen und Ein-
zelfallprüfung). Die Ruhezone C schließlich, in der Erschließungen mit Seilbahnen, Skipisten, Sommerrodelbahnen und
öffentlichen Straßen verboten wurden, umfasst 43 Prozent
des Gesamtgebietes. Der Alpenplan wurde als Abschnitt „Er-
holungsraum Alpen" zu einem Teil des Landesentwicklungsprogramms und damit rechtlich bindend.

Man kann heute im Rückblick auf 50 Jahre Alpenplan mit
Fug und Recht sagen, dass er bei der Verabschiedung im Jahre
1972 nicht nur ein innovatives, sondern auch ein weitsichtiges
Instrument, dass lange Zeit verkannt war.

»Erschließung und Entwicklung mit Augenmaß,
Schutz und Erhalt der Natur mit Bedacht, das sind
aus meiner heutigen Sicht die Kernpunkte.«

„Resultate zeigen, dass der Alpenplan die Bayerischen Alpen
vor einer touristischen Übererschließung bewahrt und zugleich

den Schutz ökologisch sensibler Bereiche über den Flächennaturschutz hinaus erheblich erweitert hat – ohne den Tourismus und Naherholungsverkehr sowie deren wichtige regionalwirtschaftliche Effekte einzuschränken", heißt es in dem Vorwort des Sonderdrucks „50 Jahre Bayerischer Alpenplan", die der „Verein zum Schutz der Bergwelt" im Herbst 2022 herausbrachte.[93] Hohes Lob also auch von Bergschützern.

Welche Berge und Gipfel letztlich vor der „Inwertsetzung", wie es im Jargon der Investoren gerne heißt, bewahrt wurden, listete der Bund Naturschutz (BN) sechs Jahre vor dem großen Jubiläum des Alpenplans auf – anlässlich der Auseinandersetzung um das Riedberger Horn. Mit dabei ist die Garmischer Alpspitze, zu deren Gipfel, zu Zeiten meines Vaters, mal eine Gondel geplant war, was die Zone C zum Glück verhindert hat. Eine Seilbahn führt deshalb nur bis zum Osterfeldkopf auf halber Höhe, denn dorthin reicht die Pufferzone B. Die Ruhe und Abgeschiedenheit der für mich wunderschönen und erhabenen Alpspitze wäre dahin gewesen und die Tradition der Bergmesse, wie in Kapitel 4 beschrieben, wäre entweder gar nicht mehr weitergetragen worden oder zur touristischen Attraktion verkommen.

Ein weiterer magischer und wohl noch berühmterer Berg, der Watzmann, hätte es ohne den Alpenplan wohl nicht geschafft, seinen Zauber zu behalten. Seit den 1920er-Jahren gab es Überlegungen, den Watzmann mit einer Seilbahn zu erschließen. Aus Erzählungen von Einheimischen und Umweltschützern weiß ich, dass die schon recht konkreten Pläne dank des Alpenplans Anfang der 1970er-Jahre beerdigt wurden. 1978 wurde das Gebiet um den Watzmann sogar zu Bayerns zweitem Nationalpark und später sogar Teil des UNESCO-Biosphärenreservates. Der BUND Naturschutz veröffentlichte im Jahr 2016 eigens eine Broschüre zum Alpenplan.[94] In der Liste kommen noch weitere bekannte Gipfel vor wie die Rotwand im Mangfallgebirge, der Geigelstein, auch der Hochgern und das Sonntagshorn, alle drei Berge liegen in der Heimat meiner Mutter, den Chiemgauer Alpen. Sie waren ins Visier von Investoren geraten (und sind es teils heute noch), doch bei allen gelang es Naturschützern mit viel Aufwand und Engagement, touristische (Über-)Erschließungen zu verhindern.

DAS LANGE ZERREN UM DAS RIEDBERGER HORN

Wie konnte es also überhaupt so weit kommen, dass von Staats wegen der Lebensraum der geschützten Rauhfußhühner zugunsten einer Skischaukel am Riedberger Horn zerstört werden sollte? Es lohnt sich, genauer hinzuschauen, denn die Pläne im Allgäu wurden zum Sündenfall der Bayerischen Staatsregierung. Nur durch massiven öffentlichen Protest kam es zu einer gewissen Läuterung, auch wenn es nicht für eine Geschichte „Vom Saulus zum Paulus" reichte. Aber der Reihe nach.

Es war der klassische Konflikt zwischen Ökonomie und Ökologie, zumindest wurde er zu einem solchen hochstilisiert. Ich kann mich erinnern, dass mich die Investoren der geplanten Skischaukel damals in den 2010er-Jahren, als ich noch aktiver Skirennfahrer war, für das Projekt gewinnen wollten. Ich sollte es pushen. Aber das kam für mich nicht infrage. Ich lehnte ab, wollte mich keinesfalls vor deren Karren spannen lassen, oder sollte ich besser sagen: vor die Pistenbullys? Ich wusste, wie beliebt das Riedberger Horn gerade bei Skitourengehern, aber auch bei Wanderern wegen seiner phänomenalen Aussicht ist.

Im Kern des Streits ging es um die Bestrebungen der Gemeinden Obermaiselstein und Balderschwang, das Riedberger Horn von zwei Seiten mit Seilbahnen für den Sommer- und

Winterbetrieb zu erschließen und eine Verbindung zwischen den Skigebieten Grasgehren und Balderschwang herzustellen. Der Bau hätte Biotope zerstört, Bergwald wäre gerodet und die dortige Birkhuhnpopulation wäre gefährdet worden. Um den beliebten Wanderberg nicht dem Massentourismus auszuliefern, war er 1972 bewusst in die Ruhezone C aufgenommen worden, in der Lifterschließungen verboten sind. Doch die Gemeinden ließen die Muskeln spielen und brachten die Bayerische Staatsregierung schließlich dazu, am Alpenplan zu rütteln. Letztlich war es der damalige Landesentwicklungsminister Markus Söder, der in seiner „Strategie Heimat Bayern 2020" Erleichterungen bei sogenannten „Zielabweichungsverfahren" im Landesplanungsgesetz ankündigte und damit den Alpenplan erstmals in seinen Grundfesten antasten wollte.

Ich spreche mit Thomas Frey vom BUND Naturschutz (BN), der die Auseinandersetzung um das Riedberger Horn als BN-Regionalreferent Schwaben von Anfang an mitverfolgt und mitgeführt hat. 75 Punkte umfasst die „Chronologie des Widerstands gegen den Skigebietszusammenschluss Riedberger Horn", die der BN nach der gewonnenen Schlacht verfasst hat. Die einzelnen Meilensteine sind mit Links hinterlegt, sodass sich daraus locker ein Thriller schreiben ließe, finde ich. Der Plot jedenfalls ist gut. Denn intern bekam Heimatminister Söder damals bald Gegenwind. In einer Stellungnahme des Umweltministeriums und des Landesamtes für Umwelt 2015 wurde das Einvernehmen zum beantragten Zielabweichungsverfahren nicht erteilt – aus Gründen des Vogelschutzes, aber auch, weil es sich um ein geologisch labiles Gelände handle. „Umweltministerin Ulrike Scharf knickte nicht vor dem Druck ihrer Parteikollegen ein. Damit war das Zielabweichungsverfahren gescheitert", rekapituliert der Geograf Frey und ergänzt: „Der neue Ministerpräsident Markus Söder hat Umweltministerin Scharf dann abgesägt."

Danach wurden die angelegten Bandagen härter, auf beiden Seiten. Ich erinnere mich an den massiven Widerstand vonseiten der Naturschutzverbände und der Alpenschutzkommission CIPRA, die auf Einhaltung der Alpenkonvention drängte. Trotzdem beschloss das Bayerische Kabinett am 29. November 2016 die Änderung des Alpenplans. „Das gab es vorher noch nie, das war der Präzedenzfall", erinnert sich Thomas Frey. Der Alpenplan sei drauf und dran gewesen, zum zahnlosen Papiertiger zu werden. „Schutzgebiete müssen standhalten, wenn es zum Konfliktfall kommt", sagt der BN-Alpenexperte. Ich stimme ihm hier absolut zu, denn in Zeiten der Klimakrise dürfen wir nicht noch mehr Berge verbauen. Ich weiß noch, wie zerrissen ich damals war, kannte ich doch viele Befürworter persönlich sehr gut und erkannte noch nicht die Dimension einer möglichen Zerstörung.

Der Skandal ging damals weiter. Kurz nach dem denkwürdigen Sündenfall der Regierung veröffentlichte die Gesellschaft für Ökologische Forschung ein Gutachten zur Befangenheit von Gemeinderäten bei Beschlüssen zum Riedberger Horn. Darin wurde deutlich, dass fünf der neun Gemeinderäte Obermaiselsteins befangen waren, weil sie oder direkte Verwandte auch Liftgesellschafter waren.[95] Es folgten Demonstrationen, Aufrufe, ein Freundeskreis Riedberger Horn gründete sich. Es nutzte – erst einmal – alles nichts: Mit der Mehrheit der CSU-Fraktion stimmte der Landtag am 9. November 2017 für die Neufassung des Landesentwicklungsprogramms, was die Änderung des Alpenplans, genauer gesagt: die Herausnahme des Riedberger Horns aus der Ruhezone C, mit beinhaltete. Wie mir Thomas Frey erklärt, präsentierte der BN im März 2018 ein umfangreiches geologisches Gut-

achten, aus dem hervorging, dass die Skischaukel der Alpenkonvention widerspricht und somit nicht genehmigungsfähig
ist.[96] Als dann kurz darauf BN, Landesvogelbund und Cipra
eine Normenkontrollklage gegen die Alpenplanänderung ein-
reichten, folgte eine Art Notbremse. Noch vor seiner ersten
Regierungserklärung als frisch gewählter Bayerischer Ministerpräsident verkündete Markus Söder auf einem Presseter-
min das Aus der Pläne am Riedberger Horn. Amtlich wurde
es am 5. November 2018: Im Koalitionsvertrag 2018–2023 von
CSU und Freien Wählern wird nach deutlichen Stimmenver-
lusten der CSU bei der Landtagswahl am 14. Oktober 2018
vereinbart: „Die Änderungen im Alpenplan werden wir rück-
gängig machen."[97] Was für eine Kehrtwende! „Wir bewahren
die Artenvielfalt. Die Flächen für das Vertragsnaturschutz-
programm wollen wir verdoppeln. Mit der Naturoffensive
Bayern geben wir starke Impulse für Artenschutz, Biodiversität und den Schutz von Lebensräumen. Wir stärken die Na-
turschutzarbeit und Umweltbildung und realisieren ein Netz
aus Naturkompetenzzentren."[98]

Es dauerte noch ein gutes Jahr, bis der Bayerische Landtag
beschloss, die Ruhezone C am Riedberger Horn wiederherzu-
stellen. Am 1. Januar 2020 trat die Regelung in Kraft, der Alpenplan ist seither vermutlich stärker denn je – nach zehn Jahren
intensiver Auseinandersetzungen. Umweltminister Thorsten
Glauber bestätigte in dem Gespräch die Präzedenzfall-These:
„Der Alpenplan wäre mit dem Durchdrücken des Projekts in
seiner Grundstruktur beliebig geworden. Man hätte ihn an jeder Stelle antasten können."

»Es gibt Lösungen, die auch die berechtigten
wirtschaftlichen Entwicklungen der Alpengemeinden
ermöglichen und befriedigen.«

Ich habe den „Sündenfall" Riedberger Horn und den erfolgreichen Kampf der Natur- und Alpenschützer so ausführlich beschrieben, weil ich selber gesehen habe, wie oberflächlich ich mit den eigentlichen Schwerpunkten einer derartig brisanten Frage umgegangen bin. Das Beispiel zeigt, dass sich Widerstand lohnt, wenn die Natur gegen vermeintlich wichtigere ökonomische Interessen ausgespielt werden soll.

Die Region bekam nach dem Aus für die Skischaukel 20 Millionen Euro Staatsgelder zur Stärkung des naturverträglichen Tourismus zugesprochen. Ranger kümmern sich jetzt um Flora und Fauna, koordiniert vom neuen „Alpinium – Zentrum Naturerlebnis Alpin". Gämsen beobachten und Tierspuren lesen lernen statt Pistenbully-Spaßfahrten und Nachtskilauf. So kann es also auch gehen.

„Die Alpen als Lebensraum einer einzigartigen Tier- und Pflanzenwelt geraten zunehmend als Erholungs- und Kulturraum unter Druck. Als staatliches Kompetenzzentrum für Naturschutz in den Alpen entwickelt das Alpinium daher modellhafte Lösungen für das Zusammenleben von Mensch und Natur im Allgäu und anderen bayerischen Regionen", heißt es auf der Aufschlagseite des Alpiniums im Internet.[99] Die Einrichtung wird also nicht von den Gemeinden betrieben, sondern steht unter der Obhut der Regierung von Schwaben. „Ich finde das ganz gut und sinnvoll", sagt der BN-Experte Frey. Denn so sei sichergestellt, dass nicht Partikularinteressen den Grundgedanken aushöhlten, sondern wie beim Nationalpark Berchtesgaden das Gemeinwohlinteresse an erster Stelle stehe. Die auf den ersten Blick hohe Summe von 20 Millionen Euro Zuschuss fürs Alpinium ordnet Frey ein: „Es ging ja um erhebliche Summen in der Seilbahnförderung", erklärt er. Das Geld wurde sozusagen in diesem Sonderfall naturverträglich umgeleitet. Seit Langem kämpft der BN dafür, die bayerische

Seilbahnförderrichtlinie auf den Müllplatz der Geschichte zu befördern. In der Broschüre „Von der Traumlandschaft zum übernutzten Berggebiet" zeigt der Verein mit einer Grafik auf, wie viel staatliches Geld von 2009 bis 2019 in die bayerischen Bergbahnen und Beschneiungsanlagen geflossen ist. Die Angaben beruhen auf einer Landtagsanfrage aus dem Jahr 2019 und haben mich ob ihrer Höhe überrascht. Bezüglich der richtigen Zuordnung bin ich immer noch skeptisch. Insgesamt belaufen sich die Fördermittel in den 20 Jahren auf fast 80 Millionen Euro.[100] Korrespondierend dazu haben die Naturschützer eine weitere Übersicht gestellt, welche die Entwicklung der Seilbahnkapazitäten von 2000 bis 2020 in insgesamt elf größeren bayerischen Skigebieten zeigt. Sie stieg in 20 Jahren von 143 000 auf 184 500, was einem Zuwachs von knapp 30 Prozent entspricht. „Die Seilbahnförderrichtlinien müssen völlig neu ausgerichtet werden. Im Zentrum sollten Ersatzinvestitionen von bestehenden Seilbahnen ohne Kapazitätssteigerungen stehen", heißt es in dem Papier.[101] Denn ein weiterer Ausbau überlaste schlichtweg viele Naturräume, Stichwort: Overtourism.

RETTUNG FÜR DEN GRÜNTEN

Thomas Frey stellt nach wie vor fest, dass der Trend zur Erschließung der Bayerischen Alpen weitergehe. Weil aber „viele Talräume schon dicht sind und das Alpine dort gar nicht mehr erlebbar, drängen viele Investoren auf die nächste Höhenstufe", sagt er. Und gefährden dort den „noch halbwegs intakten Naturraum". Ein Beispiel ist der Grünten, ein 1738 Meter hoher Berg, der wegen seiner exponierten Lage oft als „Wächter des Allgäus" bezeichnet wird. Dort gab es in der Vergangenheit ein kleines Skigebiet mit Schleppliften aus den 1960er-Jahren, viele Einheimische lernten dort das Skifahren. Die Liftanlagen waren zuletzt marode und nicht mehr in Betrieb. Ansonsten

war und ist der Berg im Winter ein beliebtes Ziel für Skitouren-
und Schneeschuhgeher, im Sommer für Bergradler und Wanderer. Doch Mitte der 2010er-Jahre legte eine Investorenfamilie
aus Immenstadt mit ihrer BergWelt GmbH & Co. KG Ausbaupläne für den Grünten vor, die bei Naturschützern und vielen
Einheimischen einen Sturm der Entrüstung auslösten: Eine
10er-Gondelbahn auf einer neuen Trasse sollte im Landschafts-
schutzgebiet bis zu 1500 Personen in der Stunde auf den Berg
bringen, das Skigebiet sollte von neun auf 24 Hektar beschne-
ite Fläche erweitert werden, wofür ein etwa zwei Fußballfelder großes Speicherbecken mit einem Fassungsvermögen von
44 000 Kubikmetern angelegt und rund 100 Beschneiungs-
schächte für die Schneekanonen in den Berg gegraben werden
sollten. Oben am Berg waren mehrere Gastronomiebetriebe
mit Veranstaltungsangebot geplant. So eine Eventisierung eines Berges erleben wir im nachbarlichen Österreich seit Jahrzehnten, heute versucht man auch dort umzudenken. Um den
Berg nach den Wünschen der Investoren umzubauen, wäre
eine etwa sechs Kilometer lange Straße nötig gewesen. Deren
Trasse hätte sich durch geschützte Biotope, Waldmoore und
Schutzwälder gezogen. Zwar speckten die Investoren ihr Programm angesichts der Proteste etwas ab, doch wäre der Berg
wohl dennoch zu einem Touristenmagnet geworden, den es in
der näheren Umgebung schon gibt und den man heutzutage
mit dem Fokus auf Nachhaltigkeit realisieren würde.

Zum Glück schreibe ich diese Zeilen im Konjunktiv. Das
Projekt ist gestoppt, die Investoren haben im Januar 2023 öf-
fentlich ihren Rückzug bekannt gegeben. Thomas Frey, der
Regionalreferent des Bunds Naturschutz für Schwaben, führt
drei Gründe dafür an: Nicht alle Alpgenossenschaften hätten
trotz der in Aussicht gestellten Ausgleichszahlungen hinter
dem Ausbau gestanden, die öffentliche Meinung im Allgäu

sei zunehmend kritischer in Sachen Erlebnisberg geworden und die Planungen seien „naturschutzrechtlich höchst problematisch gewesen", da Flora-Fauna-Habitate betroffen waren. Freys Resümee fällt eindeutig aus: „Der Stopp der Pläne ist ein Verdienst der gesellschaftlichen Bewegung, die sich gebildet hat." Zahlen zum Protest unterstützen sein Fazit. Zu einer Demonstration im Oktober 2019 am Grünten kamen 1100 Teilnehmer, 400 Anträge und Einwendungen gegen die Ausbaupläne gingen beim Landratsamt ein – sowie eine Protestpetition, die 70 000 Bürger unterschrieben hatten.

Ich treffe mich im Winter 2022 mit dem Sprecher der Bürgerinitiative „Rettet den Grünten", Adrian Gioja, zu einer Skitour. Es ist der 18. Februar, eigentlich Hochwinter. Eigentlich. Wir steigen auf der vom DAV für Skitouren- und Schneeschuhgeher ausgewiesenen Route „Natürlich auf Tour" auf, es sind nur noch Restschneeflächen da. Die Außentemperatur beträgt an diesem Wintertag 12 Grad Celsius beim morgendlichen Start der Tour auf 850 Metern und 8 Grad oben am Berg, zirka 200 Meter unterhalb des Gipfels. Der Himmel ist bedeckt, schwer mit Feuchtigkeit beladene Wolken schieben sich von Westen heran. Wir hatten natürlich auf Pulver- und Tiefschnee gehofft, stattdessen fahren wir auf nassem Altschnee wieder runter. Für den Grünten sei eine solche Situation in den vergangenen Jahren wegen des Klimawandels keine Seltenheit mehr, erzählt mir Adrian. Das Skigebiet, zwischen 900 und 1500 Metern gelegen, wäre also auch mit Beschneiung nicht schneesicher zu machen gewesen (vergleiche Kapitel 5).

Adrian, 33, stammt aus Rettenberg am Fuße des Grünten, sein Urgroßvater ist auf der Alpe Kammeregg (1200 m) aufgewachsen. „Ich bin ziemlich stark verwurzelt hier", sagt er und ich blicke in ein Gesicht, das Gutmütigkeit und Ruhe ausstrahlt und so gar nicht Streitlust oder Revoluzzertum. „Den

Schalter hat's bei mir umgelegt, als vor drei Jahren meine Tochter zur Welt kam", erzählt er. „Es wäre doch schön, wenn ich ihr den Grünten noch so zeigen könnte, wie er mir von meinen Eltern gezeigt wurde." Das trifft bei mir genau den entscheidenden Punkt.

> »Auch ich möchte meinen Kindern die Alpen mit ihrem Reichtum an Naturschönheiten und Arten so vermitteln, wie Rosi und Christian das bei mir gemacht haben.«

Und dann stellt Adrian noch eine rhetorische Frage, die man in den Alpen an vielen Stellen äußern könnte und auch sollte: „Wem gehört der Berg?" Adrian liefert die Antwort gleich selbst: „Der Grünten ist Naherholungsgebiet, jeder hat ein Anrecht darauf."

Es ist diese an und für sich einfache Erkenntnis, die den Familienvater zum Widerstand gegen das Großprojekt gebracht hat. „Wir können doch nicht alles zubetonieren und in zehn Jahren will keiner mehr in den Ruinen rumrennen", sagt der Maschinenbauingenieur. Ihm sei es immer um eine sachliche Diskussion gegangen, deshalb hat er gemeinsam mit Mitstreitern wichtige Fragen und Antworten rund um den Grünten ins Internet gestellt, die auch in die Zukunft weisen.[102] Eben dort bei den Zukunftsperspektiven will der BN gemeinsam mit der Bürgerinitiative ansetzen. Der Landesvorsitzende des Bunds Naturschutz kommentierte den Erfolg am Grünten deshalb mit einer Botschaft an die Bayerische Staatsregierung: „Jetzt geht es darum, gemeinsam mit Bürger*innen, Tourismuswirtschaft und Umweltverbänden ein naturnahes Tourismuskonzept für den Grünten zu entwickeln, bei dem die Tier- und Pflanzenwelt nicht unter die Räder kommt. Wir fordern

Wirtschaftsminister Aiwanger auf, Fördermittel von Schneekanonen und Seilbahnen in naturnahe Tourismuskonzepte
umzulenken", ließ er in einer Pressmitteilung verlautbaren.[103]
Selbst Nikolaus Weißinger, Bürgermeister Rettenbergs und
Befürworter des Ausbaus am Grünten, will nun gemeinsam
mit den Grundeigentümern und den Naturschutzverbänden
„ein neues naturverträgliches Projekt zimmern".[104] Ob sich dabei der Freistaat Bayern wie im Falle Riedberger Horn beteiligt, ist noch offen. Weißinger jedenfalls hofft auf eine staatliche Finanzspritze, um den Tourismus in die richtigen Bahnen
zu lenken. „Das würde uns natürlich auch guttun", sagte er.[105]

Die Beispiele im Allgäu zeigen, dass es Wege gibt, Ökologie und Ökonomie zu vereinen und so eine gute Entwicklung
für die Alpen zu ermöglichen. Das Gedankengut zum Schutz
der Alpen und zu einer nachhaltigen Entwicklung des Alpenraumes ist schon vor 30 Jahren in einen völkerrechtlichen
Vertrag geflossen.Es ist eigentlich schon alles da! Im Herbst
1989 verabschiedeten die acht Alpenstaaten und die damalige Europäische Wirtschaftsgemeinschaft (EWG) die Berchtesgadener Resolution, die zwei Jahre später in die Alpenkonvention mündete – ein supranationales Regelwerk, das
auch vor den jeweiligen nationalen Gerichten einklagbar ist,
zumindest seit März 1995. Denn damals trat das Regelwerk
in Kraft, nachdem die jeweiligen nationalen Parlamente Anfang der 1990er-Jahre die Konvention ratifiziert hatten. Damit
es nicht bei bloßen Bekundungen bleibt, verpflichteten sich
die Vertragsparteien, Durchführungsprotokolle für einzelne
Themenbereiche wie Verkehr, Naturschutz, Biodiversität und
Tourismus zu erstellen. Neun Protokolle sind bislang ausgear-
beitet worden, allerdings haben nicht alle Alpenstaaten diese
auch anerkannt. Gerade die Schweiz will sich nicht im Detail
reinreden lassen.

Diese Protokolle sind eine Steilvorlage für alle Menschen – und es werden meiner Erfahrung nach immer mehr –, denen die Alpen als Natur- und Kulturraum am Herzen liegen.

In der Präambel des „Protokoll Tourismus" ist zu lesen, dass „das natürliche und kulturelle Erbe sowie die Landschaften wesentliche Grundlagen für den Tourismus in den Alpen darstellen". Ein Ziel ist es, „bei den Touristen die Rücksichtnahme auf die Natur und das Verständnis für die in den besuchten Gebieten lebende und arbeitende Bevölkerung zu fördern und möglichst günstige Voraussetzungen für ein echtes Entdecken der Natur im Alpenraum in ihrer ganzen Vielfalt zu schaffen".[106] Ich frage mich, warum nicht sowohl die große Politik (Bund, Länder) wie auch die kleine (Kommunen) diese Grundsätze zur Hand nehmen, wenn sie Planungen bewerten oder selbst einleiten. Ich bin nun sicherlich keiner, der mit Gesetzestexten wedelt und auf Einhaltung pocht. Nur: Wenn es um den Schutz der Alpen geht, dann frage ich mich schon, warum es zehn Jahre (Beispiel Riedberger Horn) oder fünf Jahre (Grünten) dauert, bis die Verantwortlichen zur Einsicht gebracht werden. Denn noch einmal:

»Es ist alles da für eine gute Entwicklung. Es geht nicht um Stillstand oder Konservierung per Käseglocke.«

Ich zitiere hier an dieser Stelle aus dem Artikel 5 „Geordnete Entwicklung des Angebots" des Tourismus-Protokolls: „Die Vertragsparteien verpflichten sich, auf eine nachhaltige touristische Entwicklung mit einem umweltverträglichen Tourismus zu achten. Zu diesem Zweck unterstützen sie die Ausarbeitung und Umsetzung von Leitbildern, Entwicklungsprogrammen sowie von sektoralen Plänen, die von den zuständigen Stellen auf der am besten geeigneten Ebene eingeleitet werden und die den Zielen dieses Protokolls Rechnung tragen."[107] Bis auf die Schweiz haben übrigens alle sieben übrigen Alpennationen wie auch die EU das „Protokoll Tourismus" ratifiziert. Es hat seit Anfang der 2000er-Jahre Rechtskraft.

Es gibt Menschen in den Alpen, die sich hauptberuflich um die Umsetzung der Alpenkonvention kümmern. Eine Herkulesaufgabe, gewiss, aber aller Mühen wert. Bianca Elzenbaumer ist so ein Mensch. Sie ist Co-Präsidentin der Internationalen Alpenschutzkommission CIPRA (französisch für Commission Internationale pour la Protection des Alpes). Sie setzt auf das Netzwerk, das die CIPRA in den vergangenen Jahren im gesamten Alpenraum aufgebaut hat. „Es gibt sehr viele Leute, die visionäre Projekte machen", sagt Elzenbaumer. Entscheidend sei, die Initiativen zu vernetzen und an die Öffentlichkeit zu bringen. „Dann sieht man die kritische Masse erst." Es ist ein langer Weg, den die CIPRA bereits gegangen ist. 1952 aus der internationalen Naturschutzbewegung heraus gegründet, war sie Wegbereiterin der Alpenkonvention.

Bianca Elzenbaumer hält die Alpenkonvention für geradezu „radikal". Beispielsweise verbiete das Verkehrsprotokoll den Bau neuer Autobahnen in den Alpen. Dagegen werden Projekte unterstützt, die den Schwerlastverkehr auf die Schiene bringen, wie der 2016 eröffnete Gotthard-Basistunnel und der im Bau befindliche Brenner-Basis-Tunnel. „Vielen ist gar nicht bewusst, dass wir ein internationales Abkommen mit bindenden Regelungen haben", sagt die Expertin für soziale Projekte, die gemeinsam mit der Biologin Serena Arduino die Kommission leitet.

Darin liegt auch das Grundproblem der Alpenkonvention. Wenn es um Subventionen geht, dann unterstützen die Mitgliedstaaten lieber ihre prosperierenden Metropolregionen.

Mailand und München konkurrieren mit Paris und London, ein Tal in den piemontesischen Alpen, im Chiemgau oder in Osttirol ist der jeweiligen Regierung, ob nun auf Provinz- oder Landesebene, bei strategischen Entscheidungen nicht wichtig. Drängen Großinvestoren in die Alpen, dann knicken Regierungen schnell mal ein. Alpenkonvention? War da was?

Zurück zu Elzenbaumer! Sie will den Strategiewechsel weiter nach vorne bringen. Bislang habe sich die CIPRA vor allem gegen Großprojekte positioniert, wie zum Beispiel Skigebietserweiterungen. Jetzt gehe es um Best-Practice-Beispiele, um „zu zeigen, dass es auch anders geht". Dazu gehört die Bürgergenossenschaft Obervinschgau, die sich gegen die Apfelindustrie Südtirols stellt, biologische Landwirtschaft betreibt und die Produkte regional vermarktet. Es sei extrem wichtig zu demonstrieren, „dass Bauern, die ökologisch wirtschaften, damit auch gutes Geld verdienen", sagt Elzenbaumer. Das sporne andere an, umzudenken und mit ökologisch-nachhaltiger Bewirtschaftung die kleinbäuerlichen Strukturen zu erhalten. „Es braucht Leute, die die Alpen lieben und sich für sie einsetzen," so ihr Glaubenssatz. Darin pflichte ich ihr voll und ganz bei.

LENKEN UND LEITEN IM NATURPARK AMMERGAUER ALPEN

Klaus Pukall ist so ein Mann, der die Alpen liebt und sich für ihren Schutz starkmacht. Seine Grundwerte sind vermutlich denen von Adrian Gioja ähnlich, dem BI-Sprecher am Grünten. Nur, dass Pukall seine Haltung zu den Bergen zum Beruf gemacht hat. Er ist Koordinator des Naturparks Ammergauer Alpen, dem es im Kern um Besucherlenkung geht und darum, den Leuten die Besonderheiten der Landschaft nahezubringen.[108] Der Naturpark ist 227 Quadratkilometer groß und umfasst damit ein Viertel meines Heimatlandkreises Gar-

misch-Partenkirchen. Zudem beherbergt er mit dem Naturschutzgebiet Ammergebirge das größte in Deutschland. Die
Naturpark-Homepage beschreibt mit einem Satz mein persönliches Mantra:

>>Begeisterung für unsere Natur- und
Kulturlandschaft entsteht nur durch schöne
Erlebnisse in der Natur und nicht
zu Hause auf dem Handy.<<

Der Diplom-Forstwirt sieht sich dabei mit Herausforderungen
konfrontiert, die einem gewöhnlichen Gast kaum bewusst sein
dürften. „Wie komme ich zur Herrschaft über Google Maps?",
formuliert er provokativ. Denn der moderne Mensch gebe in
sein Navi oder Smartphone ein Ziel ein und lasse sich von
„Mister Google" leiten inklusive dessen Vorschlägen. Nur: Oftmals stimmt die virtuelle Welt nicht mit der realen überein.

„Wir versuchen seit vier Jahren, das, was draußen beschil-
dert ist, mit dem Netz anzugleichen", erklärt Pukall. Dass die
wirkliche Welt mit der digitalen nicht immer konform geht,
haben die Ranger des Naturparks Ammergauer Alpen zum
Beispiel im Quellgebiet der Ammer festgestellt. Die Quellen
liegen im Naturschutzgebiet Ettaler Weidemoos zwischen
Oberammergau und Ettal und sind streng geschützt. „Leute
haben sich rechts und links der Quellflüsse in die Wiesen gelegt", berichtet Pukall, „dabei kommen dort seltene Pflanzen
wie das Karlszepter vor." Dazu muss man wissen, dass die nach
dem Schwedenkönig Karl benannte, in einer dichten Traube
blühende Blume in Deutschland nur noch am Alpenrand in
nennenswerter Zahl vorkommt und durch das Bundesnaturschutzgesetz streng geschützt ist.[109] Zwar konnten Ranger
durch regelmäßige Aufklärungstouren die unbedarften Tou-

risten zurück auf die ausgewiesenen Pfade (der Tugend, möchte man sagen) leiten, letztlich musste aber laut Klaus Pukall ein wilder Parkplatz aufgelöst werden, um das Problem zu lösen. Der kursierte wiederum im Internet. „Google schickt auch Postkarten an Parkplätze", stellt der Naturpark-Koordinator fest und schaut mich mit herausforderndem Blick an. Automatismen halt, denke ich spontan. Eine Maschine braucht eben auch Anleitung und Erklärungen. „Unsere Aufgabe ist es auch, Klarheit darüber zu schaffen, wo man parken kann", sagt er. In seinem Profil auf der Naturpark-Webseite hat er seinen Leitspruch gepostet: „Wer nichts weiß, muss alles glauben."[110] Das gefällt mir.

Vermutlich hätten die Verantwortlichen des Naturparks keinen Besseren finden können, um das große Thema Besucherlenkung selbst in die richtigen Bahnen zu lenken. Pukall hat während seines Forstwirtschaftsstudiums auch zwei Semester an der renommierten ETH Zürich zugebracht. Schwerpunkt: Landnutzung im Gebirge und Konfliktmanagement. Und für ihn lag es nahe, erst einmal auch das eigene Selbstverständnis zu hinterfragen. „Wir produzieren traumhaft schöne Bilder von Sonnenauf- und -untergängen und wundern uns dann, wenn die Leute in Scharen draußen sind", sagt er. Dabei sollte man als Naturfreund die Stunden der Dämmerung besser meiden. Denn dann seien viele Wildtiere aktiv und würden von Berggängern in die Flucht getrieben. Im Winter kann das ein Todesurteil sein. Der Koordinator hat deshalb die Bildsprache des Naturparks infrage gestellt, inzwischen gingen die Kolleginnen und Kollegen aus der Marketingabteilung sensibler damit um, sagt er. „Wir unterlassen es auch, Tagestourismus zu bewerben." Ein Weg, den nach meinen Erfahrungen und Gesprächen mit Touristikern in den Alpen immer mehr Kommunen beschreiten.

Die Jahre der Pandemie haben fast allen leicht zu erreichenden Urlaubsorten die Grenzen aufgezeigt. Es kamen zu viele. Ganze Dörfer im Berchtesgadener Land, am Tegernsee, im Werdenfelser Land und im Allgäu wurden zugeparkt, Parkplätze waren überfüllt, landwirtschaftliche Zufahrten zu Wäldern und Wiesen wurden zugeparkt – zum Unmut von Landwirten und Einheimischen. Die empfingen Ausflügler schon mal unfreundlich mit „Bleibt's dahoam"-Schildern. Ich erinnere mich auch an das ein oder andere Wochenende, wo es mir vorkam, als würden Heuschrecken über das Alpenvorland einfallen.

Das Problem hinter dem Phänomen Overtourism ist auch ein gesellschaftliches. Mit dem Wandel von der Industrie- zur Dienstleistungsgesellschaft in den 1970er-Jahren wandelte sich auch das Alpenbild.

> »Die Alpen werden jetzt als Sportgerät, Spaßarena, Eventraum und Freizeitpark unmittelbar und ganz direkt genutzt, um außergewöhnliche Freizeiterlebnisse zu produzieren.«

So schreibt es der Alpenexperte Werner Bätzing in seinem Band „Die Alpen. Das Verschwinden einer Kulturlandschaft."[111] Viele Erholungssuchende seien inzwischen „körperzentriert", wollten sich spüren und beweisen. Das ist ein Zeitgeist, den ich durchaus nachempfinden kann. Welche Arten in den Alpen vorkommen und welche davon vom Aussterben bedroht sind, sind Infos, die vermutlich keinen Kick erzeugen. Ich sehe die Situation zwar nicht so pessimistisch wie der von mir geschätzte Werner Bätzing. Auch bestätigen Umfragen der Alpenvereine regelmäßig, dass Bergwandern die mit Abstand beliebteste Aktivität der mehr als zwei Millionen Mitglieder

(DAV und ÖAV zusammengerechnet) ist, nämlich von mehr als 80 Prozent.[112] Heißt im Umkehrschluss, dass die Alpen (noch) nicht zum Funpark degradiert worden sind.

Doch wenn man weiß, dass der Autoverkehr für etwa 70 Prozent der Kohlendioxidemissionen im Alpentourismus verantwortlich ist,[113] dann ist klar, dass gerade in Zeiten der Klimakrise noch viel passieren muss. Das Instrument der Naturparks ist sicherlich das richtige Mittel dazu, Akzente für einen naturnahen Tourismus zu setzen. Denn hinter einem Naturpark wie dem der Ammergauer Alpen steht, ähnlich dem im Karwendel, ein Verein, der politisch und gesellschaftlich breit aufgestellt ist: Landkreis, Kommunen, Staatsforsten, Privatwaldgemeinschaften, Bauernverband, Weide- und Jagdgenossenschaften sowie die Ammergauer Alpen GmbH. Klaus Pukall müht sich als Koordinator, Landnutzer und Touristen zu einem gegenseitigen Verständnis zu bringen. Und über allem steht das Netz, in dem sein Team und er Schutzgebiete ausgewiesen wissen wollen, sodass der Gast auf seinem Endgerät während der Tour gleich erkennen kann, was eine „No-Go-Area" ist. Am liebsten wären Pukall individuelle Infos à la: Achtung, hier ist eine Wildschutzzone. Bitte nicht weitergehen! „Das ist Zukunftsmusik, aber dahin werden wir irgendwann kommen", prophezeit der Koordinator.

Beim Thema Mobilität ist er weniger optimistisch. Seit geraumer Zeit versucht er, eine Ringbuslinie im Ammergebirge politisch durchzusetzen. Schwieriges Feld, weil teuer. Öffentliche Anreise in die Berge solle aber zumindest möglich sein, findet Klaus. Es gibt ja bereits den Bergsteigerbus ins Graswangtal, ein Anfang immerhin. Wenn er dann aber Richtung Garmisch-Partenkirchen schaut, auf die diversen Tunnelprojekte für den Autoverkehr, dann steigt in ihm auch mal Wut empor. „Wir laufen in eine Falle, wenn wir Abermillionen in solche Projekte stecken, nur damit der Münchner schnell mit dem Auto in die Berge fahren kann", sagt er. Selbst lebt der Vater einer achtjährigen Tochter inzwischen ohne Auto und nutzt stattdessen sein E-Bike, auch zum Pendeln nach Weihenstephan bei Freising. Dort hat er eine 50%-Stelle als Assistent für den Lehrstuhl für Wald- und Umweltpolitik inne.

Nun ist so ein Naturpark auch eine perfekte Plattform, um regionale Kreisläufe zu stärken. Ich finde es daher nur gut und richtig, dass sich der Park als ein großes Ziel die nachhaltige Regionalentwicklung zum Ziel gesetzt hat.[114] Und wo könnte man das besser machen als bei und mit den Produzenten und Vermietern im Ammertal, Ammergebirge und Werdenfelser Land? So stellte beispielsweise der Fachbeirat für Regionalvermarktung der Ammergauer Alpen vor vier Jahren Kriterien auf, wie regionales Wild zertifiziert werden kann. Seither ist ein weiß-blaues Siegel mit der Aufschrift „Spitzenqualität aus Oberbayern – Ammergauer Alpen Wild" für den Endverbraucher ein klarer Hinweis, dass er gutes Wildfleisch aus der Region erwerben kann. In Läden, an Automaten oder in teilnehmenden Restaurants. Dass Liebe zur Heimat durch den Magen geht, lässt sich auch noch an anderen Aktionen ablesen. So gibt es seit zehn Jahren das „Kochbuch Ammergauer Alpen Genuss", in dem 30 Gerichte porträtiert sind, wie etwa die Ammergauer Fischsuppe, Hirschkoteletts mit Maronenkruste oder ein Bier-Tiramisu.[115] Eine prima Idee ist auch das „Ammergauer Alpen Frühstück", zusammengestellt mit ausnahmslos in der Region hergestellten Zutaten wie Butter aus der Ettaler Schaukäserei, Käse, Marmelade, Honig, Tee aus Wildkräutern und natürlich Backwaren aus heimischen Bäckereien. Viele Gastgeber und Dorfläden machen mit und garantieren so, dass der Slogan „Von der Region für die Region" kein leeres Versprechen ist.

VON DER REGION FÜR DIE REGION: DIE KÜCHE DER ALPEN

Seit etlichen Jahren beobachte ich, wie sich viele Hütten, Hotels und Gasthöfe wieder auf regionale Schätze besinnen. Kaum ein gutes Restaurant in meiner Heimat, in dem nicht ein Gericht vom Murnau-Werdenfelser Weiderind angeboten wird, genauso wie im Wallis Eringer-Rinder auf den Tisch kommen oder im Bregenzer Wald als Nachspeise die Älplerschokolade gereicht wird. In Tirol wird man auf den Speisekarten oft Graupensuppen finden, in Graubünden heißt das Pendant Bündner Gerstensuppe. Die Küche in den Alpen, sie zeigt für mich auf wunderbare Weise, was an Vielfalt vorhanden ist. Über die Jahrhunderte haben gerade Hirten, Händler und Säumer auf ihren inneralpinen Wanderschaften das Wissen um Zutaten und Rezepte weitergetragen. Und nun erleben wir, wie das kulinarische Erbe in die Zukunft getragen wird. Das macht mich glücklich, denn gutes Essen gehört für mich zu den wichtigsten kulturellen Errungenschaften der Alpen.

Es gibt Unmengen von guten Beispielen, wie sich die alpine Küche weiterentwickelt hat. Manchmal sind es Stars wie Sternekoch Norbert Niederkofler, der nach seiner langen Reise um die Welt zurück zu seinen Südtiroler Wurzeln gefunden hat, die ihre Kochkunst mit Werten wie Regionalität und Nachhaltigkeit verknüpfen. Im „AlpiNN" auf dem Gipfelplateau des Kronplatzes und nur einen Steinwurf von Reinhold Messners Museum „Corones" entfernt, hat Niederkofler seine Vision von „Cook the Mountains" in die Tat umgesetzt. „Jedes Gericht spiegelt die Berge, die harte Arbeit der Bauern und Züchter, die Qualität ihrer Produkte, die überlieferten Traditionen, die Sorgfalt und die Ausdauer wider", heißt es auf der Homepage und dass „die kleinen Produzenten und

Züchter, die sich täglich mit Hingabe und Leidenschaft für die nachhaltige Bewirtschaftung unseres Landes engagieren (...), einen wichtigen Teil des lokalen und kulinarischen Erbes" darstellen.[116]

So ein Menu sieht dann beispielsweise folgendermaßen aus:

Amouse-Bouche
In Asche gegarte Zwiebel |
Schwarzstein Käse-Gratin vom Ahrntal

Vorspeise
Gestenrisotto | „Blauer Höhlengenuss" vom GenussBunker |
getrocknetes Hirschfleisch | Leinsamen |
gefrorene Johannisbeeren

Zwischengang
Dinkel-Ditalini „Felicetti" | Öl aus gebranntem Lauch |
gepuffte Hülsenfrüchte

Hauptgericht
Rinderbäckchen mit Knollenselleriecreme |
Sauce aus fermentierten roten Waldfrüchten

Dessert
„Brot, Milch und Zucker" | eine Komposition aus Eis aus Brot
und Milch | grünes Öl | Kombucha

Was mir sehr gut gefällt, ist, wie einleitend zu den Menüs auf der Karte die lokalen Partner und Produzenten genannt sind. In diesem Falle nennt der Sternekoch allein acht Unternehmen per Namen und betont, wie wichtig ihm saisonale und lo-

kale Produkte sind und er durch seine Küche eine verbinden-
de Funktion einnehmen will, auch im wirtschaftlich-sozialen
Sinne. Ich hätte den Starkoch gerne persönlich getroffen, doch
letztlich hatten wir keinen Termin gefunden. Irgendwann
wird es mal klappen, da bin ich mir sicher. Und dann will ich
ihm über die Schulter schauen (wenn er mich lässt) und prüfen, ob es stimmt, was er zu seiner Philosophie schreibt: „Wir
reduzieren den Abfall auf ein Minimum. Von Kartoffelscha-
len über Fleischabfälle bis hin zum Kochwasser von Gemüse
kann in kreativen Rezepten alles zu einer Zutat werden."[117] Das
finde ich außerordentlich spannend und könnte zum Vorbild
für viele Küchen der Alpen werden.

Manchmal sind es auch die Unbekannten, die das kulinarische Erbe ohne viel Aufhebens in ungeahnte Höhen treiben.
Mehr durch Zufall habe ich von Thomas Gufler erfahren, der
weit hinten im Ultental in der kleinen Pension seiner Mutter
ein Fine Dining „on demand", also auf Bestellung anbietet. Die
„Villa Elisabeth" ist eigentlich eine klassische Urlaubspension,
in der es Frühstück und Abendessen gibt. Ich war neugierig
geworden, denn gute Küche – ob nun bodenständig oder ab-
gehoben – fasziniert mich seit Langem. Ein Cousin von mir
arbeitet als Sternekoch in Flensburg und meine Mutter war
zeitlebens eine wunderbare Köchin. Ich googlete also Gufler
und Koch und fand erst einmal gar nichts Zielführendes.
Dann nahm ich seinen Vornamen dazu, ferner die Stichwör-
ter Koch und Ultental – es kamen zehn Treffer, von denen
aber tatsächlich nur einer den richtigen Mann beschrieb. Ein
Treffer im Internet! Und nichts von seinem Arbeitsplatz, der
Pension „Haus Elisabeth" in St. Gertraud Ultental. Die Abfrage
„Norbert Niederkofler Koch" liefert übrigens 18 500 Ergebnisse, die ich jetzt nicht alle geprüft habe, zumindest aber bei den
ersten 100 Ergebnissen den richtigen bezeugen.

Wir machen also einen Termin bei dem jungen Koch, von dem ich nur durch Mundpropaganda erfahren habe und dem der Ruf vorauseilt, er deute die überlieferte Küche neu und fertige seine raffinierten Speisen aus hochwertigen lokalen Produkten.

Das Haus Elisabeth liegt an einem Hang in dem kleinen Ort St. Gertraud im Talschluss des Ultentals, für mich eines der urtümlichsten Täler Südtirols.[118] Die Adresse „Winkelweg 116" erweist sich als zutreffend. Die Straße ist steil und eng, die Kurven haarnadelig, und man muss sich schon mit Einheimischen und Gästen arrangieren, um ein Fahrzeug vernünftig zu parken, auf dass es niemanden behindere. Wir sind zu früh, sodass ich mich ein wenig umschauen kann. Unterhalb des in den Hang gebauten Hauses führt ein Weg auf eine Streuobstwiese, auch oberhalb ist eine Wiese, bevor die Bebauung Richtung Dorfzentrum weitergeht. Nirgends ein Schild, das auf ein Gourmetrestaurant hindeutet, kein Menü, das Zufallspassanten den Mund wässrig machen könnte. Eine Karte, erfahren wir später, gibt es auch nicht am Tisch. Das Fine Dining ist ein Überraschungspaket.

Als wir schließlich klingeln, öffnet eine Dame die Tür, die sich als Cousine von Thomas vorstellt. Und schon begrüßt uns die Hausherrin Elisabeth Gamper mit einem offenen Lächeln. Von Sohn Thomas ist erst einmal nichts zu sehen, logisch, er ist in seinem Reich, der Küche. Außer unserem Tisch sind noch vier weitere in dem lichtdurchfluteten Speisesaal eingedeckt, der so gar nicht nach Pension, sondern nach einem edlen Restaurant aussieht. Von Elisabeth erfahren wir, dass Thomas, 31, seit zwei Jahren als Küchenchef im Elternhaus arbeitet. Davor hat er in Südtirol und in Neuseeland gearbeitet, zuletzt als Chef de Partie und Chef Tournant im Viersternehotel Waltershof in St. Nikolaus, Ulten.

Thomas serviert Zirbenspritz zum Aperitif, es ist selbst ange-
setzter Zapfensirup mit Prosecco und Wasser gemischt. Mir
fällt als Erstes sein offenes Wesen auf. Beim Lachen kneift er
die Augen eng zusammen und reißt den Mund weit auf und
ich ahne, dass wir an dem Abend viel Freude miteinander haben werden. Energiegeladener Kindskopf trifft auf energiege-
ladenen Kindskopf.

»»Ich habe meine Leidenschaft schon als Kind
fürs Kochen bei der Mutter in der Küche entdeckt‹,
erzählt er.«

Dann ist er auch schon wieder weg und wie wir nachher sehen
werden – er ist allein in der Küche. Macht alles selbst, „vom
Brot bis zum Dessert", wie uns Elisabeth stolz verrät.

Es dauert nicht lange, dann bringt die Cousine den „Kleinen Gruß aus der Küche", der allerdings eher einer lang andau-
ernden warmen Umarmung gleicht. Es gibt Speck-&-Zwiebel-
Quiche, daneben Roggen-„Krapf" mit Selchfleischfülle und
Hirschleberpaté auf Kakao-Tapiokahippen mit Apfelchutney
& Kakaobruch. Ich werde jetzt hier nicht alle sechs Gänge auf-
listen (sonst knurren die Mägen zu sehr und ihr legt das Buch
zur Seite), kann aber sagen, dass es mich nach der Vorspeise mit dem vielversprechenden Namen Del Plin „Gran Arso"
(BBQ Kalbsrippenfülle – Ofenkraut-Espuma – Bergkäse) nicht
mehr am Tisch hält. Ich will sehen, wie Thomas in der Küche
zu Werke geht.

Der Weg dorthin führt durch eine winzige Bauernhofkü-
che, die in eine modern ausgestattete L-förmig angeordnete
Gastroküche mit viel Edelstahl und – natürlich – einem Gas-
herd und einem Induktionsherd führt. Überall stehen Teller
angeordnet, vieles ist schon bereit zum Anrichten, die ein oder

127

andere Deko schon gemacht. Neben den zwei Herden eine Fülle von Schüsseln mit den Zutaten, ferner ein Backblech, schon mit Backpapier ausgelegt und zu einem Viertel mit kleinen Häppchen belegt. „Vorbereitung ist alles, ich bin schon morgens ab 6:30 Uhr in der Küche", sagt Thomas, und ich habe nicht den geringsten Zweifel daran.

Allein sechs Gänge für ungefähr zwanzig Gäste kochen? Ich kann das kaum fassen, aber als ich Thomas wirbeln sehe, hier abschmecken, da anbraten, dort garnieren, entfährt mir ein durchaus als Kompliment zu verstehender Spruch: „Du bist ein Wahnsinniger, das gibt es ja gar nicht." Ich helfe beim nächsten Gang servieren, verbrenne mir dabei an den heißen Tellern fast die Finger. Thomas' trockener Kommentar, dazu sein breites Lachen:

>>Nur wer heiß halten kann,
kann auch heiß lieben.<<

Dass er auch noch Sänger in einer Heavy-Metal-Band ist, es passt irgendwie zu diesem Menschen. High Energy! Ich habe den genialen Koch jedenfalls schnell in mein Herz geschlossen und beschließe, Hans Haas, der bis Ende 2020 fast 30 Jahre lang Küchenchef des Münchner Restaurants Tantris und mit zwei Michelin-Sternen ausgezeichnet war, von Thomas zu erzählen. Ich kenne Hans ganz gut, er muss unbedingt mal hierherkommen. Ich bin mir sicher, dass ihn auch der Hauptgang, „Auf Bergheu geschmortes Kalsschulternatl mit Kalbsreduktion mit Knusper-Kartoffelpraline und Brokkoli", überzeugt hätte.

Wer sich auf eine kulinarische Reise durch die Alpen macht, wird feststellen, dass es dank der kleinräumigen Struktur und dank der vielen unterschiedlichen Kulturen in den Tälern eine schier unermessliche Fülle an Gerichten und Rezepten gibt, die immer wieder neu interpretiert werden. So habe ich in den Tälern Tirols und Südtirols viele Varianten von Schlutzkrapfen probieren können, mal mit Speck gefüllt, mal mit Spinat und Zwiebeln, mal nur mit Bergkäse. Ähnliches kam in Kärnten auf den Tisch, Cialzons genannt, und im Friaul sind die Cjarsons, wie sie dort heißen, eine Spezialität, oft mit einer Mischung aus Kartoffeln, Zimt, Rosinen und frischen Kräutern gefüllt. Auch am anderen Ende des Alpenbogens, im Piemont, finden sich die Teigtaschen, zum Beispiel die Agnolotti Piemontesi, gefüllt mit Rindfleisch, Spinat und Parmesan. Und im Allgäu sind es dann eben die Maultaschen, oder eine Spezialität, die Krautkrapfen, die, lebte ich im Allgäu, zu meiner Leibspeise werden könnten. Vergleichbares könnte ich von den besten „Schweinereien" berichten. Ich habe im Werdenfelser Land fast genauso guten „Lardo" gegessen, also den reinen Schweinespeck, wie im Aostatal, wo er – mit Salz und Gewürzen versehen – in Kästen aus Kastanienholz heranreift.

»Es versteht sich von selbst, dass nachhaltig geschmackvolle Produkte nun einmal auf einer nachhaltigen Produktion basieren.«

So schreiben es Dominik Flammer und Sylvan Müller in ihrem Vorwort zu dem aus meiner Sicht grandios gelungenen Bildband „Das kulinarische Erbe der Alpen".[119] „Kosten Sie nur ein frisches Bio-Roggenbrot mit Alpbutter und vergleichen Sie dieses mit einem Stück industriellem Frisch-Backbrot mit Margarine. Oder beißen Sie in ein Stück Alpkäse und dann in ein mit Wachs ummanteltes Käslein vom Fließband."

Ihre Entdeckungen in den entlegensten Winkeln der Berge bestätigen meine Erfahrungen mit den unterschiedlichsten

Küchen der Alpen. Ich schließe mich ihrer Meinung an, denn sie zeigt in eine positive Zukunft: „Auch vertrauen wir auf den Egoismus der genießenden Menschen, für sich nur das Beste haben zu wollen."[120]

Was ich dazu gerne noch anfügen möchte, hat mit meinem Elternhaus und allem voran mit Rosi zu tun. Wenn Gäste bei uns waren – und das war durchaus der Normalfall –, dann tischte meine Mutter immer etwas Schmackhaftes auf, meistens bodenständige Küche, oft eine Suppe oder ihren legendären Kartoffelsalat, den sie lauwarm zum kalten Schweinsbraten servierte. Und ich liebte ihren Apfelstrudel, natürlich mit Vanillesoße.[121] Sobald die dampfenden Töpfe, Schüsseln oder Bräter auf den Tisch kamen, öffneten sich die Seelen.

»Rosi konnte das zwar mit ihrer herzlichen,
offenen und stets bescheidenen Art auch so.
Aber am Essenstisch war es sozusagen potenziert.
Dieses Erbe möchte ich gerne weitertragen.«

GELEBTE TRADITION

DAS BERGBAUERNTUM
UND DIE ALMWIRTSCHAFT

ALMWEIDEN IM ANGESICHT DES EDELWEISS

Südtirol gehört für mich zu den reizvollsten Regionen der Alpen. Vielleicht ist es die besondere Verbindung zwischen alpinem und mediterranem Flair. Die Landschaft ist nicht nur wegen der Dolomiten immer wieder von Neuem beeindruckend. Es ist der Kontrast zwischen den lieblich aussehenden Almweiden und den schroffen Bergen. Dass hinter den gepflegten Almen viel Arbeit steckt, realisieren die meisten Gäste oft gar nicht. Persönlich habe ich zum Passeiertal eine besondere Beziehung. Über den Jaufen zu kommen und dann Richtung Pfelderer Tal zu fahren, ist für mich ein bisschen wie nach Hause kommen. Ich war zig Male mit der Mannschaft in Pfelders und die Herzlichkeit, mit der wir empfangen wurden, werde ich nie vergessen. Im Hotel Edelweiß, in dem wir damals gern abgestiegen sind, kocht heute noch die „Häusler-Oma", es sind alte Südtiroler Rezepte. Ich erinnere mich noch gut an die Hirtenmakkaroni und den Kaiserschmarrn, es war für uns das beste Essen der Welt. Und die Oma kennt uns auch heute noch alle mit den Vornamen. Nach Hause kommen eben.

Pfelders liegt mit seinen gut 1600 Metern relativ hoch, ist also recht schneesicher, die Berge der Texelgruppe reichen hoch bis auf fast 3400 Meter. Was für unsere Mannschaft aber noch viel mehr zählte: Die Einheimischen waren bereit, alles für den Skirennlauf möglich zu machen. So durften unsere Trainer zum Beispiel Pisten vereisen, das geht in normalen Skigebieten eigentlich nicht. Was sicher auch an dem Wohlwollen von „Gufi" lag, Michael Gufler, ehemaliger Skirennläufer im Riesenslalom und seit vielen Jahren Trainer. Damals, bei unseren zahlreichen Trainingslagern, habe ich auch seinen Bruder Thomas kennengelernt. Ich wusste, dass er Bergbauer ist und im Winter einen Skiverleih hat, aber mit der Mannschaft blieb nie viel Zeit für anderes, wir waren doch ziemlich eingespannt. Das Treffen heute, Anfang August, ist Neuland für mich. Thomas und sein Sohn Markus empfangen uns startbereit. Markus hat zwei Holzrechen geschultert, Thomas eine Sense. Beide tragen Rucksäcke, in einem sind Steigeisen, wie wir später sehen werden. Es ist Mittag und damit schon recht spät für die Arbeit oben an den steilen Wiesen, die bis an die Felsabbrüche des Alpenhauptkammes heranreichen.

DIE GUFLERS: BERGBAUERN MIT TRADITION

Normalerweise gehen die Guflers nach dem morgendlichen Melken los, meist so gegen halb neun. Für mich, Journalist Michael Ruhland und Fotograf Peter Neusser machen sie eine Ausnahme. Was wir später an den Berghängen auf über 2200 Metern zu sehen bekommen, ist eine Seltenheit geworden. Thomas (55) und Markus (25), der im Sommer seinem Vater am Hof zur Hand geht, sind mit die Letzten aus Pfelders, die sich die Mühe machen, die Bergwiesen in dieser Höhe zu mähen – natürlich mit der Hand. Dort oben bei einer Hangneigung von 40 Grad und mehr ist der Mensch der Maschine überlegen.

Doch die Arbeit ist gefährlich, lebensgefährlich sogar, zumindest für Ungeübte. Warum lassen sie es dann nicht auch einfach sein?

»»Ein Heuballen von oben ist so viel wert wie
drei von unten, hat mein Opa gesagt‹,
erzählt Thomas.«

Die Regel gilt auch heute noch, denn die Gräser und Blumen wachsen zwar langsamer, enthalten aber mehr Nährstoffe und Eiweiße. Zudem ist die Vegetationsperiode aufgrund der Höhe deutlich kürzer. „Wir mähen nur alle zwei Jahre, das ist wichtig", sagt Thomas. „So können im nächsten Jahr alle Samen abfallen und die Vielfalt an Blumen und Gräsern bleibt erhalten."

Der Opa, erzählt er, ist früher mit Schmugglerware über die Scharten nach Österreich gestiegen, im Rucksack Tabak, Kaffee, Saccharide, also Süßstoffe. „Im Winter, wenn es die Lawinenlage zugelassen hat, einmal pro Woche, im Sommer bis zu dreimal wöchentlich." Das war fürs karge Bergbauernleben ein kaum verzichtbarer Zuverdienst. Gefährlich, aber einträglich.

Zurück in der Gegenwart: Weil der Winter schneearm war und die Temperaturen schon im Frühjahr in die Höhe geschnellt waren, ist die Ernte Anfang August schon fast durch. Zwei bis drei Wochen eher war die Vegetation dran im Vergleich zu früheren Jahren, sagt Thomas, als wir losgehen. Zunächst queren wir eine ortsnahe Bergwiese, auf der das Tiroler Grauvieh der Guflers steht. Sieben Milchkühe sind es, drei sind unten im Stall geblieben. Natürlich haben alle Namen. Mir persönlich hat es „Die Blaue" angetan, ich streichle ihr über die Stirn runter Richtung Schnauze und sie reckt den breiten Schädel wohlig in die Höhe. Die Blaue will mehr. Nur

drei der Milchkühe haben Schellen um, was mich verwundert. Der Grund ist einleuchtend, sobald man ihn kennt: Die Tiere gehen am Nachmittag selbstständig wieder Richtung Tal und sammeln sich vor einem Holzgatter, wo sie dann einer der Guflers zum Melken abholt. „Ich schaue, welche lange oben bleiben, und nur die bekommen Schellen", erklärt der Bergbauer. „Denn sonst laufen alle der einen nach, die zu früh runter Richtung Stall geht."

Plötzlich ist ein Greifvogel zu sehen, der sich etwa 15 Meter über einer Bergwiese gegen den Wind stellt und im Flug innehält – kein Adler, wie ich anfangs glaube, sondern ein Rüttelfalke, wie Thomas erklärt. Falken können durch das Auf-und-nieder-Schlagen der aufgefächerten Flügel, das Rütteln genannt wird, eine nahezu stabile Position in der Luft einnehmen und ihre Beute besser erspähen. Der Schwanz ist dabei voll aufgefächert und nach unten geknickt. Vielleicht hat der Falke eine Feldmaus entdeckt oder einen Maulwurf, wir sehen es nicht. Murmeltiere, wie sie hier auf den Wiesen zuhauf vorkommen, sind zu groß und deshalb nicht in ihrem Beuteschema.

Wir steigen weiter auf, bewundern mehrere mächtige Murmeltierbauten, die selbst Thomas immer wieder ins Staunen bringen. „Mich wundert, dass hier auf der Weide nicht mehr passiert", sagt er und berichtet vom Jungvieh, das im Frühsommer auf die Weide gelassen wird, herumtollt, rennt und springt. Murmeltiergräben und -löcher könnten gefährliche Stolperfallen sein. Apropos Gräben: Markus schärft beim Aufstieg unseren Blick für horizontale Geländekanten, Relikte ehemaliger Bewässerungsgräben. Früher wurden die meisten Bergweiden regelmäßig gemäht, Bewässerung steigerte den Ertrag.

Was passiert, wenn sich der Mensch, also im Falle der Alpen der Bergbauer, von seinem Tun verabschiedet, zeigt uns Thomas am Gegenhang in Richtung Schneid Alm, die im Naturpark Texelgruppe liegt. Die bewirtschaftete Alm auf 2150 Metern ist nicht nur ein beliebtes Ziel für Wanderer. Ihre zugehörigen Bergweiden sind eine Allmende, das heißt, sie gehören allen Pfelderer Bauern gemeinsam. „Wir sind aber die Einzigen, die noch die Melkkühe hochtreiben", berichtet Thomas. Ein paar Hundert Höhenmeter unterhalb sind steile Bergflanken zu sehen, auf denen sich Sträucher angesiedelt haben und das lange Gras schon das Haupt gesenkt hat.

>>Hier verwildern die Bergwiesen, das begünstigt Murenabgänge‹, sagt er.«

Er zieht dabei die Falten zwischen seinen Augenbrauen zusammen. Sie werden zu tiefen Furchen und ich muss an die Steilrinnen denken, die Eis und Schnee hier in die Landschaft gefräst haben. Muren sind Erdrutsche, bei denen Geröll und Schlamm Richtung Tal donnern, oft nach starken, dauerhaften Niederschlägen, wenn der Boden vollgesogen ist. „Im Herbst kippt das Gras komplett um und wird zur Rutschbahn für Lawinen." Thomas' Botschaft: Bergbauern schaffen nicht nur eine abwechslungsreiche Kulturlandschaft, indem sie die Alpen offen halten, sondern wirken durch ihr Tun auch präventiv gegen Gefahren für Mensch und Tier. Der Staat hat dies längst erkannt, es gibt Grünlandprämien für die Mahd und Erschwernispunkte für schwer zugängliche Hänge. Das werden wir später auch im Allgäu sehen, wo die Alpbauern quasi als Nebenprodukt der Beweidung ebenfalls aktiven Schutz gegen Lawinen betreiben, was die wenigsten Wanderer und Tourengeher wissen.

Unterhalb eines mannshohen Felsbrockens sprudelt eine Quelle, wir befüllen unsere Trinkflaschen. Das Wasser ist eiskalt und glasklar. Nichts könnte meinen Durst jetzt besser löschen. Nun wird das Gelände deutlich steiler. Markus mahnt uns zur Vorsicht. Erst Ostern sei hier ein Einheimischer zu Tode gekommen. Er war auf dem grasdurchsetzten Gelände ausgerutscht und in die Tiefe gerauscht. Wir konzentrieren uns, schauen auf den kleinen, stellenweise überwachsenen Pfad – und hätten beinahe eine ganze Kolonie Edelweiße übersehen, die ihre dünnen, langen Hälse mit dem markanten mehrzackigen Stern aus wolligen, weiß glänzenden Hochblättern und den weißgelben Röhrenblüten aus einer Felsnische recken. „Die meisten Edelweiße sind schon verblüht", verkündet Thomas. Später, wenn er das gemähte Gras zu Ballen formt und mit einem Netz zusammenzieht, steckt er ein paar Edelweiße oben in den Ballen. Eine persönliche Wertschätzung. Die symbolträchtige Blume, hier ist sie eine Wiesenpflanze von vielen. Durch die Mahd (also das Mähen) im Zweijahresrhythmus ist ihr Bestand hier in den Bergwiesen aber gesichert.

MAHD: AKROBATIK IM ABSTURZGELÄNDE

Wir sind am Rand der noch zu mähenden Fläche angekommen. Eine etwa 45 Grad steile Bergflanke, die 50 bis 60 Zentimeter langen Gräser sind teilweise schon bräunlich-gräulich. Zeit, die Ernte einzufahren. Wobei „fahren" nur der letzte Schritt ist, wenn die fast mannshohen Heuballen per Stahlseil auf die Reise ins Tal geschickt werden.

Davor liegt harte Arbeit. Weil der Hang selbst fürs Mähen mit der Sense extrem steil ist, schnallt sich Thomas Steigeisen an seine Bergschuhe. Bergsteiger nutzen diese meist aus Stahl geschmiedeten Aufsätze, um auf Eis- und Firnfeldern ausreichend Halt zu finden. Firn befindet sich in der Regel zwischen dem Eis eines Gletschers und der Neuschneeauflage. Es ist Schnee, der durch mehrfaches Auftauen und wieder Gefrieren grobkörniger geworden ist. Im steilen Schrofengelände können Steigeisen ebenfalls sinnvoll sein – denn Ausrutschen in einem mit Gras und Geröll durchsetzten felsigen Berggelände ist quasi verboten, es könnte tödlich sein. Das gilt auch für die Mahd hier oben.

Nun ist Thomas mit den Bergen oberhalb von Pfelders zwar wie verwachsen. Dennoch geht er auf Nummer sicher, denn bei der Mahd kann sich die Sense auch mal verhaken. Thomas packt den Wetzstein aus einem gelben trichterförmigen und mit Wasser gefüllten Behälter, den er sich an den Gürtel geschnallt hat. So kann er die Sense jederzeit nachschärfen, was er jetzt mit schnellen Vor-und-zurück-Bewegungen der rechten Hand macht. Den Stiel der Sense hat er dazu so auf seinen linken Oberschenkel gelegt, dass er die Schneide an der Oberseite mit der linken Hand gut zu greifen bekommt und stabilisiert.

Ein kurzes Rauschen in der Luft lässt uns aufschauen. Zwei große Greifvögel, offensichtlich ein Pärchen, sind im Tiefflug über unsere Köpfe hinweggefegt – dieses Mal sind es tatsächlich Adler. „Die sind nur wegen der Murmeltiere da", sagt Thomas und wendet sich wieder dem Wetzen der Schneide zu. Ich bin noch ganz ergriffen von dem kurzen Moment, doch die zwei Guflers legen nun mit der Erntearbeit los.

Das Mähen selbst gleicht einem akrobatischen Akt: Immer ein Bein ist durchgestreckt und sorgt für den sicheren Stand, das andere, gegen den Berg gewandte, ist abgewinkelt und bringt die Körperachse ins Lot. Die Schwünge mit der Sense sind kurz und präzise. Markus recht in der Zwischenzeit das am Vortag gemähte und inzwischen weitgehend trockene Gras hangabwärts bis zur Pfadspur. Denn dort können die beiden später gemeinsam die Ballen schnüren. Mit zwölf Jahren hat Thomas seinen Sohn zum ersten Mal mit nach oben zu den Bergwiesen genommen und ihn allmählich mit der Ar-

beit vertraut gemacht. „Mein Vater hat uns nur ungern mithelfen lassen", erzählt Thomas. „Wenn, dann hat er einen Pflock in die Erde gehauen und uns ein Seil um den Bauch gebunden, sodass wir nicht abstürzen konnten."

Das Binden der Ballen, sagt Thomas, sei die schwierigste Arbeit. Beim Zuschauen wird schnell klar, warum. Markus breitet das Netz auf dem Boden aus und recht das Heu mit geschickten Bewegungen zu einem Haufen. Zu zweit stülpen sie peu à peu das Netz darüber und stopfen das Heu mit ihrem ganzen Körpergewicht in die Maschen. Die Kunst ist es, den Ballen an allen vier Ecken gleichmäßig zusammenzuziehen. Muskeln und Sehnen zeichnen sich an Armen und Beinen der Guflers ab, beim Verknoten tropft der Schweiß von Thomas' Stirn. 70 Kilo wiegt so ein kugelförmiger Ballen, wenn das Heu gut trocken ist. Bis zu 100 Kilogramm kann er wiegen, wenn er feucht ist, sagt Thomas.

Was nun folgt, bedarf voller Konzentration und Körperbeherrschung. Thomas setzt sich nieder, beugt den Rücken gen Hang und streckt die Arme aus und spreizt sich mit den Schuhen in den Boden. Markus bringt den Ballen hinter ihm so in Stellung, dass sein Vater mit den Händen in das gespannte Netz greifen kann. Der richtet seinen Rücken nun gerade auf, während der Sohn den Ballen von hinten stützt. Langsam erhebt sich Thomas, der Ballen auf seinen Schultern überragt ihn um fast eine Körperlänge. Im Stehen richtet er das Ungetüm nochmals ein wenig aus, sodass er das Gewicht einigermaßen gleichmäßig verteilt weiß. Der Kopf dient als zusätzliche Stütze, seine rote Schirmmütze ist gänzlich im Gräsergestrüpp verschwunden. Wichtiges Detail: Die Steigeisen hat er zuvor abgelegt, denn beim Gehen auf dem überwachsenen Pfad könnten sie ihn zum Stolpern bringen. So marschiert Thomas die zirka 150 Meter gemessenen Schrittes zum Stahlseil. Von hinten sieht er aus wie ein außerirdisches Wesen mit einem grotesk voluminösen Wuschelkopf. Was uns als Betrachter ein Schmunzeln abringt, ist in Wirklichkeit das Ergebnis jahrelanger Erfahrung. Diese Form von Körperbeherrschung, das ist mir als ehemaligem Leistungssportler sofort klar, kann man sich nicht einfach abschauen. Man muss trainieren und sein Terrain bestens kennen.

»›Ich war sieben Jahre lang Ziegenhirte hier oben, ich kenne jeden Stein‹, sagt Thomas.«

Ich musste gar nicht nach der Geschichte fragen, mein bewundernder und gleichzeitig fragender Blick reichte schon aus.

Thomas dreht sich halb um seine eigene Achse – es sieht locker und leicht bei ihm aus – und hängt den großen Ballen an einen Haken an ein daumendickes Stahlseil. Zuvor hatte es Markus gelockert, nun wird es per Winde wieder gespannt. Das Paket nimmt Fahrt auf. „Ballen, die abends runtergeschossen werden, sind zwei- bis dreimal so schnell im Tal", erzählt der Almbauer. Sie haben dann schlicht Rückenwind. Denn sobald die Sonne hinter den Dreitausendern verschwunden ist, dreht der Wind. Der bei Hochdrucklagen tagsüber wehende Talwind (also der Wind vom Tal nach oben auf die Berge) wird nun zum Bergwind, da sich die Hänge und deren bodennahe Luftschichten schneller abkühlen und nach unten sinken.

Ich meine, schon ein wenig von dem frischen Abendwind zu spüren, als wir uns gegen 19 Uhr auf den Weg in den Ort machen. Vor mir marschieren Markus und sein Vater Thomas, an einer Stelle werden sie kurz in das weiche abendliche Sonnenlicht getaucht. Es ist ein friedliches Bild, fast ein wenig kitschig. Doch wir wissen jetzt, dass so eine Mahd am Steilhang nichts mit romantischen Vorstellungen zu tun hat. Es ist harte Arbeit, nicht ungefährlich, und sie wird von immer weniger Bauern gemacht. Trotz Subventionen für die Pflege der Bergwiesen und Erschwerniszulagen. Vielleicht sollten wir uns öfters fragen, ob wir nicht alle, die wir die Berge lieben, den Erhaltern der Kulturlandschaft mehr Achtung und Wertschätzung zuteilwerden lassen sollten. Geld allein reicht nicht, denke ich.

Beim Runtersteigen fällt mein Blick auf die gegenüberliegenden Berge von Pfelders, die Ehrenspitze und den Sefiar. Unter dem Gipfel sieht man die Skipisten, die Karjochpiste, den Grünboden 1 und Grünboden 2, auf dem ich so viele Jahre mit der Mannschaft trainiert habe. Ich war noch nie im Sommer hier und es ist ein vollkommen anderes Bild. Auch Skipisten sind im Sommer Wiesen und Weideland, müssen gepflegt und gemäht werden. Ohne Almbauern wäre auch das viel aufwendiger.

Ich weiß, dass ich das Leben hier in Pfelders aus meiner gefärbten Brille sehe. Aber es ist hier eine eigene Welt. Da fährt der Zehnjährige mittags mit dem Quad von der Schule heim. Und auf dem Weg springen noch zwei Kinder hinten mit drauf. Wir von der Mannschaft sind komplett vom Glauben abgefallen, als wir das einmal beobachtet haben. Ich liebe so etwas ja. Es erinnert mich an meine Kindheit und Jugend in Gerold, einem Weiler zwischen Garmisch und Mittenwald. Meine Eltern haben uns, also meine Schwester Amelie und mich, auch alles machen lassen. Motorradfahren, Auto, einfach alles, was wir ausprobieren wollten und eigentlich in dem Alter verboten war.

> „Kinder, und das sehe ich heute
> als dreifacher Vater mit großer Klarheit,
> Kinder brauchen Freiräume."

Sie müssen sich selbst erproben, entdecken, austesten und wir müssen ihnen das Rüstzeug dafür geben. Ich werde später, wenn es ums Skifahren geht, noch mehr dazu erzählen. Aber schon an dieser Stelle ist es mir wichtig anzumerken, weder das ständige Behüten kann der richtige Weg sein noch das permanente Unter-Druck-Setzen und Leistungverlangen. In Norwegen dürfen sich die Kinder beispielsweise in der Natur ausprobieren, ohne sich auf eine Sportart festlegen zu müssen. Es gibt keine Ranglisten, keine Podeste mit Sieger, Zweiter, Dritter. Das ist sogar gesetzlich so festgelegt. Alle, die mitmachen, bekommen am Ende eines Wettbewerbs eine Medaille, egal wie schnell oder „gut" sie waren. Meine Frau hat ja zur Hälfte norwegische Wurzeln, insofern habe ich einen tieferen Einblick in dieses faszinierende Land mit nur 5,5 Millionen Einwohnern.

5,5 Millionen Einwohner, und die sahnen gerade nicht nur im Wintersport ab. Das ist fast unglaublich, aber Draußensein und sich bewegen ist in Norwegen mehr als nur Sport. Es ist eine Lebenseinstellung. Erst mit 13 oder 14 Jahren werden die Jugendlichen dann auf den Prüfstand gestellt, ob sie in einer Sportart leistungsmäßig unterwegs sein wollen. Dann beginnt auch dort eine harte Auslese. Wir in Deutschland verlieren dagegen viele talentierte Kinder für den Spitzensport, weil der Leistungsdruck viel zu früh so hoch ist.

WER HAT ANGST VORM BÖSEN WOLF?

Beim Abschied von den Guflers fällt mein Blick auf ein großes Banner, das an einem Stadel hängt. „Gewinnt der Wolf die Überhand, gibt es keine Almen mehr im Land." Das stößt mich vor den Kopf. Ich hatte zwar mitbekommen, dass es Auseinandersetzungen über die Frage gab, ob Raubtiere wie Luchs, Wolf und Bär ihren Platz in den Alpen wiederfinden können. Dass aber an einem solch großen Rad gedreht wird, war mir neu. Ich beschließe, dem Thema nachzugehen, sobald ich wieder zu Hause bin.

Josef Glatz ist genau der richtige Mann, der mir die Situation aus Sicht der Almbauern schildern kann. Der 62-Jährige ist seit 20 Jahren im Vorstand des Almwirtschaftlichen Vereins Oberbayern (AVO), seit 2019 leitet er den Interessenverband. Zudem ist er seit 27 Jahren Vorsitzender der Weidegenossenschaft Garmisch, kennt also auch die Befindlichkeiten der Bauern im Werdenfelser Land aus langjähriger Erfahrung. Wenn man ihn nach dem drängendsten Problem der Almbauern fragt, kommt nicht etwa die Subventionspolitik Brüssels oder die Landwirtschaftspolitik der Bundesregierung oder die wachsende Zahl von Wanderern und Bikern auf den Almflächen als Antwort. Nein, es ist der Wolf, der Glatz massiv umtreibt.

> »›Wenn sich der Wolf weiterhin ungestört ausbreitet, dann ist in kürzester Zeit das ganze System in Gefahr‹, sagt er.«

Und wirkt dabei derart ernst, dass es mir erst einmal die Sprache verschlägt. Was ist passiert, wie kommt der Landwirt, der mitten in Garmisch einen 300 Jahre alten Hof betreibt und im Sommer Almbauer ist, auf eine solche Aussage?

In den letzten Monaten seien im Werdenfelser Land und in den angrenzenden Ammergauer Alpen drei Wölfe gesichtet worden, berichtet Glatz. Zwei Männchen, ein Weibchen. Gerade dieser Umstand macht ihm Sorge, denn Wölfe hätten eine Vermehrungsrate von bis zu 30 Prozent jährlich. „Es ist das Tier, das sich derzeit am schnellsten ausbreitet", sagt Glatz. Der Naturschutzbund (Nabu), der sich für den Schutz und die

Akzeptanz des Wolfes in Deutschland einsetzt, bestätigt diese Zahlen nicht ausdrücklich.

Er gibt aber ansonsten auf seiner Webseite Antworten auf eine Fülle von häufig gestellten Fragen rund um den Beutegreifer.[122] Und er informiert über die (mehr oder weniger) aktuelle Anzahl der Wölfe in Deutschland. Mitte 2023 waren es fast 1500, „161 Rudel, 43 Paare und 21 sesshafte Einzeltiere".[123] Spannend finde ich die Karte, die der Nabu dazu online gestellt hat und deren Zahlenbasis aus dem Monitoringjahr 2021/22 stammt.[124] Gerade in Sachsen, im Grenzgebiet zu Polen, ballen sich die dunkelgrünen Punkte, die für Rudel stehen, wie sich überhaupt eine deutliche Konzentration des Wolfsvorkommens im Norden und Osten der Bundesrepublik abzeichnet. In Bayern sind gerade einmal sechs Punkte eingezeichnet, drei Rudel (Nord- und Ostbayern), ein Paar (Nordbayern) und zwei Einzelwölfe, einer in Mittelfranken und einer in den Allgäuer Alpen. Das Werdenfelser Land wie auch die Ammergauer Alpen sind in der Karte weiß. Der BUND Naturschutz weist insgesamt neun Wolfsterritorien in Bayern nach, mit fünf Rudeln und drei sesshaften Wölfen, allesamt in Nord- und Ostbayern. Nur in den Allgäuer Alpen sei ein sesshafter Wolf nachgewiesen.[125] Josef Glatz widerspricht:. „Drei sind definitiv nachgewiesen worden", sagt er. Und was das bedeuten kann, zeige ihm zufolge das Beispiel Kärnten. Im Jahr 2020 seien dort auch nur einzelne Wölfe gesichtet worden. „2022 waren es dann 75. Jetzt wissen sie sich nicht mehr zu helfen und stellen teils ihre Viecher im Sommer schon in den Stall."[126]

Der Vorsitzende des Almwirtschaftlichen Vereins Oberbayern fordert daher:

> »Wir brauchen ein Monitoring,
> wir müssen den Wolf scheu halten.«

Denn die große Bedrohung, da ist sich Glatz sicher, bestehe darin, dass sich Rudel bilden. Ein Rudel ist ein Familienverband und besteht aus acht bis zwölf Tieren. „Wenn wir in Garmisch einmal drei oder vier Rudel haben, wie in Berlin für verträglich gehalten wird, dann können wir die Almwirtschaft vergessen", prophezeit Glatz. Fakt ist, dass Wölfe derzeit nicht einfach gejagt werden dürfen. Auf der NABU-Seite wird das bestätigt: „Der Wolf ist durch internationale und nationale Gesetze streng geschützt. In der Europäischen Union unterliegt er den Anhängen II, IV und V der Fauna-Flora-Habitat-Richtlinie. Auf Bundesebene ist der Wolf durch das Bundesnaturschutzgesetz streng geschützt. Er hat damit den höchstmöglichen Schutzstatus."[127] In Tirol wurde Anfang 2023 vom Landtag der Abschuss „verhaltensauffälliger Großraubtiere" per Änderung des Jagdgesetzes erleichtert – als Reaktion auf die rasche Ausbreitung.[128]

Von den Vorschlägen von Naturschützern, die Bauern sollten ihr Vieh mit Zäunen und Hütehunden vor Wölfen schützen, hält er nichts. „So etwas funktioniert nur für kleine Gebiete, aber nicht für die flächendeckende Almwirtschaft in Oberbayern und dem Allgäu." Zäune stellten die Almbauern dort auf, wo es für das Vieh gefährlich sei, es abstürzen könne oder eine Straße durchs Gebiet gehe. „Gegen den Wolf bräuchten wir Zäune wie beim G7-Gipfel. Das kann doch keiner wollen", sagt Glatz. Die Tiere seien intelligent, überwänden auch zwei Meter hohe Barrieren. Auf meinen Hinweis, dass es Geld als Ausgleich für gerissene Tiere gebe, sagt Glatz trocken: „Ich brauche kein Geld, ich will, dass es so bleibt, wie es jetzt ist." Das wirkt fast ein wenig trotzig, denn der Wolf ist in den Alpen nun einmal wieder da. Und er hält sich weder an Staatsnoch an Gemeindegrenzen.

Inzwischen hat sich die Lage auch in den Bayerischen Alpen etwas beruhigt. Die Bayerische Staatsregierung erleichterte zum Beginn der Weidesaison ab Mai 2023 per Gesetz ebenfalls die „Entnahme", also den Abschuss von ein oder mehreren Wölfen, wenn sie Nutztiere gerissen haben. Ein DNA-Gutachten, ob ein Wolf für den Riss verantwortlich ist, ist nicht mehr notwendig, über die Entnahme entscheiden künftig die Landratsämter. Naturschutzverbände kündigten allerdings eine rechtliche Prüfung der Verordnung an.[129]

DIE WURZELN DER ALMWIRTSCHAFT

Es ist also höchste Zeit zu schauen, wie sich die Almwirtschaft über die Zeit entwickelt hat. Denn was wir heute sehen, wenn wir in den Alpen per Auto, Zug, mit dem Fahrrad oder zu Fuß unterwegs sind, ist zum allergrößten Teil keine Ur- oder Naturlandschaft. Der Mensch hat die Alpen im Laufe der Geschichte fundamental verändert und daraus eine Kulturlandschaft geformt. Wenn man tiefer eintaucht in die Fragen, was unsere Alpen ausmacht, wie sie geprägt wurden, was sie verändert hat und was sie aktuell bedroht, dann landet man früher oder später bei dem Geografen Werner Bätzing, der lange als Professor an der Friedrich-Alexander-Universität Erlangen-Nürnberg gelehrt hat und auch nach seiner Emeritierung weiter über die Alpen forscht. In seinem Standardwerk „Die Alpen. Das Verschwinden einer Kulturlandschaft"[130] gibt er einen fundierten Einblick in das Verhältnis des Menschen zu seiner bergigen Umwelt, das man, so Bätzing, „in seiner gesamten Bandbreite von Nicht-Eingriffen und Veränderungen über Aufwertungen bis hin zu Zerstörungen so anschaulich wie nirgendwo sonst in Europa"[131] sehen könne. Überhaupt das Sehen: Bätzings Anspruch ist es, allen Alpeninteressierten zu zeigen, wie man die unterschiedlichen Alpenlandschaften gewissermaßen lesen kann. Und dadurch komplexe Prozesse verstehen lernt. Mir hat Werner Bätzing in der Tat die Augen geöffnet.

Es war mir zum Beispiel nicht bewusst, dass die Alpen schon vor zirka 8000 Jahren, also in der Jungsteinzeit, besiedelt wurden. Die Wurzeln der europäischen Landwirtschaft liegen in Mesopotamien, also in den heutigen Ländern Türkei, Syrien und Irak, wo bereits zirka 10 000 Jahre v. Chr. Getreidesorten kultiviert wurden und Ziege, Schaf und später auch Rind und Schwein zu Nutztieren domestiziert wurden. Diese Errungenschaften drangen etwa zwei Jahrtausende später auch nach Mitteleuropa vor, wo allerdings andere klimatische Bedingungen herrschten (und immer noch herrschen) als im relativ trockenen und warmen „Zweistromland", wie das Gebiet zwischen Euphrat und Tigris auch genannt wird. Ackerbau, und das ist heute nicht viel anders als vor Jahrtausenden, braucht ein mildes bis warmes Klima mit viel Sonnenschein. Viehwirtschaft dagegen ist weit weniger anspruchsvoll und kann auch bei feuchteren und kühleren Verhältnissen betrieben werden. Nur: In der Geschichte der Landwirtschaft ging beides die längste Zeit Hand in Hand. „Ackerbau und Viehwirtschaft werden überall gemeinsam betrieben, um eine vollständige Ernährung zu ermöglichen", schreibt Bätzing.[132]

Für Europa und speziell für die Alpen gilt: Der Ackerbau war, zumindest bis zur Epoche der Industrialisierung, der begrenzende Faktor. Wo also kein Getreide mehr gedieh, konnten selbst ausgesprochen gute Weideflächen nicht genutzt werden, weil man sich in der lange vorherrschenden Selbstversorgerwirtschaft nicht allein von den Produkten der Weidewirtschaft ernähren konnte.

Gute Bedingungen fand der Ackerbau vor allem an der Südabdachung der Alpen vor, die mediterran geprägt ist, sowie in einigen inneralpinen Trockentälern wie im Südtiroler

Vinschgau oder im Schweizer Wallis. Den Almbauern gelang es zwar schon vermutlich in der Bronzezeit (2200–800 v. Chr.), spätestens aber in der Eisenzeit (800–400 v. Chr.), Getreidearten zu züchten, die bis in Höhen von 2000 Metern wuchsen, freilich unter Inkaufnahme eines recht geringen Ertrages. Denn je höher die Lage, desto kürzer die Vegetationsperiode. Außerdem gehören extreme Wetterlagen – beispielsweise Schnee im August auf 1000 Meter Höhe oder sintflutartige Regenfälle – in den Alpen zu den Unwägbarkeiten, mit denen sich Bergbauern seit Anbeginn der Besiedlung arrangieren müssen. Bätzing schlussfolgert für die Südalpen: „Der Ackerbau ist daher in starkem Maße auf die tieferen Lagen beschränkt, und diese sind in den Alpen nicht besonders flächengroß, dafür aber nach der Waldrodung gut nutzbar."[133] Die kühleren und feuchteren Nordalpen sowie die kontinental geprägten östlichen Alpen (heiße Sommer, trockene, kalte Winter) waren dagegen für den Ackerbau eher ungünstig, ähnlich den Mittelgebirgen in Mittel- und Nordeuropa. Sie sind lange dünn besiedelt und werden erst in der jüngeren Geschichte seit dem Mittelalter dank verschiedener Innovationen wie zum Beispiel der Drainage von Talauen flächenhaft genutzt.

> »Was wir aus heutiger Sicht kaum mehr auf
> dem Schirm haben: Die Alpen bergen in ihrem
> Gestein verschiedene Bodenschätze, Eisen,
> Kupfer, Silber und Gold.«

Ressourcen, die teilweise bereits in vorrömischen Zeiten abgebaut wurden. Und gerade rund um die Bergbauorte entwickelte sich auch eine intensive Alm- oder Alpwirtschaft, denn die Bergleute mussten ja versorgt werden. Der Begriff Alp oder Alpe stammt höchstwahrscheinlich aus vorrömischer Zeit und bezeichnete bereits damals eine „Hochweide" beziehungsweise Alb(e), „einen hohen Berg".[134]

Man findet heute noch in allen Teilen der Alpen Zeugnisse ehemals blühenden Bergbaus. Ich denke da sofort an die Wetzsteinmacher, die unweit von meiner Heimat Garmisch-Partenkirchen über mehrere Jahrhunderte lang in den meist kleinen Steinbrüchen schwer schufteten. Die Wetzsteine wurden für das Schärfen von Sensen benötigt und fanden Absatz in ganz Mitteleuropa. Ende des 19. Jahrhunderts gab es allein in Unterammergau mehr als 50 Mühlen, in denen die in den Steinbrüchen grob herausgehauenen Platten bis zum verkaufsfertigen Wetzstein behauen und geschliffen wurden.

Wie es überhaupt dazu kam? Zwischen dem Forggensee im Allgäu und der Gemeinde Ohlstadt im Werdenfelser Land treten im Gebirge die sogenannten Ammergauer Schichten mit ihren meist recht dünnen, kieselsäurereichen Kalksteinen, dem Rohmaterial für die Wetzsteine, oberflächennah auf. Den Orten brachte das einen gewissen Wohlstand. Der Verkauf der nach Farbe und Größe unterschiedenen Produkte war genossenschaftlich organisiert. Er ging in das nähere Umland, aber auch – in der Regel per Floß – bis in die Donauländer.

Insgesamt sind gut 70 Abbaustellen von Wetzsteinschichten am nördlichen Alpenrand bekannt, nach dem Zweiten Weltkrieg wurde der Abbau eingestellt – es kamen immer mehr synthetische, billigere Produkte auf den Markt. Heute gibt es nicht nur ein „Wetzstoa-Museum"[135] im ehemaligen Forsthaus in Unterammergau, sondern auch regelmäßige Schauvorführungen in den Sommermonaten in der Schleifmühlklamm[136] sowie einen eigens konzipierten, 75 Kilometer langen Fernwanderweg entlang der historischen Abbauorte von Hohenschwangau bis zum Freilichtmuseum Glentleiten – „Den Weg der Wetzsteinmacher".[137]

»Für mich ist das eine vorbildliche
Art und Weise, wie man mit dem Erbe der
Alpen umgehen kann.«

Und dazu gehören eben auch die unterschiedlichen Bergbau-
aktivitäten. Die gehen in einer Vorform sogar in die Zeit zurück, in der der Mensch noch nicht sesshaft war und als Jäger
und Sammler die Alpen durchstreifte, also in der Mittleren
Steinzeit vor 8000 Jahren. Funde von Feuersteinwerkzeugen
beispielsweise am Ullafelsen in Sellrain in Tirol zeigen, dass
es schon damals einen regen Austausch zwischen nördlichem
und südlichem Alpenraum gab. Denn der Feuerstein stammte
sowohl aus den italienischen Südalpen, dem nördlichen Tren-
tin, als auch aus Arnhofen nahe Abensberg.[138]

TRANSHUMANZ – DER BEGINN DER WANDER-
WEIDEWIRTSCHAFT

Die ersten Almbauern traten in der Umbruchphase auf den
Plan, als sich Jäger und Sammler in Dörfern niederließen und
Ackerbau und Viehzucht mit Vorratshaltung betrieben, mithin also sesshaft wurden. Die Geschichtswissenschaft spricht
von der neolithischen Revolution, welche die Jungsteinzeit
einläutete, in Mittel- und Nordwesteuropa fand dies zwischen
5800 und 4000 v. Chr. statt. In dieser Zeit begannen Bauern,
den Alpenraum zu bewirtschaften. Sie trieben in erster Linie
Ziegen und Schafe in die Hochlagen oberhalb der Waldgrenze
und hüteten die Tiere im Winter in den meist schneefreien
Tallagen in den Südalpen. Woher wir das wissen? Wissenschaftler haben Holzkohlereste von Brandrodungen gefunden,
die aus der Jungstein- oder auch der Bronzezeit stammen, wie
auch mit Steinen eingefasste Pferche, die zum Teil heute noch
auch für Laien sichtbar sind.[139]

Laut Regensburger Biologie-Professor Dr. Peter Poschold „hielten sich zu dieser Zeit allein in den provenzalischen Alpen mehrere Hunderttausend Schafe und Ziegen zwischen Juni und Oktober in Hochlagen zwischen 1500 und 3000 Metern auf".[140] Noch heute gibt es diese archaische Form der Transhumanz, also der Wanderweidewirtschaft. Ein bekanntes Beispiel ist der Schafübertrieb im Schnalstal, der im Jahr 2011 den Eintrag auf der österreichischen Liste des immateriellen Kulturerbes geschafft hat. Im Dezember 2019 wurde die länderübergreifende Tradition der Transhumanz sogar in die Weltkulturerbe-Liste der UNESCO aufgenommen.[141] Der Schnalstaler Schafübertrieb ist nach Angaben des ortsansässigen Kulturvereins der einzige Schafübertrieb der Welt, der gleichzeitig über einen Gletscher, den Vernagtgletscher, und eine Landesgrenze führt, nämlich von Südtirol, Italien, nach Österreich.

Jedes Jahr ziehen Hirten Mitte Juni mit bis zu 4000 Schafen von den Dörfern Vernagt und Kurzras im Schnalstal über das Nieder- und das Hochjoch auf die Sommerweiden bei Vent im österreichischen Ötztal.

»Mensch und Tier legen in zwei Tagen mehr als 40 Kilometer und zirka 3200 Höhenmeter im Auf- und 1800 Meter im Abstieg zurück.«[142]

Teilweise führt der Weg über Altschneefelder und steile Felsrinnen. Wir schließen uns dem Tross an. Es ist auch für mich ein anstrengender Marsch. Ich mache halt und setze mich auf einen Felsen, um das Schauspiel auf mich wirken zu lassen.

Die Szenerie hat etwas Archaisches. Eine lange Schlange von Schafen und Lämmern, die sich eng an die Muttertiere schmiegen, zieht sich über eine weite Schneefläche aufwärts. Ihre Felle sind mit dicken farbigen Punkten gekennzeichnet, blau, rot, grün, damit man sie später ihren Besitzern wieder zuordnen kann. Einer der Hirten trägt ein neugeborenes Lamm in einer Hand, in der anderen den Hirtenstab. Sein Blick ist konzentriert auf das felsige Gelände gerichtet, die Wangen sind von der Sonne rotbraun gebrannt. Im Hintergrund ist die schier endlose Herde zu sehen, die einen Felshang quert. Aus dem Dunst tauchen die Dreitausender der Ötztaler Alpen auf, sie sind noch komplett mit Schnee bedeckt. Mitte September treten Schafe, Hirten und Hütehunde dann den weniger gefährlichen, da in aller Regel schneefreien Rückweg an. Ist der Almabtrieb erfolgreich, wird er mit einem Hirtenfest gefeiert, ähnlich den Viehscheiden in Oberbayern und im Allgäu. Im Kapitel 4 werde ich nochmals auf die Schnalstaler Schaftranshumanz zu sprechen kommen. Die Wolle findet nämlich zu einem Teil Absatz bei der Filzerei Haunold in Innichen im Pustertal.

Wenn wir über die Biodiversität und die Verbreitung von Arten in den Alpen sprechen, kam übrigens gerade den Schafen eine große Bedeutung zu. Eine Studentin aus Regensburg, die Anfang der 2010er-Jahre bei dem erwähnten Professor Poschold, seines Zeichens Fachmann für Ökologie und Naturschutzbiologie, ihre Diplomarbeit anfertigte, begleitete hierzu einen Schafhirten bei seiner Wanderung durch die Alpen. Der Aufstieg zu den ersten Weiden auf etwa 1500 Metern Höhe erfolgte Anfang Juni, dabei legte der Hirte mit seiner zirka 2000 Schafe zählenden Herde 150 Kilometer in zehn Tagen zurück. Nach fünf Wochen zog der Tross weiter in die subalpine Zone in Höhenlagen zwischen 1900 und 2200 Metern, wo die Schafe die Flächen zwölf Wochen lang beweideten. Die Studentin untersuchte während der Wanderung täglich und beim Aufenthalt wöchentlich das Fell des Schafes Mimi – und jetzt festhalten – und konnte darin mehr als 11 000 Samen von etwa

100 Pflanzenarten nachweisen. Weitere 1100 Samen von mehr als 70 Arten fand sie in den Klauen und im Kot. Professor Poschold schlussfolgert, „dass in jedem Jahr von einer einzigen Herde die fast unvorstellbare Menge von weit über 20 Millionen Samen zwischen Flächen entlang der Triebwege ausgetauscht wird".[143]

Der Botaniker nennt als Beispiel ein Federgras, das natürlicherweise in mediterranen Gebieten vorkommt, durch die Transhumanz nun aber bis in Höhen von 2000 Meter getragen wurde. Die Artenvielfalt, so zeigen Schweizer Studien, weise je nach Volksstamm ganz eigene Charakteristika auf. So sei die romanische Bergbauernwirtschaft in den Südalpen von Ackerbau bis in Höhen über 2000 Meter geprägt gewesen, die Almbauern kultivierten spezielle Sorten von Dinkel, Gerste und Roggen, die heute teilweise ausgestorben sind. Die alemannisch-germanischen Bergbauern wiederum betrieben in der Hauptsache Weidewirtschaft, auch wegen der kühleren und feuchteren klimatischen Verhältnisse in den Nordalpen, wie wir bereits von Professor Werner Bätzing erfahren haben.

Der Alpenforscher Bätzing fasst das so zusammen: „Das zentrale Charakteristikum aller alpinen Kulturlandschaften ist ihre vertikale Höhenstaffelung, die zu alpenspezifischen Nutzungsformen führt. Weiterhin sind diese Kulturlandschaften durch eine hohe Artenvielfalt und eine große landschaftliche Vielfalt geprägt. Dadurch wirken sie auf fremde Besucher als ‚schön' und die Einheimischen erleben sie als unverwechselbare Heimat."[144]

Was der Geograf in drei Sätzen formuliert hat, trifft den Kern dessen, was es aus meiner Sicht zu bewahren gilt. Denn uns muss klar sein, dass die Alpen ohne die Bewirtschaftung durch die Almbauern ein völlig anderes Gesicht bekämen. Sie wären innerhalb von 20 bis 30 Jahren in ihrem Landschafts-

bild nicht mehr offen, sondern zugewachsen. Den weiten Blick, die Abwechslung zwischen Wald und Weide, all das wäre verloren. Über der Waldgrenze würde man zwar noch auf die anderen Gipfel schauen können, doch ansonsten wäre das Bild recht uniform. Und die Artenvielfalt würde rapide abnehmen, denn auf jeder Wiese und Weide haben Abertausende von Klein- und Kleinstlebewesen ihr ganz persönliches Habitat. Der Almwirtschaftliche Verein spricht gar von einer „Artenvielfalt, vergleichbar mit dem Regenwald".[145]

Den Verantwortlichen für Tourismus in den Alpen ist dies seit Längerem bewusst – und nach meiner eigenen Erfahrung in allen acht Alpenstaaten Deutschland, Frankreich, Italien, Liechtenstein, Monaco, Österreich, Schweiz und Slowenien. Ich zitiere hier exemplarisch einen Touristiker aus meiner Heimat, und zwar Sebastian Kramer, Geschäftsführer der Zugspitz Region GmbH, der sich selbst als „landwirtschaftlichen Wertschätzer" bezeichnet: „Dank der Bauern hat man hier beides: pure Naturschönheit und auf der anderen Seite gepflegte Flächen, wie zum Beispiel Bergwiesen, die nicht zugewuchert sind, oder große Freiräume wie das Murnauer Moos. Das macht es rund. Und das Ganze funktioniert nur, weil die Bewirtschaftung bei uns auf viele kleine Betriebe verteilt ist, die diesen kulturlandschaftlichen Erhalt aus reiner Passion betreiben."[146]

Womit wir wieder bei Josef Glatz wären, dem Vorstand des Almwirtschaftlichen Vereins Oberbayern und Vorsitzenden der Weidegenossenschaft Garmisch. Er hofft inständig, dass die Almbauern eine Zukunft haben. Dazu brauche es aber genügend Unterstützung und Wertschätzung vonseiten der Gesellschaft und der Politik, „sonst laufe das Fass über", prophezeit er. „Die Niederertragswiesen, die schwierigen Flächen oben im Gelände – die machen doch nur die kleinen Bauern", während die großen Betriebe „die schönen Flächen draußen in der Ebene bestellen". Auch er führt die Gäste an, die ins Werdenfelser Land kommen und eine anmutige Landschaft sehen wollten.

>Der Tourist meint eine Naturlandschaft
zu sehen, es ist aber eine Kulturlandschaft,
die wir pflegen.«

Glatz weist auf die steigenden Temperaturen hin, die gerade in den Bergregionen ein starkes Pflanzenwachstum bedingen, sodass innerhalb von wenigen Jahren Verkrautung und Verbuschung die Folge wären. Der Landwirt erzählt mir von einer Bergwiese oberhalb von Gerold – dem Ort meiner Kindheit –, die er aus Naturschutzgründen nur einmal im Herbst mäht. „Unglaublich, was da wächst, da sind die Sämlinge nach einem Jahr schon zehn Zentimeter hoch." Und er erwähnt dabei, dass gerade die Almbauern – mit Unterstützung des Staates – große Teile der Infrastruktur in den Alpen aufrechterhalten, zuvorderst die Wege, aber auch die Almhütten und Stallungen. Glatz ist einer, der den Wert der kleinbäuerlichen Landwirtschaft immer wieder betont, frei nach dem Motto: Tue Gutes und rede darüber. Nicht zuletzt um mehr Aufmerksamkeit zu bekommen, „bewerben wir uns für das Weltkulturerbe". Der Landkreis Garmisch-Partenkirchen treibt eine derartige Bewerbung voran und beschreibt auf seiner Homepage die Vorteile: „Aus einem Weltkulturerbe-Status könnten sich verschiedene Vorteile ergeben, jedoch kommt es auch darauf an, was man daraus macht. So könnten (...) bestehende Fördermöglichkeiten und Sonderregelungen für die kleinstrukturierte Landwirtschaft besser abgesichert oder durchgesetzt werden. Zudem würde durch einen Weltkulturerbe-Status auch die Stellung der Landwirtschaft in der Gesellschaft gestärkt."[147]

Bereits seit dem Jahr 2011 gibt es dazu eine Debatte, denn gerade die sogenannten Buckelwiesen zwischen Garmisch-Partenkirchen und Mittenwald, ein Relikt aus der Eiszeit und eine weltweite Besonderheit, drängen sich als Alleinstellungsmerkmal für eine Bewerbung regelrecht auf. Zudem befinden sich im Loisachtal sowie im Murnauer Moos die größten zusammenhängend erhaltenen Streuwiesenlandschaften Mitteleuropas, flankiert werden sie von den gepflegten Bergwiesenlandschaften im Loisach- und im Ammertal. Zusammen mit den Moorflächen erstrecken sich die Alm- und Weideflächen aus der Bewerbung auf mehr als 20 000 Hektar und damit auf gut ein Fünftel des Landkreises.

Es gibt aber auch Widerstand, gerade aus den Reihen der Almbauern, obwohl es dem Landkreis nach eigenem Bekunden bei der Bewerbung gerade um den Erhalt der althergebrachten Wirtschaftsweise geht. Sieben Grundbesitzer aus dem Landkreis zogen vor Gericht, weil sie befürchteten, dass sie ihre Flächen und Weiderechte nicht mehr an ihre Kinder weitervererben dürften, sondern gewissermaßen der gesamten Menschheit überlassen müssten.

Dazu muss man wissen, dass es im Werdenfelser Land und den Ammergauer Alpen ein System der Weiderechte und Weidegenossenschaften gibt, das landläufig als Rechtlerwesen bezeichnet wird. Es geht mindestens bis ins Mittelalter zurück. Vor der Säkularisation Anfang des 19. Jahrhunderts waren diese Rechte von der Erzdiözese Freising vergeben und es dauerte nach der Enteignung des kirchlichen Grundbesitzes nochmals 100 Jahre, bis die zunächst auf Hausnummern ausgestellten Rechte ins Grundbuch eingetragen wurden, berichtet Glatz. Im Grunde basiert das Rechtlerwesen als Prinzip einer Gemeinschaftsnutzung von Weiden (Allmenden) auf Regelungen, die sich schon in prähistorischen Zeiten herausgebildet hatten.[148]

Das Verwaltungsgericht München hat die Klage Ende 2022 erst einmal abgewiesen, denn anders als bei einem kommunalen Bauleitverfahren sei es fraglich, so die Vorsitzende Richterin, ob die Behörden jeden Grundbesitzer und Weiderechtler fragen müssten, ob er mit seiner Fläche Teil der Welterbe-Bewerbung sein möchte. Zudem sei nicht klar, wer der Beklagte sein könnte: der Landkreis, von dem die Bewerbung ausging, oder der Freistaat Bayern, dessen Wirtschaftsminister die Papiere unterschrieben hat?[149]

Der Streit könnte noch weitergehen, denn das Gericht genehmigte einen Antrag der Klägerseite auf Zulassung einer Berufung.[150] Jedenfalls liegt die Bewerbung bereits seit Januar 2022 bei der UNESCO in Paris, eine Entscheidung wird noch im Jahr 2023 erwartet. Im Juli 2023 war eine Kommission der Unesco vor Ort und prüfte den Antrag, allerdings mit dem ernüchternden Ergebnis, keine Eintragung in die Welterbeliste zu empfehlen. Der Kreistag hat daraufhin beschlossen, die Staatsregierung zu bitten, den Antrag vorerst zurückzuziehen. Er kann dann überarbeitet und später eventuell nochmals gestellt werden. Vorerst bliebe der Antrag dann auf der deutschen Tentativliste, also gewissermaßen in der Warteschlange.

VOM BERGBAUERN ZUM BEWAHRER

Für Oberbayern kann Josef Glatz die Frage der Entwicklung der Almwirtschaft eindeutig beantworten und seine Botschaft beruhigt mich. „Seit 1970 ist keine Alm mehr aufgelassen worden", berichtet er. Mit anderen Worten: Es sind noch alle da. Während in den 1960er-Jahren viele Almbauern lukrativere Einnahmequellen in den aufstrebenden Industriebetrieben in den Städten im Dunstkreis der Alpen suchten und ihre Almen verließen, habe das staatliche Subventionsprogramm die Abwanderung stoppen können. So gewährt Bayern mit dem

Kulturlandschaftsprogramm seit 1988 den Landwirten für freiwillige umweltschonende Bewirtschaftungsmaßnahmen Ausgleichszahlungen – für Almbauern ein wichtiger Baustein. Auf seiner Homepage zeigt der Almwirtschaftliche Verein eine Statistik, in der der Almbestoß in Oberbayern von 1950 bis 2014 aufgeführt ist.[151] Demnach gab es 1950 noch 738 Almen, die Zahl sank dann bis in die 1970er-Jahre auf zirka 650 und ist danach wieder auf 710 Almen (1996) angestiegen. Seither ist die Zahl relativ konstant, wie auch die frei gehaltene Fläche, die sogenannte Lichtweide. Sie beträgt in Oberbayern seit mehr als 20 Jahren immer über 18 000 Hektar, das entspricht 25 000 Fußballfeldern.

Auch die Anzahl der Rinder insgesamt hat sich kaum verändert und liegt bei etwa 22 000 Tieren, doch weideten 1950 noch deutlich mehr Milchkühe auf den Almen, nämlich fast 7000 (2018: zirka 1500), während die Zahl des Jungviehs im gleichen Zeitraum von 15 000 auf gut 19 000 anstieg. Damit korrespondiert auch die Zahl der Arbeitskräfte auf den Almen, da Milchkühe natürlich viel arbeitsintensiver sind. Der Almwirtschaftliche Verein schätzt die Zahl der Senner und Hirten auf den Almen im Jahr 1950 auf 1135, seit den 1970er-Jahren sind es bloß noch etwa 350. Das heißt, dass die Hälfte der Almen vom Tal aus bewirtschaftet werden. Meist sind es die nicht so hoch gelegenen Weideflächen, die der jeweilige Landwirt relativ schnell über die Wirtschaftswege erreichen kann. Eklatant ist der Rückgang der Schaf- und Ziegenherden, die auf die Almen getrieben werden. Gut 7500 Tiere waren es noch 1950, die Stückzahlen haben sich stetig auf etwa 2600 Tiere (2014) verringert.

»Spontan stelle ich mir die Frage:
Wer will heute noch Hirte oder
Senner werden?«

Also richtig als Beruf und nicht nur als Aussteiger für ein paar Sommermonate. Wobei ich es gut finde, wenn Menschen, die die Alpen nur aus der Brille des Urlaubers kennen, mal tiefer in die Materie einsteigen und zum Beispiel lernen, wie man mit der Sense mäht. Der Tourismusverband Wipptal in Tirol bietet beispielsweise solche Kurse in seiner „Schule der Alm" an. „Neben dem Sensenmähen erlernst du weitere wichtige handwerkliche Tätigkeiten auf der Alm und bei der Bergmahd. Auch unser Kochkurs bergbäuerlicher Gerichte nach alten Rezepten ist wieder im Programm dabei. Die Absolvierung dieses Kurses ist die ideale Grundlage, wenn du planst, auch einmal länger als Volontär (Freiwilliger) auf einer Alm zu arbeiten", heißt es auf der Homepage, die auch einen kleinen Film aus dem Jahr 2019 zeigt. Teilnehmer sind beim Sensenmähen zu sehen, beim Rechen und Aufschlichten des Heus zu Heumandln.[152] Das Ganze findet in den Bergsteigerdörfern St. Jodok und Vals statt. Bergsteigerdörfer verzichten auf größere Infrastrukturprojekte und widmen sich vor allem dem traditionellen Wandern und Klettern.

Zurück zur Zukunft der Almwirtschaft. Im Allgäu sind die Bauern im „Alpwirtschaftlichen Verein" organisiert, der in seinem Namenszusatz schon klarmacht, was seine Ausrichtung ist: „Vereinigung zur Erhaltung der Kulturlandschaft". Er feiert bald, nämlich 2025, seinen 100. Geburtstag und allein der Internetauftritt lässt darauf schließen, dass seine Mitglieder – Älpler, Hirten, Genossen, Eigentümer, Pächter und Freunde der Allgäuer Alpwirtschaft – mit recht breiter Brust in die Zukunft schauen. Zwar gleicht die Geschichte der Alpen, wie die Almen im Allgäu genannt werden, der in Oberbayern. Das Personal nahm von 2009 Personen im Jahr 1952 auf 469 Älpler im Jahr 1980 ab.[153] Trotzdem weist die Allgäuer Alpwirtschaft eine Besonderheit auf, auf die die ganze Region stolz ist.

Es gibt noch 50 Sennalpen, auf denen Käse produziert wird. Der nach traditionellen handwerklichen Methoden hergestellte „Allgäuer Sennalpkäse", eine geschützte Ursprungsbezeichnung, entstammt der Milch von Braunviehkühen, die auf kräuterreichen Alpweiden oberhalb von 800 Metern während des Sommers gehalten werden. „Er ist für seinen pikanten bis kräftigen, würzigen, nusskernartigen Geschmack bekannt und besitzt ein für die Gesundheit günstiges Fettsäuremuster. Keiner ist wie der andere, denn jede Alp hat ihre besonderen Bedingungen", heißt es auf der Webseite des Vereins.[154]

Die Hauptfunktion der Almen ist jedoch wie in Oberbayern die Beweidung durch Jungvieh. Sie sind „der Jungbrunnen für die Nachzucht des Viehs aus den Berggemeinden wie auch aus dem angrenzenden Flachland", wie der Vereinsgeschäftsführer Michael Honisch das ausdrückt.[155] Dazu gibt es sogar eine Studie mit dem Titel „Einfluss der Älpung auf die Gesundheit der Milchkuh" der Bayerischen Landesanstalt für Landwirtschaft, Institut für Tierzucht. Das wenig überraschende Fazit: Das Jungvieh, das auf der Alp war, ist hernach im Tal gesünder und liefert mehr Milch.[156] 30 000 Stück Rindvieh sind im Allgäu im Sommer durchschnittlich auf den zirka 700 Alpen, „ein vernünftiges Mittelmaß", sagt Honisch, „denn sowohl ein Zuviel als auch ein Zuwenig ist von Übel".[157]

Darüber spreche ich mit Franz Kögel, der gemeinsam mit seiner Frau den Alpengasthof Schwand in Oberstdorf betreibt. Er steht selbst oft in der Küche, unterstützt seinen Sohn Florian, der das Regiment im Hotel übernommen hat. Das für den Klimaschutz wichtige Thema regionale Kreisläufe ist für ihn tägliche Praxis. Den Gästen wird Rind- und Zickleinfleisch aus der eigenen Bergbauern-Landwirtschaft kredenzt, auch der Ziegenkäse stammt aus der eigenen Käserei. Kögel ist Oberalpmeister, das heißt, er steht den 50 Alpen im Oberstdorfer

Gebiet vor. Ich staune nicht schlecht, als mir der 63-Jährige erzählt, dass er mit sieben Jahren zum ersten Mal auf der Alpe oben geholfen habe. 1967 war das. „Damals standen wir oft einmal im Monat im Schnee. Es gab immer wieder Opfer bei Tier und Mensch." Franz erinnert sich an eine besonders tragische Geschichte auf der Taufersberg-Alpe im Rappenalptal. In der Saison sei ein Junghirte im dichten Nebel erfroren, keine 100 Meter von der rettenden Almhütte entfernt. „Solche Wintereinbrüche im Frühsommer hatten wir die letzten 20 Jahre nicht mehr", bilanziert Franz.

»Und mir wird bei dem Gespräch bewusst, dass gerade Hirten oben in den Bergen einen harten Job machen und manchmal dabei auch ihr Leben riskieren.«

Der Allgäuer Franz Kögel, das spüre ich bald, ist ein positiv denkender, zupackender Mensch. Das gefällt mir, denn er lamentiert nicht herum, sondern sucht nach Lösungen. Die höheren Temperaturen sieht er sogar als Gewinn für die Almwirtschaft – zumindest augenblicklich. Weil die Schneefelder in Höhen oberhalb von 1500 Metern früher abschmelzen, sei der Graswuchs besser, es gebe also mehr Weideflächen. Zwar fließe das Wasser durch das Karstgestein schneller ab, doch weiter unten, auf etwa 1300 Metern, komme es als dicker Strahl wieder aus dem Untergrund.

Seit ein paar Jahren pumpen die Älpler das Wasser wieder hoch und fassen es in Behältern zur Viehtränke, erklärt er mir. Und das weitgehend ohne zusätzliche Energie – genutzt wird der natürliche Wasserdruck, der via Flügelrad eine Pumpe für die Steigleitung antreibt. In diesem speziellen Fall haben sie sich das bei den benachbarten Vorarlbergern abgeschaut. Wissenstransfer auf Eigeninitiative, das finde ich großartig.

Kögel berichtet, dass der Regen infolge der Klimakrise oftmals als Starkregen daherkomme. Gefahr von Murgängen? Solange die Alpwirtschaft weiter betrieben werde, sei sie gering. „Beweidete oder gemähte Flächen können viel mehr Wasser aufnehmen. Langes umgeknicktes Gras ist dagegen wie ein Teppich, auf dem alles abrutscht", sagt der Nebenerwerbslandwirt. Sofort muss ich an Thomas aus Pfelders denken, der mir beim Aufstieg zu seinen Mähwiesen nicht mehr bewirtschaftete Weiden gezeigt hat. Kögel weist mich auch noch auf „Kuhwegele" hin, wie die Allgäuer Viehgangeln nennen. Die Rinder stehen beim Grasen horizontal zum Hang, verfestigen den Boden und lassen selbst steile Bergflanken zu Terrassen werden. Auch seien gemähte Wiesen für den Untergrund besser, denn wenn es im Herbst ins hohe Gras schneie, reiße der schwere Schnee oft die ganze Humusschicht mit in die Tiefe. Im schlimmsten Fall als Lawine.

Vor meinem inneren Auge tauchen Unglücke wie das von Galtür 1999 auf, bei dem Dutzende Menschen umkamen. Dass den Almbauern eine durchaus große Rolle auch beim Lawinenschutz zukommt, war mir nicht bewusst. Finanzielle Förderung von staatlicher Seite, sei es durch die EU, den Bund oder die Länder, hat also neben dem Erhalt des Landschaftsbildes weitere Dimensionen. Fakt ist: Es gibt eine ganze Fülle von Zuschüssen, die ein Älpler abgreifen kann. In diesem Zusammenhang stoße ich beim Almwirtschaftlichen Verein Oberbayern auf eine digitale Präsentation mit dem Titel „Agrarreform 2023. Was erwartet uns?"[158] und blättere durch die 68 (!) Folien. Ich fühle mich von Anfang bis zum Ende überfordert angesichts der Fülle von unterschiedlichen Prämien, Ausgleichszulagen, Degressionsstaffeln und Transaktionskostenzuschüssen. „Man muss verflucht obachtgeben, dass man keine Doppelförderung bekommt", sagt Franz Kögel. Denn dann müsse man später wieder Zuschüsse zurückzahlen, unter Umständen Geld, das man schon investiert habe.

Insgesamt sei die Agrarreform auf mehr Naturschutz ausgerichtet, den Erhalt von Blumenwiesen beispielsweise. Kögel findet das grundsätzlich in Ordnung, auch wenn er jetzt fünf Einzelanträge stellen muss, um das Gleiche zu bekommen wie früher mit einem Antrag.

>>Wir leben nur von den Subventionen.
Von dem, was wir produzieren, können wir es nicht‹,
sagt er nüchtern.«

Was ihm aber nicht gefällt, ist, wenn er sich für die ganzen Subventionen rechtfertigen müsse. „Wir fühlen uns in der letzten Zeit oft schlecht behandelt", sagt Franz Kögel und ich merke, dass ihn, ähnlich wie Josef Glatz aus Garmisch, vor allem das Thema Wolf umtreibt. Solange einzelne Beutegreifer durch die Lande zögen, sei es kein Problem. Rudel dagegen schon. In der Schweiz ließen die Älpler teils sogar die wehrhaften Eringer nachts nicht mehr raus, weil Wölfe die Kühe im Rudel angriffen. „In der Folge werden viele Alpen nicht mehr bestoßen, weil der Schaden zu groß ist."

DAS REIZTHEMA WOLF

Als ich ihm von dem Plakat in Pfelders im Pfelderer Tal berichte, das die Almbauern dort als Weckruf verstanden wissen wollen, erzählt Kögel mir von jährlichen Urlaubsreisen ins Passeiertal. Er sei erst kürzlich auf einer Ziegenausstellung gewesen und habe mit einigen Ziegenbauern gesprochen. Gelernt hat er, „dass die Geiß schlauer ist als das Schaf, weil sie dorthin klettert, wo ihr der Wolf nicht folgen kann". Schafe dagegen blieben starr stehen, einfache Beute für den Wolf. Allein 1700 Risse von Schafen verzeichnet Südtirol pro Jahr und die Zahl der Wölfe steigt kontinuierlich, wie mir ein Blick auf die Statistik der Südtiroler Landesverwaltung zeigt. Sie geht im Jahr 2021 von mindestens 30 Tieren aus, im Jahr 2020 waren es noch 18 bis 20 Wölfe. Schäden durch Risse wurden 2021 mit insgesamt 54 200 Euro vergütet (2020: 17 900).[159]

Was also tun? Franz Kögel wäre nicht Franz Kögel, hätte er nicht einen Plan ausgeklügelt. Und der lautete: Aufmerksamkeit erregen. Am Samstag, 18. März 2023, läuteten mehr als 2000 Teilnehmer in der kleinen Ortschaft Oberjoch insgesamt 2357 Kuhschellen gleichzeitig, koordiniert von einer Dirigentin des Schwäbischen Musikbundes.[160] Der Eintrag ins „Guinnessbuch der Rekorde" ist den Bauern, Bergbauern und Älplern nunmehr sicher. Der Lärm war bestimmt ohrenbetäubend. Denn wer je bei einem Alpabtrieb, dem Viehscheid, dabei war, weiß, was für ein Megakonzert das sein kann. Im Allgäu trägt das Vieh in den Bergen übrigens kleinere Schellen, um für Alphirten besser auffindbar zu sein. Große, schwere Zugschellen werden Allgäuer Rindern nur als Schmuckstücke umgehängt – etwa beim Viehscheid im September – und sind der Stolz vieler Bauern und Älpler.

Der Punkt ging an Kögel und seine Mitstreiter, nur ist damit etwas gewonnen in der Sorge um die Ausbreitung des Wolfes? Jedenfalls ist das Thema nicht so neu, wie mancher denkt. Der Ehrenvorsitzende des Almwirtschaftlichen Vereins Oberbayern, Michael Hinterstoißer, schrieb bereits im Juli 2018 bei der 29. Internationalen Almwirtschaftstagung in Garmisch-Partenkirchen über die Zukunftsaussichten der Almwirtschaft folgenden Absatz: „Da wirksame Schutzmaßnahmen durch Zäune und Herdenschutzhunde im alpinen Gelände flächendeckend nicht möglich sind, droht eine massive Beeinträchtigung der jahrtausendealten Weidekultur. Noch

fehlt der breiten Masse der Bevölkerung leider das Verständnis für die Sorgen und Nöte der Weidetierhalter."[161]

Ich konfrontiere Marie Neuwald, ihres Zeichens „Referentin Wolf" beim Naturschutzbund Deutschland (NABU), mit den Sorgen der Almbauern in Sachen Wolf. Sie weiß, dass das Thema hochemotional ist und dass es keine einfachen Antworten gibt.

> »Ich kann die Almbauern schon verstehen, denn der Wolf bedeutet eine Veränderung der Bewirtschaftsbedingungen‹, sagt sie.«

Und erzählt mir, dass sie sich in Österreich Pilotprojekte zum Thema Herdenschutz angeschaut habe. „Technisch kann man viel mit Zäunen machen, die Frage ist, ob das in einem gesunden Verhältnis zum Aufwand steht", relativiert sie. Denn beispielsweise Nachtpferche für Tiere einzurichten, bedeute auch mehr Personalaufwand, der wiederum bezahlt werden müsse. „Ich fände es wunderbar, wenn wir wieder eine flächendeckende Hirtenkultur hinbekämen", sagt sie. Das sei nicht nur für den Herdenschutz die beste Variante, sondern diene auch der Biodiversität und dem Tierwohl. Doch im Gespräch mit Marie Neuwald bekomme ich das Gefühl, dass sie nicht wirklich an die Erfüllung ihrer Wunschvorstellung glaubt.

Der Wolfexperte des Bunds Naturschutz (BUND), Uwe Friedel, ist da näher an der Realität. „Mit der Rückkehr der Wölfe werden zum Teil Almen aufgegeben werden müssen", prophezeit er. Es sei unrealistisch zu glauben, man könne den Wolf einfach wieder vertreiben. Er sei früher in den Alpen heimisch gewesen und fände dank des hohen Schalenwildbestandes – dazu gehören Rehe genauso wie Hirsche oder Gämsen – „jetzt so gute Bedingungen wie nie zuvor". Friedel ist Artenschutzreferent und beschäftigt sich alpenweit mit der Rückkehr der Beutegreifer – etwa 200 Jahre dauerte es, bis die ersten Wölfe aus Osteuropa nach ihrem Abschuss wieder in die Alpen zogen. Zuvor gab es über Jahrtausende eine Koexistenz von Wolf und Mensch.

Der Geoökologe plädiert dafür, nicht weiter den Teufel an die Wand zu malen, sondern gemeinsam zu agieren. Almbauern, Politiker und Naturschützer. „Ich weiß, dass das Thema Wolf für die Almbauern eine riesige Herausforderung ist", sagt er. Aus Sicht des Experten Friedel ist aber nicht die Anzahl der Wölfe in einem Gebiet entscheidend, ob und wie viele Nutztiere letztlich gerissen werden, sondern „die Frage der Herdenschutzmaßnahmen". In der Schweiz habe man damit schon seit Längerem Erfahrungen gesammelt, „dort wirkt der Herdenschutz definitiv", sagt Friedel. Wenn es Risse gebe, dann läge es oft an Fehlern wie unsachgemäß angebrachten Zäunen.

Und was passiert mit den Almflächen, die nicht umzäunt werden können?, möchte ich von ihm wissen. Wolle man den Almweidebetrieb auf solchen Flächen erhalten, „dann wird man auch über Abschüsse reden müssen", sagt der Artenschutzreferent. Nachdem aber jeder Wolf anders sei, müsse man die jeweilige Wolfspopulation kennen. „Sonst schießt man am Ende den Wolf ab, der sich schon an den Herdenschutz gewöhnt hat, und ein anderer kommt nach und versucht sein Glück." Von Abschussquoten hält Friedel nicht viel. In Frankreich habe man eine Quote von 20 Prozent festgelegt, „die insgesamt 10 000 gerissenen Schafe im Jahr wurden kaum weniger". Die neue bayerische Regelung hält er für den falschen Weg. „Das ist nichts anderes, als den Landratsämtern einen Freischein auszustellen, den gesamten bayerischen Alpenraum wolfsfrei zu schießen." Friedel plädiert stattdessen dafür, dass man in Bayern bald mit Herdenschutzmaßnahmen beginnt – vorwiegend für Schafe, denn die seien am stärksten gefährdet. Bezahlen müsse der Staat, „aus den Töpfen der Landwirtschaft". Als Beispiel führt er erneut die Schweiz an, die gute Erfahrungen mit Hirten gemacht hätte. Trotz der Wolfsrisse, die es natürlich auch in den Schweizer Alpen gebe, „gab es insgesamt weniger tote Tiere". Denn Hirten sähen sofort, wenn ein Vieh krank sei, sie kümmerten sich um Gefahrenstellen, sodass weniger Tier abstürzten, und sorgten zudem dafür, dass die sensiblen Flächen wie Kammlagen oder Hangmoore nicht überweidet werden.

Für mich steht fest: Es gibt keine einfachen Lösungen, denn der Wolf ist jetzt wieder heimisch in den Alpen. Die Gesellschaft wird sich über kurz oder lang fragen müssen, wie viel Geld uns die Almwirtschaft wert ist, denn ohne Herdenschutz wird es nicht gehen. Und der ist teuer.

NEUES LEBEN FÜR DIE VERLASSENEN TÄLER DES PIEMONT

In den Südalpen, in den Cottischen Bergen im Piemont, ist die Rückkehr der Hirtenkultur keine aktuelle Frage. Die dortige Almwirtschaft kam im Laufe der 1960er-, 70er- und 80er-Jahre praktisch zum Erliegen – ohne Einwirken von Wölfen oder Bären. Ganze Talschaften sind wie ausgestorben, die Bauern zogen in die nahe Poebene, wo es Arbeit und ein weniger beschwerliches Leben gab. Doch es gibt Akteure, die den Orten mit kleinen, sanften Tourismusprojekten wieder Leben einhauchen wollen und die gerade in der Abgeschiedenheit und Vergessenheit Potenzial sehen.

Renato Botte ist so einer und er weiß um die Anziehung, die die Alpen ausüben – schließlich lebt er davon. Botte ist

Bergführer und hat diesen klaren, durchdringenden Blick der Menschen, die die meiste Zeit draußen in der Natur sind. Mit routinierten Bewegungen bindet er mich ans Seil und zieht den Achterknoten noch einmal ruckartig fest. Ziel ist die Rocca Provenzale, 2420 Meter hoch und von den Einheimischen das Matterhorn der Cottischen Alpen genannt. Die Liebe hat ihn von Südtirol ins Piemont an den südwestlichen Rand der Alpen gebracht. Gemeinsam mit seiner Lebensgefährtin Manuela Zibana betreibt er die „Locanda Mistral" in Ponte Maira auf 1400 Metern. Das Mistral ist ein kleines und charmantes Hotel mit 14 Zimmern und „Posto Tappa" auf den „Percorsi Occitani", also eine traditionelle Unterkunft für Wanderer oder Skitourengeher, die auf den „Okzitanischen Wegen" unterwegs sind. Unterwegs in der Abgeschiedenheit. Die Metropolen Turin und Mailand sind mit dem Auto Stunden entfernt. Vom Gefühl her könnten es Lichtjahre sein. Von Chiappera (1665 m) im Talschluss geht es nur noch mit dem Mountainbike oder zu Fuß weiter, in einer strammen Tageswanderung gelangt man über den Colle di Sautron (2687 m) nach Frankreich und über den Colle delle Munie wieder zurück.

An diesem Vormittag im Vorfrühling ist in Chiappera kein Mensch zu sehen. Beim Durchstreifen des kleinen Ortes mit seinen typischen, aus Bruchsteinen gemauerten und mit Schieferplatten bedeckten Häusern wird mir bald klar, dass er nicht mehr dauerhaft besiedelt ist. Manche Gebäude sind verfallen, andere frisch renoviert mit neuen Holzbalkonen und Glasfronten. Offensichtlich private Feriendomizile, die, wie mir Renato später erzählen wird, nur für ein paar Wochen im Jahr bewohnt sind. Der wenige Restschnee zeugt davon, dass es kaum geschneit hat in diesem Winter. Aus einer Wechte ragt ein liebevoll beschriebenes Holzschild, das auf „La Scuola Rifugio, Ristorazioni" hinweist. Man kann dort also übernachten, essen oder einfach nur einen Kaffee oder einen Genepi trinken, einen Kräuterschnaps, der aus der „Ährigen Edelraute" gewonnen wird, eine geschützte Bergpflanze, die hier in den Tälern eigens angebaut wird.

Die Unterkunft „La Scuola" ist zu, sie öffnet erst wieder in der Wandersaison. Über dieses windschiefe Schild ist man gleich auf zweifache Weise mittendrin in der Geschichte Chiapperas und des Tales. Wo noch in den 1960er-Jahren Kinder zur Schule gingen, folgten Jahrzehnte der Tristesse und des Verfalls. Der große Exodus setzte in den späten 1950er-Jahren ein und dauerte bis in die 80er-Jahre. Mancherorts ist er immer noch nicht ganz vorbei. In Mailand und Turin lockte ein (vermeintlich) besseres Auskommen. Zurück blieben schön anzuschauende, aber langsam verfallende Dörfer, in denen nur noch ein paar Alte lebten. Das Mairatal und seine Nachbartäler bekamen den Beinamen „das schwarze Loch Europas".

»Die Bevölkerungsdichte sank auf ein Niveau, das mit Sibirien oder Kanada vergleichbar ist – drei bis vier Einwohner pro Quadratkilometer.«

Ponte Maira sei typisch für die Talschaften, erzählen mir Renato und Manuela. 25 Häuser, drei sind derzeit bewohnt – zwei Pensionisten, eine Bauernfamilie, insgesamt sind es elf Personen. Die Grundschule liegt talabwärts neun Kilometer entfernt in Prazzo. Sechs Kinder, fünf Jahrgänge. Im Jahr 1962 gab es in Acceglio, der Gemeinde, zu der Ponte Maira gehört und fußläufig bergabwärts liegt, vier Lebensmittelläden, eine Bäckerei, eine Metzgerei, einen Friseur und eine Grundschule. Heute: Fehlanzeige. Die Gemeinde mit ihren elf Ortsteilen hatte damals noch 1600 Einwohner, jetzt sind es um die 80, die dauerhaft hier wohnen, schätzt Manuela Zibana.

VALLE MAIRA: ENTDECKUNG DES SLOW TOURISMUS

Doch seit Ende der 1980er-Jahre tut sich etwas in den peripheren Tälern des Piemont. Das Schild „La Scuola Rifugio" ist der beste Beweis dafür. Wanderer und Bergsteiger entdeckten die Region. Seither kehren immer mehr junge Leute zurück und bewirtschaften beispielsweise alte Schulen oder Gasthöfe als Rifugi oder Posti Tappa, die sich besonders wegen der hervorragenden Küche einen Namen machen, auch bei Outdoor-Reiseveranstaltern aus Mittel- und Nordeuropa. An diesem Nachmittag im März trifft in der Locanda Mistral eine elfköpfige Gruppe aus Regensburg ein, die Skitouren über den deutschen Bergreiseveranstalter DAV Summit Club gebucht hat.

„Das Valle Maira ist ein Nischenprodukt", sagt Renato Botte und er weiß, wovon er spricht. Botte ist in Südtirol aufgewachsen, mithin die am meisten besuchte Tourismusregion der Alpen. 30 Millionen Übernachtungen im Jahr bei einer Bevölkerung von einer halben Million. „Durch die Abwanderung ist das Mairatal ein Juwel geblieben mit einer einzigartigen Flora und Fauna", befindet er, während wir an einem Felsabsatz Pause machen. Keine Bergbahnen, keine Großprojekte, dafür Gämsen, Steinböcke, Adler. „Im Winter habe ich einen Wolf von unserem Fenster aus fotografiert", schwärmt der Bergführer und sieht für einen Moment aus wie ein Jugendlicher, dem die Angebetete einen Blick geschenkt hat. Hier ist der Wolf also ein willkommener Gast, denke ich mir.

Sein Beruf als Bergführer hat Renato vor mehr als zehn Jahren ins Valle Maira gebracht: der Schnee, die wenigen Leute und die vielen Möglichkeiten. „Von hier aus kann man mit wenig Anfahrt über hundert Skitouren machen", sagt er. Seit fünf Jahren lebt der 51-Jährige nun mit Manuela Zibana, 41, und deren Eltern in Ponte Maira. Sie haben das Mistral übernommen und erweitert, der Restaurantanbau hat den „KlimaHaus"-Award für energieeffizientes und nachhaltiges Bauen gewonnen. Und auf den Tisch kommen regionale und biologische Lebensmittel. Die italienische Umweltschutzorganisation Legambiente verlieh der Locanda Mistral dafür den Preis „Innovatives Projekt 2020".

»›Nachhaltiger Tourismus ist unsere einzige Chance, Massentourismus würde alles kaputt machen‹, sagt Zibanas Mutter Maria Colombo.«

Ihre Tochter nickt heftig. Sie schaut kurz über den Rand ihrer anthrazitfarbenen Schmetterlingsbrille, die perfekt zu ihrer Kochmütze passt, während sie den Teig für die Gnocchi knetet. „Wir haben hier so eine reiche Natur und Geschichte. Die Menschen sollten schätzen lernen, was sie für einen Wert haben", ergänzt die Mutter beinahe flehend und sieht mich an, als wäre ich der Heilsbringer. Maria Colombo ist 1950 in Acceglio geboren. Weil es keine weiterführenden Schulen im Tal gab, besuchte sie eine Schwesternschule mit Heim in der Provinzhauptstadt Cuneo, studierte in Turin und trat in den Schuldienst ein. Nach ihrer Heirat lebte sie mit ihrem Mann in der ligurischen Hafenstadt Imperia, dort ist auch Manuela geboren. Doch die Verbindung zum Tal blieb, schließlich lebten ihre Eltern und Geschwister weiter in Acceglio. „Jedes Jahr im Herbst gab es eine neue Abwanderungswelle", erzählt die 73-Jährige mit melancholischer Stimme. „Die Landwirtschaft reichte oft nicht mehr zum Überleben." Doch Maria Colombo wollte zurück, zurück zu ihren Wurzeln. 1995 kauften sie und ihr Mann ein altes, leer stehendes Bauernhaus in Ponte Maira. 1999 eröffneten sie dort ein Agriturismo mit anfangs drei Zimmern. Nachdem Manuela ihr Studium in Mailand beendet und eine Zeit lang in London gelebt hatte, ging auch sie zurück ins Mairatal.

„Turismo sostenibile", nachhaltiger, sanfter Tourismus, ist ein Weg, der in die Zukunft weist und der im Mairatal mit der Grande Traversata delle Alpi (GTA) seinen Anfang nahm – einem Fernwanderweg, der seit den 1980er-Jahren die italienischen Alpen zwischen Lago Maggiore und Ligurien quert und Wanderer in die Welt der verlassenen Täler führt. Im Mairatal ergänzten Einheimische den Parcours schließlich um die Percorsi Occitani. Okzitanische Wege, die vorwiegend auf den Pfaden verlaufen, die die an steilen Berghängen gelegenen Örtchen früher miteinander verbanden. „Als der Weg seinerzeit eröffnet wurde, gab es eine richtige Bewegung", erinnert sich der Alpenforscher Werner Bätzing, der der Region seit Jahrzehnten eng verbunden ist. „Es wurden neue Unterkünfte, Bars und Trattorien entlang des Weges eingeweiht – eine für die piemontesischen Alpen nahezu einmalige Geschichte."[162]

Vorbild für die Bewegung waren Arndt und Maria Schneider, wie ich später in einem Artikel über die verlassenen Täler des Piemont erfahre.[163] Das deutsch-österreichische Ehepaar eröffnete 1990 in San Martino di Stroppo, einem nahezu verlassenen Bergdorf, das „Centro Culturale Borgata". Das Projekt, das bis heute ein begehrtes Ziel vieler vor allem deutschsprachiger Wanderer ist, ermutigte zugleich die Leute im Tal, selbst aktiv zu werden. So ist eine Vielzahl neuer Anlaufstellen für Wanderer und Einheimische entstanden, und das nahezu in allen Tälern der italienischen Westalpen. Das im Süden benachbarte Sturatal hat zudem die Idee eines Wanderweges rund um das Tal aufgegriffen und realisiert. Arndt und Maria leben gewissermaßen die neue Zukunft der Talschaften vor.

Renato sagt dann, als wir alleine oben am Gipfel der Rocca Provenzale stehen, einen Satz, der mich tief beeindruckt:

»Die Gäste, die zu uns kommen, geben dem Tal Sauerstoff. Es lebt wieder.«

Er macht dazu eine ausholende Bewegung mit seinen Armen und wir beide bestaunen die Cottischen Alpen, das Grenzgebirge zu Frankreich, das sich in vielen Ketten bis zum Horizont ausbreitet. In diesem Moment wird mir klar: Manchmal geht es beim Erbe der Alpen um das Bewahren wie im Falle der bayerischen Almwirtschaft und manchmal darum, neue Wege zu finden wie in den Bergregionen des Piemont.

Dass es ohne gesellschaftliche und vor allem politische Unterstützung schwierig ist, das Erbe der Alpen in eine gute Zukunft zu führen, darin sind sich viele Beobachter einig, mit denen ich gesprochen habe. Sogar die acht Alpenstaaten haben sich im Grundsatz darauf geeinigt. Im Herbst 1989 verabschiedeten sie zusammen mit der damaligen Europäischen Wirtschaftsgemeinschaft (EWG) die Berchtesgadener Resolution, die zwei Jahre später in die Alpenkonvention mündete – ein supranationales Regelwerk, das den Schutz der Alpen zum Ziel hatte und hat.[164] Die Rahmenkonvention ist inzwischen von allen Vertragsparteien ratifiziert und wird durch sogenannte Durchführungsprotokolle konkretisiert.

Acht Protokolle gibt es bislang,[165] zwei habe ich mir genauer angeschaut. Über allen steht der Grundsatz der Alpenkonvention, „eine ganzheitliche Politik zum Schutz und zur nachhaltigen Entwicklung des Alpenraumes sicherzustellen", wie in der Präambel des „Protokolls Tourismus" festgehalten ist. Ein Halbsatz in eben jener Einleitung trifft exakt mein Denken und Fühlen. Die Entwicklung solle „in dem Bewusstsein, dass das natürliche und kulturelle Erbe sowie die Landschaften wesentliche Grundlagen für den Tourismus in den Alpen darstellen",[166] erfolgen.

Beim Protokoll „Berglandwirtschaft" hat mich besonders Artikel 4 überzeugt, deshalb möchte ich ihn hier im Wortlaut zitieren: „Die Vertragsparteien sind sich darüber einig, dass insbesondere in den Berggebieten die Landwirtschaft im Laufe der Jahrhunderte die Landschaft geprägt und ihr historischen Charakter sowie kulturellen Wert verliehen hat. Die Landwirte sind deshalb auch in Zukunft aufgrund ihrer multifunktionalen Aufgaben als wesentliche Träger der Erhaltung der Natur und Kulturlandschaft anzuerkennen und in die Entscheidungen und Maßnahmen für die Berggebiete einzubeziehen."[167]

Man kann also sagen: Die Zielrichtung ist längst vorgegeben. Wenn wir alle, und damit meine ich Einheimische genauso wie Urlauber, die Almwirtschaft in diesem Sinne unterstützen, dann habe ich keine Angst um ihre Zukunft.

DAS KULTURELLE ERBE DER ALPEN

TRADITION BEWAHREN, IDENTITÄT STIFTEN

WERTSCHÄTZUNG, RESPEKT, VERANTWORTUNG

Was braucht ein Dorf, um lebenswert zu sein? Eine Kirche, ein Wirtshaus, Bäcker, Metzger, vielleicht noch ein, zwei örtliche Handwerksbetriebe, ein paar funktionierende Bauernhöfe und ein lebendiges Vereinsleben? Wenn ich mit Menschen in den Alpen spreche, dann kommen solche oder so ähnliche Antworten. In ihnen steckt eine Menge Wahrheit, aber so einfach ist es dann oft eben doch nicht. Denn wenn erst einmal die Jugend abwandert, weil es im Ort, im Tal keine Zukunft, sprich Arbeitsplätze mehr gibt, wenn Einheimische lieber im großen Supermarkt der nächstgelegenen Kreisstadt einkaufen als im Dorfladen, dann stirbt allmählich die Infrastruktur und mit ihr das öffentliche Leben im Ort. Wer Tradition bewahren und Identität stiften will, der muss als Erstes zu Hause anfangen. Selbst initiativ werden oder gute Projekte unterstützen und fördern.

In diesem Kapitel berichte ich von mutigen Menschen, von kreativen Köpfen und von Sprache, Musik und Glaube, die allesamt das Gemeinschaftsgefühl stärken, das die Alpen in ihrer Vielgestaltigkeit auszeichnet.

PANTOFFELHELDEN: DIE FILZEREI HAUNOLD IN INNICHEN

Manchmal reicht eine Tür, um in eine vollkommen andere Welt einzutauchen. Wir sind in Innichen im Pustertal und im schick eingerichteten Verkaufsraum der Familie Zacher deutet nichts darauf hin, dass es nur wenige Meter weiter hinten im Gebäude zischt, dampft, rattert und knarzt. Und dort Maschinen aus der Vorkriegszeit eine Arbeit verrichten, die in den Alpen eine jahrhundertealte Tradition hat.

„Früher gab es in jedem Ort mindestens einen Hutmacher", sagt Christina Zacher. Sie führt den Laden und macht auch das Marketing. Wobei, viel Werbung brauchen die Zachers nicht zu machen. Das Geschäft läuft und die Pandemie hat daran auch ihren Anteil gehabt. Aber dazu später mehr.

So ein Hutmacher, das weiß heute kaum noch jemand, der konnte viel mehr, als nur Hüte produzieren. „Eigentlich macht er alles, was man mit Filz machen kann", sagt Christina. Womit wir mittendrin im Thema wären und in dieser anderen Welt, welche die Familie Zacher bis heute lebt – als einzige weit und breit. Sie ist stolz darauf, das alte Handwerk hochzuhalten und in die Zukunft zu führen. „Alpine Wool Handcraft Haunold by Zacher" heißt ihr Familienunternehmen[168] und der schicke Name ist zugleich Programm. Wolle aus den Alpen wird hier mitten in der Marktgemeinde Innichen gefilzt und zu verschiedenen Produkten verarbeitet, von Sohlen über Sitzkissen bis hin zu Pantoffeln. Das frühere Hutmacherhaus verdient sein Geld hauptsächlich mit Filzpantoffeln, die noch in den 1970er-Jahren als altmodisch galten. „Das Oma-Image hat Filz inzwischen abgelegt", erzählt Christina. Heute sei er fast schon salonfähig.

Als Christina Zacher die Tür vom Verkaufsladen zur Werkstatt öffnet, begegnet mir die andere Welt zunächst in Form eines ungefähr vier Meter hohen Berges, der bis zur Decke der Produktionshalle ragt. Ein Berg, den man nicht besteigen kann, sondern in den ich mich – freilich erst, nachdem ich um Erlaubnis gefragt habe – reinwerfe.

Es ist Merinowolle aus Süddeutschland, genauer gesagt, es sind Merinoflocken, flauschig und weich, es ist wie in einem Kindheitstraum. So muss sich Wolke 7 anfühlen. Hannes Zacher, der mit seiner großen Statur, dem Rauschebart und der dunkelbraunen Filzmütze auf dem Kopf aussieht wie die Märchenfigur Rübezahl, legt sich neben mich in den Wollberg. Fürs Foto, meint er, doch auch für ihn, der täglich mit dem Naturstoff arbeitet, ist das Eintauchen allem Anschein nach eine Wonne. Sein Gesicht strahlt und er gräbt sich tiefer hinein in den Rohstoffberg, der in den vergangenen Jahren eine Renaissance erlebt hat.

Gerade in der Outdoorindustrie ist Merino eine willkommene Alternative zu künstlichen Hightechmaterialien, die oftmals schon nach einmal Schwitzen unangenehm riechen. Die deutsche Merinowolle ist zwar gröber als beispielsweise die australische und wird deshalb kaum in der Bekleidungsindustrie verwendet, für die Pantoffeln ist sie aber bestens geeignet. Und: Die deutsche Merinowolle wird ohne dem in Australien weitverbreiteten Mulesing produziert, bei dem den Lämmern oft ohne Betäubung Hautfalten herausgeschnitten werden – als Abwehr gegen Fliegenmaden.[169] In Deutschland ist diese Praxis verboten. Die restliche Schurwolle, die in der Produktion in Innichen den Hauptteil ausmacht, kommt vom Tiroler Bergschaf. Und zwar überwiegend von den transhumanten Schafherden, die im Frühsommer vom Schnalstal rüber ins Ötztal auf die Hochweiden getrieben werden und im Herbst wieder zurück nach Südtirol kommen. Nur die Merinowolle beziehen die Zachers unter anderem aus dem Allgäu, aus

Oberschwaben und der Schwäbischen Alb – denn in Südtirol werden keine Merinoschafe gehalten. Hier bei den Zachers spielt Merino bei den Pantoffeln eine wichtige Rolle, wegen ihrer Struktur. „Für das Oberteil der Patschen brauchen wir was Feines", sagt Alois Zacher, der gemeinsam mit seinem Zwillingsbruder Friedrich über die Qualität der Hausschuhe wacht.

> »Überhaupt die Zachers:
> Man möchte, wenn man sie kennenlernt,
> am liebsten einen Film über sie machen.«

Das Drehbuch schreibt die Familie durch ihr Tun selbst: Fünf Geschwister führen das Handwerk von Vater Leopold fort und mit Kilian, Jakob und Johanna helfen drei Enkel tatkräftig mit. Ganz ohne Drehbuchautor, ohne Plot, ohne Rampenlicht. Da wäre noch Hedwig zu nennen, so etwas wie das Gehirn des Familienbetriebs. Sie kümmert sich um die Buchhaltung und alle bürokratischen Fragen rund um die Werkstatt und das Geschäft. Auch das stattliche viergeschossige Gebäude mit dem Krüppelwalmdach ist filmreif: Es stammt aus dem 12. Jahrhundert, gehörte früher dem Adelsgeschlecht von Thun und ist seit Generationen im Besitz der Familie Zacher. Unmittelbar hinter dem Gebäude geht es steil bergan zum fast 3000 Meter hohen Gipfel des Haunold, dem Hausberg Innichens und Namensgeber der Marke.

Nach mehr als drei Jahrhunderten Gerberhandwerk vollzog der Urgroßvater der heutigen Generation den Wechsel zur Hutproduktion – und machte damit gute Geschäfte. „Der Uropa hatte zu den besten Zeiten 20 Gesellen und exportierte Hüte bis nach Ungarn", erzählt Christina. Doch der Erste Weltkrieg und in seiner Folge die neuen Grenzen seien für das Familienunternehmen „eine Riesenkatastrophe" gewesen. Irgendwie

habe es die Familie geschafft, die Produktion im kleinen Stil weiterzuführen, und das, obwohl der Großvater 1932 früh verstarb und die Großmutter fünf Kinder unter sieben Jahren alleine großziehen musste. In dem Moment muss ich an meinen Opa denken, der eine Wollallergie hatte. Im Zweiten Weltkrieg rieb er sich extra mit Wollfilz ein, bekam davon eine Art Nesselsucht und musste deshalb nicht an die Front. Das hat ihm das Leben gerettet.

Und jetzt also das Erbe von Vater Leopold Zacher. „Das Haus soll unsere Familie ernähren" war laut Sohn Hannes Zacher ein Satz von ihm, der wie in die Wand des altehrwürdigen Hauses gemeißelt ist und die Zachers mit Leidenschaft an ihrem Handwerk festhalten lässt. Während ich mir Wollflocken aus den Haaren zupfe, erklärt mir Christina die Arbeitsschritte des Filzens. Erst wird die angelieferte Wolle in kleine Flocken geteilt, dann kämmt sie die Krempelmaschine zu einem lockeren Flies, sie richtet die Wollhaare also in eine Richtung aus. Man sagt auch Kardieren dazu. Der nächste Arbeitsschritt lässt sich mit einem James-Bond-Zitat charakterisieren: Bitte geschüttelt, nicht gerührt! Die Rüttelmaschine, die bei den Zachers die halbe Produktionshalle ausfüllt, macht einen Höllenlärm und rüttelt und presst den Flies mithilfe von Dampf, Wasser und Hitze zum sogenannten Vorfilz. „Die Wollhaare haben Schuppen, die sich verhaken und danach nicht mehr zu lösen sind", schreit Christina gegen den Lärm an.

»›So eine Maschine kannst du nur
in Klein kaufen. Unsere hat der Dorfschmied
gemacht‹, sagt sie.«

Passend zum Höllenlärm kommt noch die nächste Höllenmaschine zum Einsatz, die historische Hammerwalke, ein Ungetüm aus dem Jahr 1901. Sie erinnert mich an den Charlie-Chaplin-Stummfilmklassiker „Moderne Zeiten", nur dass Hannes hier in der Werkstatt alles im Griff hat. Die Hammerwalke knetet und stampft mit ihren zwei beweglichen Stahlarmen die handgefertigten Pantoffelrohlinge, bis daraus der Walkfilz entsteht. Das tonnenschwere Gerät stammt aus der preußischen Provinz Pommern (heute Polen), damals ein Zentrum der Textilindustrie. Zu Zeiten des Großvaters hing der Transmissionsriemen, der die Walkarme antreibt, noch an einem Wasserrad, erzählt Hannes. Seit den 1930er-Jahren sorgt ein Stromgenerator für den Schub, an einem Messingschild sehe ich, dass es noch das Original ist. Auch das ist Nachhaltigkeit, finde ich: Maschinen reparieren und lange nutzen, statt sie zu ersetzen. Und wie sieht es mit der Energieversorgung aus? Wärme liefert eine Hackschnitzelheizung, die mit Holz aus dem familieneigenen Wald befeuert wird. Der Strom kommt aus Südtiroler Wasserkraft. „Wir planen aber auch eine PV-Anlage und sind auf der Warteliste", berichtet Christina.

Überall an den Stahlteilen der Maschinen sind Wollfasern hängen geblieben, auch der Boden ist von einem dünnen Wollfilzbelag überzogen. Das macht Abdrücke beim Gehen und sieht irgendwie lustig aus. Ich denke mir, nicht nur wo gehobelt wird, fallen Späne, sondern auch das hier ist eine intensive Arbeit mit einem natürlichen Rohstoff. Im Holzbottich der Hammerwalke brodelt es, es riecht nach Kernseife. Hannes nimmt einen Rohling heraus und testet per Hand, ob der Filz schon genügend gewalkt wurde. Die Seife schont die Wollfaser, erklärt er, sie werde im nächsten Schritt aus dem nassen Rohling per Zentrifuge herausgeschleudert. Ich fühle an dem Filz, er ist warm, nass und weich und ich kann mir noch nicht recht vorstellen, wie daraus die fertigen „Potschn" werden, wie die Südtiroler ihre Pantoffeln nennen. Es überrascht mich von daher nicht, dass die Hauptarbeit noch kommt. Vorher müssen die gewalzten Rohlinge allerdings noch drei Tage trocknen, erklärt mir Hannes. Doch weil der Arbeitsprozess ja quasi immer am Laufen ist, gibt es genügend Material zum Weiterarbeiten. Das nun ist das Reich der Zwillingsbrüder Alois und Friedrich, die mir als Erstes zeigen, wie ein fertiger Pantoffel aussieht, wenn er vom Leisten genommen wird. Sozusagen das Modell oder anders ausgedrückt: die Benchmark, an der ich mich messen kann.

Ich lasse mich nicht lange lumpen und hänge mir eine kobaltblaue Schürze aus Gummi um, die meine Kleidung vor dem heißen Wasser und Dampf schützt, mit denen ich es gleich zu tun bekomme. Zuvor noch schnell die knallroten Handschuhe übergestreift, die fast bis zu den Ellbogen reichen. Sie sind hitzebeständig, obgleich ich später merken werde, dass die Finger in den Handschuhen trotzdem ganz schön heiß werden. Denn die Rohlinge werden nach dem ersten Trocknungsprozess nochmals in einem Wasserbottich gekocht, nur so, lerne ich, kann man sie richtig bearbeiten. Die Aufgabe besteht darin, den heißen Filz möglichst unverzüglich auf den passenden Holzleisten zu ziehen. Davon liegen zuhauf in einem Metallkorb, nur welcher ist der richtige? „Da ist viel Erfahrung und Gefühl dabei", sagt Alois (oder ist es Friedrich?). Beide haben den gleichen Haarschnitt, die gleiche Brille und tragen schwarze Sachen. Und beide schauen mir über die Schulter. Zwar werden die Rohlinge schon nach Größen angefertigt, aber der Walk- und anschließende Trocknungsprozess bringt wieder ein wenig Variation rein. In meinem Fall: Es kann mal ein 39er-, mal ein 40er-Leisten sein, der passt. Alois reicht mir einen 40er. Jetzt wird es ernst, ich versuche, mithilfe eines großen Schuhlöffels den dampfenden Filzpatschen über die

Holzform zu ziehen. Es klappt nicht, das komme vor, erfahre ich. Also rein in eine kleine Presse, die an dem Rohling rüttelt, zwei Schlegel stampfen und weiten ihn. Neben meinem Arbeitsplatz steht noch ein kleiner Bottich mit kaltem Wasser, in dem man die behandschuhten Hände abkühlen kann. Ich vergesse es, bin zu konzentriert bei der Sache. Beim dritten Versuch klappt es, mir steht der Schweiß auf der Stirn. Nach einer Viertelstunde habe ich mein erstes Paar fertig, die Zachers und ihre Belegschaft – insgesamt hat der Familienbetrieb elf mitarbeitende Personen – hätten das wohl in zwei bis drei Minuten hinbekommen. Trotzdem bin ich stolz. Ich war kurz Teil des Teams.

Die Schuhe kommen jetzt in Plastikwannen und dürfen in Ruhe trocknen, bevor sie dann nach der finalen Qualitätskontrolle im Verkaufsladen landen oder verschickt werden. Die Pandemie, das ist eigentlich nicht verwunderlich, hat dem Handwerk der Zachers Auftrieb gegeben und auch mehr Wertschätzung. Gut so. Denn es kann eigentlich kaum etwas Gemütlicheres geben, als zu Hause warme, weiche Filzschlappen zu tragen, finde ich.

> »Ich habe meiner Frau und den Kindern
> gleich welche mitgebracht, so können wir jetzt alle
> zusammen Pantoffelhelden sein.«

Als wir uns schließlich verabschieden, bin ich ganz erfüllt von den Eindrücken aus der Haunold-Filzerei und besonders von dem Mut und der Entschlossenheit, mit der fünf Geschwister die Tradition des Handwerks weiterführen. Sie führen das Erbe ihrer eigenen Familiengeschichte in eine gute Zukunft, jedenfalls ist das mein fester Eindruck. Kann so ein Beispiel aus den Alpen nicht Schule machen?

DAS REICH DER KRÄUTER: WEGLEIT IM ULTENTAL

Gut zwei Stunden entfernt, am südwestlichen Ende Südtirols, liegt das Ultental. Seit ich mich aufgemacht habe, das Erbe der Alpen zu erkunden, und genau hinschaue, treffe ich immer wieder auf Menschen, die mir Hoffnung machen, dass ein gutes Leben in den Alpen auch in Zukunft möglich ist. Menschen, die Initiative übernehmen, andere mitreißen, ihre Heimat prägen und manchmal weit darüber hinaus ausstrahlen. So wie die Familie Schwienbacher. Sie lebt und arbeitet in Wegleit in St. Walburg, dem Hauptort der Gemeinde Ulten im mittleren Ultental. Mutter Waltraud, Tochter Franziska und Sohn Hannes Schwienbacher haben hier auf 1200 Metern über Meereshöhe ihr „Kräuterreich Wegleit" aufgebaut, doch auch Vater Erhard und die übrigen zwei Geschwister – inklusive der inzwischen acht Enkelkinder – helfen tatkräftig mit.

Der Hof der Schwienbachers ist auf drei Seiten umgeben von einem Bio-Kräutergarten, in dem selbst jetzt Mitte Oktober noch vereinzelt Sonnenblumen blühen und Heilkräuter wie Brennnessel, Salbei, Pfefferminze und Thymian gedeihen. Der Garten ist die Lebensgrundlage der Familie, denn die Kräuter werden zu vielfältigen Produkten verarbeitet, von Dutzenden verschiedenen Teemischungen über Kräutersalz, Essig und Öle bis hin zu Salben, Cremes, Gesichtswasser und Badezusätzen. Man kann das alles im hofeigenen Laden erwerben, aber dass dem so ist, dahinter steckt eine Geschichte, die es so vielleicht nur in den Alpen geben kann. Es ist die Geschichte einer Hiobsbotschaft, einer weitsichtigen Entscheidung und vieler kleiner, mutiger Schritte. Aber der Reihe nach.

Wir nehmen in der Stube an einem alten, handgezimmerten Holztisch Platz, die schräg stehende Oktobersonne schickt ihr warmes Licht durch das Sprossenfenster.

Über uns hängt ein Kruzifix im Herrgottswinkel, etwas darunter ein gerahmtes Bild mit einer Mariendarstellung und nochmals tiefer und mit demütigem Abstand ein Fotokalender mit einem Familienbild der Schwienbachers. Vielleicht ist die Anordnung zufällig, aber sie trifft im Prinzip den Kern dieser Familie, ihren Geist: Sie hat nie den Glauben an die Gestaltbarkeit der Zukunft verloren und zieht ihre Stärke aus der Demut gegenüber dem (gottgegebenen) Schicksal und gleichzeitig aus dem Zusammenhalt innerhalb der Familie. Ich schaue Franziska und Waltraud an, sehe die Ähnlichkeiten in der Physiognomie ihrer Gesichter, sehe bei beiden diese wachen, strahlenden Augen, ihr offenes Lächeln und die Entschlossenheit ihrer Hände und denke mir: Hier wird ein Erbe gemeinsam weitergetragen, hier wird die Zukunft gemeinsam angepackt und gestaltet.

Die holzvertäfelte Stube, Waltraud schätzt ihr Alter auf mindestens 350 Jahre, erzählt selbst eine Geschichte. Denn der Hof inklusive Stube stand früher weiter unten im Tal, dort, wo heute der Zoggler See liegt, einer von sechs Stauseen im Ultental. „Einige Höfe sind damals in den 50er-Jahren abgesiedelt worden, so auch unserer", erzählt Waltraud. Die Pläne stammten aus den Zwischenkriegsjahren, aus der Zeit des italienischen Faschismus, in der Enteignung zu einem probaten Mittel gehörte. Es hätte aber noch schlimmer kommen können, erinnert sie sich. Das wasserreiche Ultental sollte am Talausgang mit einem hohen Staudamm versehen und komplett geflutet werden. „Zum Glück sind die Berge hier geologisch zu instabil", sagt Waltraud. Sonst wäre wohl kaum etwas übrig geblieben von der reichen Geschichte der Höfe und den Traditionen des Tals. Der Wegleit-Hof wurde 1358 zum ersten Mal als „Weghof in Ultimis" urkundlich erwähnt.[170] Damit zählt er zu den Südtiroler Erbhöfen, Bergbauernhöfe, die über 200

Jahre im Besitz derselben Familie sind und damit nicht mehr geteilt werden dürfen. Ich kann mir lebhaft vorstellen, dass es den Eltern Erhards ob des von staatlicher Seite verfügten Stauseeprojekts das Herz zerrissen haben mag. 28 Höfe mussten damals dem See weichen, die Schwienbachers verloren neben ihrem Hof und der Scheune neun Hektar Kulturland. Ihnen verblieb nur ein Dreiviertel Hektar Wiese und 20 Hektar Wald, eigentlich zu viel zum Sterben und zu wenig zum Überleben.

Was Franziska von der Weitsicht ihrer Großeltern in dieser schweren, schicksalhaften Zeit berichtet, haut mich regelrecht um. „Sie waren damals sechs Kinder im Alter zwischen sieben und 16 Jahren. Meine Großeltern stellten die große Frage im Familienrat, hierherzuziehen auf die kleine Fläche oder weg aus dem Tal", erzählt sie.

> »Sie sagten: Ihr seid die nächste Generation,
> ihr dürft entscheiden.«

Die Kinder wollten bleiben. Also habe man „alles vom alten Hof, was irgendwie gegangen ist, abgebaut und hier heroben wieder aufgebaut", sagt die 42-Jährige. So auch die Stube, in der damals die Großeltern der heutigen Generation ihre Kinder mit in die Entscheidung einbezogen hatten.

Was aber tun mit so wenig Grund und Boden? Bald sei die Idee eines Kräutergartens entstanden, erzählt Waltraud. „Alles geht durch unsere Hände." Ein wichtiges Prinzip, denn die Schwienbachers begreifen die Philosophie einer ökologischen Produktion als ganzheitliches Konzept. Gedüngt wird nur mit dem eigenen Mist von zehn Schafen, zwölf Angoraziegen und 15 Kühen und Kälbern, der kompostiert wird. Die Familie sammelt die Samen von den guten Pflanzen ihres Gartens, bringt das Saatgut selbst in einem kleinen Treibhaus

aus, zieht die Setzlinge heran und pflanzt anschließend die Jungpflanzen in die Beete des Kräutergartens. „Der Rhythmus des Jahreslaufs wurde für uns zu den tragenden Säulen unseres Tuns", sagt Franziska Schwienbacher. Aussaat und Ernte erfolgen nach den Mondphasen. Im Sommer wird vor allem gepflückt und getrocknet, bei Ersterem helfen die fünf Enkelkinder Waltrauds mit. Das strukturiert den Tag in den großen Ferien: vormittags Blütenblätter pflücken, nachmittags dann zum Baden in den See. Fürs Mitmachen bekommen sie ein wenig Taschengeld, verrät Franziska und fügt an: „So ein Hofprojekt schaffst du nur, wenn du eine Familie im Hintergrund hast." Waltraud pflichtet ihr bei und fasst ihr Credo in zwei Sätzen zusammen, die man durchaus weltumspannend begreifen darf. „Man muss spüren, dass du etwas mit Liebe machst. Du musst es leben."

Sie verschränkt ihre gepflegten, von Sonnenflecken gepunkteten Hände auf dem Tisch und strahlt dabei eine innere Ruhe und Zufriedenheit aus, sodass ihre Worte einen besonderen Ausdruck bekommen. Man weiß sofort, dass sie ihre Glaubenssätze lebt. Mit jeder Faser.

Ohne Waltraud, das weiß jeder in der Familie, wäre das „Kräuterreich Wegleit" wohl kaum zur Entfaltung gekommen. Sie ist der innere Antrieb, aber auch ihr Wissen ist unverzichtbar. Denn ein wichtiger Baustein des Kräuterhofes ist das Sammeln von Wildkräutern. Waltraud ist Meisterin darin, fast täglich wandert sie über die Bergwiesen und durch den eigenen Wald auf der Suche nach den Rohstoffen, die das Besondere in den Produkten ausmachen. Etwa 50 Prozent betrage der Anteil der Wildkräuter, erzählt die 78-Jährige. Ihr Mann Erhard kenne die besten Kräutersammelplätze in der Ultener Bergwelt. Er selbst ist leidenschaftlicher Wildkräutersammler. Auch Franziska sammelt, das Detailwissen um

Form, Farbe und Funktionen der Pflanzen hat sie von ihren Eltern vermittelt bekommen.

»So wird auch hier im Ultental das Erbe der Alpen aktiv weitergegeben – ein Schatz, den man meiner Ansicht nach gar nicht hoch genug werten kann.«

Später, draußen vor den Beeten mit den Kräutern und Heilpflanzen, bekomme ich ein wenig mit vom großen Wissensschatz Waltrauds. „Die Mariendistel ist eines der besten Leberentgiftungsmittel", sagt sie und deutet auf eine inzwischen verblühte, eher unscheinbare Pflanze, die ich beim genaueren Betrachten anhand ihrer spitz zulaufenden und in Stacheln endenden Blätter als Distelgewächs zuordnen kann. Im Sommer blüht sie lila, vergleichbar mit Wiesenklee. Ihr Hauptwirkstoff, das Silymarin, lerne ich, kommt in den Samen der dunkelbraunen Früchte vor. Er kräftigt die Leber und wird medizinisch zur Entgiftung eingesetzt. Neugierig geworden, recherchiere ich weiter und bin erstaunt zu lesen, dass der Wirkstoff auch bei Pilzvergiftungen hilft, beispielsweise beim versehentlichen Essen des hochgiftigen Knollenblätterpilzes. Die Mariendistel kann also sogar Leben retten.[171]

Während ich noch über Leberentgiftung nachdenke, erklärt mir Waltraud schon die nächste Heilpflanze, das Johanniskraut. Im Volksmund auch als „Herrgottsblut" bezeichnet, bezieht sich der Name auf den Bußprediger Johannes den Täufer, da die Pflanze im Juni um den Johannistag herum blüht. Und zwar leuchtend gelb, die „Farbe der Freude", wie die Kräuterkennerin sagt. Sie habe auch eine dementsprechende Wirkung. „Ebenfalls sehr gut für die Leber, aber auch nervenberuhigend und stimmungsaufhellend." Nun ist es beileibe nicht so, dass Waltraud bei Beschwerden einfach einen Tee oder eine

Tinktur empfehlen würde. Es geht ihr ums Hinschauen, ums Erkennen. „Wir rennen heute vielem Nebensächlichen nach", sagt sie und ergänzt im gleichen Atemzug: „Wenn wir es nicht anschauen, kann es uns nicht helfen." Also Augen aufmachen und erkennen lernen, dann könnten Heilpflanzen sehr gut unterstützend wirken, wie zum Beispiel die Rosenwurz. „Das ist, neudeutsch gesagt, eine Burnout-Pflanze", erklärt Waltraud in Anspielung auf die positiven Wirkungen bei Angst- und Überlastungsstörungen. Die Inhaltsstoffe der Rosenwurz, eine Dickblattpflanze, die aus arktischen Regionen stammt, wirkten beruhigend und stressreduzierend.

Ich denke über meinen Alltag nach, ob ich vielleicht ein zu hohes Tempo fahre, zu viel Termine absolviere. Als hätten Mutter und Tochter meine Gedanken erraten, servieren sie ein giftgrünes Getränk, ein Rezept des Hauses. Ich schaue leicht skeptisch, sodass die Erklärung, was das für ein Gebräu ist, ungefragt geliefert wird. Latschensprossen (davon die grüne Farbe), Hagebutten, Herzgespannkraut und Mariendistel – alles mit Quellwasser fein gemixt und mit Honig verrührt. Es ist der Haustrunk der Schwienbachers, hat keinen eigenen Namen, sondern firmiert unter „das grüne Getränk". Ich trinke mit Neugierde, es schmeckt erfrischend, die leicht bittere Note wird vom Honig angenehm eingefangen. „Geht innerhalb von zehn Minuten ins Blut und ist gut fürs Immunsystem", erläutert Franziska, die studierte Biologin ist.

Zwischen all den Ringelblumen und Rosengewächsen könnte man den Eindruck gewinnen, dass hier ein Idyll zum Blühen gebracht wurde, fernab der Unbilden des Alltags. Doch Waltraud bringt mich schnell wieder auf den Boden, denn romantische Vorstellungen sind fehl am Platz. 1976 hat die damals 32-Jährige zusammen mit ihrem Mann den elterlichen Hof übernommen. Zwar hat sie „vom großen Wissen der Eltern

profitiert", doch sei der Weg zu einem im Ultental wertgeschätz-
ten Kräuterhof steinig gewesen. Waltraud duckte sich nicht weg
vor bürokratischen Hürden und der männerdominierten Welt
im Tal. Im Gegenteil: Sie kandidierte 1985 für den Gemeinderat, wurde prompt gewählt und saß insgesamt zehn Jahre lang
im Ultener Gemeinderat – als einzige Frau. 19 Kollegen, manche davon vorurteilsbeladen, vor allem, wenn Waltraud mit
Zukunftsideen aufwartete. „Ich wurde als dümmste Frau von
Ulten beschimpft", erzählt sie, „dabei war ich der Zeit einfach
zehn Jahre voraus." Sie habe zum Beispiel schon vor mehr als
30 Jahren den Anstoß zu einer zentralen Hackschnitzelheizung
gegeben, auch weil ein Förster sie darauf hinwies, dass ein „auf-
geräumter Wald wegen des Borkenkäfers besser ist". Etliche
Jahre später sei die Anlage dann tatsächlich gebaut worden.

EINE SCHULE, DIE SCHULE MACHEN KÖNNTE
In eben jenen frühen 1990er-Jahren hat Waltraud ein Projekt
angestoßen, das sich ebenfalls als weitsichtig herausstellen
sollte und das bis heute nachwirkt beziehungsweise Früchte
trägt. Der Name „Lebenswertes Ultental" war gleichzeitig Programm. „Wir haben im Ultental nur kleinstrukturierte Landwirtschaft, Höfe im steilen, schwer zu bewirtschaftenden Gelände", analysiert sie.

»Ich habe gesehen, dass die Bauern oft kein
Auskommen hatten und wir drauf und dran waren,
wertvolles Kulturgut wie zum Beispiel das Herstellen
von Holzschindeln zu verlieren.«

Waltraud sah eine Lösung für die Misere im Veredeln von
Produkten, dann bliebe die Wertschöpfung im Tal. Sie startete
eine Befragung „kreuz und quer in der Bevölkerung", Arbeits-

gruppen zu Themen wie Landwirtschaft, Handwerk, Handel, Tourismus und Verwaltung bildeten sich. In dieser Zeit hatte die Gemeinderätin und vierfache Mutter zudem ein Erweckungserlebnis der negativen Art. Auf einem Schafmarkt im Ultental sah sie zufällig, wie Wolle in den Müll geschmissen wurde. „Das geht doch nicht, Wolle macht doch die halbe Hausapotheke aus", so ihre erste Reaktion. Und Waltraud wäre nicht Waltraud, wenn sie diesem Missstand nicht abzuhelfen versucht hätte. In ihrem Kopf entstand die Idee einer Winterschule für altes Handwerk – zum Beispiel Filzen.

Inzwischen gibt es im Ultental eine Sozialgenossenschaft, die mit alten Maschinen Wolle zu Filz verarbeitet. Die Wollmanufaktur „Bergauf" (der Name ist Programm fürs Ultental!) beschäftigt fünf Frauen und einen Geschäftsführer, „ein guter, großer Betrieb", wie die Initiatorin der Winterschule findet. Zweimal im Jahr, im Herbst und im Frühling, werden bis zu 600 Kilogramm Schafwolle gesammelt. Im Gegenzug erhalten die Bauern Gutscheine, die sie im Geschäft von „Bergauf" einlösen können. Das klingt nach einem fairen Tausch, finde ich. Zumal die Wolle ja früher, wie wir von Waltraud wissen, einfach im Müll gelandet war. „Die Angestellten können mit dem Radl zur Arbeit und auch mal den Filz zum Weiterverarbeiten mit nach Hause nehmen", sagt sie. Weiterverarbeiten, veredeln – ganz nach der Ursprungsidee Waltrauds und familienfreundlich obendrein. Damals vor 30 Jahren habe sie aktiv die Bevölkerung miteingebunden. Welche Ausbildungen brauchen wir, welche wollen wir haben? Schnell hätten sich die Themen Wald/Holz, Pflanzen und Textilien herauskristallisiert, also mithin alles, was im Ultental vorhanden ist. Lokale Rohstoffe wie Schafwolle, Holz, Wildkräuter, Ton, Leder und Milch konnten mit dem alten Wissen und neuen Ideen zu besonderen Produkten transformiert werden.

Wer sich auf der Homepage der Winterschule Ulten informiert, der findet Ausbildungsangebote zur Holzverarbeitung
wie Flechten und Holzwerkstatt, zur Pflanzenverarbeitung
wie Alpine Kräuterkunde, Mythologie der Bäume und Seifen-
sieden, zu Permakultur, zum Themenkomplex Wald/Gesund-
heit/Natur (Grüne Wald- und Wiesenapotheke, Kneipp – Das
ganzheitliche Gesundheitskonzept, Waldbaden), zur Textilver-
arbeitung wie Weben, Stricken, Filzen, Klöppeln und diverse
Nebenfächerangebote wie Drechseln, Handspinnen, Keramik-
werkstatt oder auch Milchveredelung (zu Joghurt, Sauermilch,
Topfen und Frischkäse).[172] Im Herbst 2022 hat die Winterschule mit einem neuen, auf drei Jahre angelegten Ausbildungs-
turnus begonnen, mehr als 50 Kursangebote standen zur Auswahl und waren schnell ausgebucht. Als Träger firmieren die
Gemeinde, die Autonome Provinz Südtirol, der Schulsprengel
Ulten sowie die Deutsche Bildungsdirektion, eine Berufsge-
nossenschaft. Die Lehrgänge sind in der Regel im Modulsys-
tem aufgebaut, und zwar so, dass man sie parallel zu Beruf
und Familie absolvieren kann. Nach drei Jahren fertigt man
dann sein Gesellenstück an und legt eine Prüfung ab.

„Wir haben vor 30 Jahren mit 16 Teilnehmern angefangen,
heute sind es 450", erzählt Waltraud. Mehr als 1000 Schüler
könnten es sein, wenn man alle Anfragen berücksichtigen
würde, was aus Platzgründen nicht geht. Wobei die weibli-
che Form angebrachter wäre, denn 80 Prozent der Kurse werden von Frauen gebucht. Mittlerweile geht das online, was
die Lage bei der Anmeldung entspannt hat. Früher, erinnert
sich Tochter Franziska, seien die Leute schon am Abend vor
Anmeldestart nach St. Walburg gekommen und hätten in einer Schlange im Freien campiert, nur um ja einen sicheren
Platz zu bekommen. Die Winterschule Ulten, die in der alten
Grundschule, in der Mittelschule und anderen, teils privaten

Räumlichkeiten stattfindet, ist im Prinzip gelebte Wirklichkeit dessen, was die Vereinten Nationen seit Langem als Leitlinie für die künftige Entwicklung der Menschheit ausgeben: Soziale Gerechtigkeit, wirtschaftliche Entwicklung und Schutz der Umwelt sind ineinander verflochten und nicht trennbar. Waltraud erzählt von dem Bergbauern Erhard Paris, der einen kleinen Hof oberhalb von St. Nikolaus betreibt. Er war der erste Schüler aus dem Ultental, der die Winterschule absolviert hat. Erhard lernte Körbe flechten, „heute ist das längst sein zweites Standbein", sagt sie. Die Ursprungsidee, dem Tal und seinen Bewohnern Perspektiven zu bieten, ist also voll und ganz aufgegangen. Für mich zeigt sich, dass im Kleinen so vieles richtig gemacht werden kann.

Franziska Schwienbacher führt längst das Erbe der Mutter weiter, sie leitet und koordiniert die Winterschule seit 15 Jahren. Ihr größter Wunsch: ein Ort mit ausreichend Platz, an dem die Winterschule eine Heimat findet. Wissen weitergeben, vor allem aber die Begeisterung für die Natur und ihre Geheimnisse überspringen lassen – das waren die Hauptgründe für Franziska und Waltraud Schwienbacher, am eigenen Hof die „Naturlebensschule Ulten" zu gründen. Im Holzanbau, der den Hofladen beherbergt, gibt es einen hellen, lichtdurchfluteten Seminarraum, in dem man das Färben von Woll- und Seidenschals genauso erlernen kann wie das Schöpfen von Papier oder die Grundsätze der Permakultur. Auch hier geht es wie in der Winterschule darum, das alte Wissen über die Rohstoffe und ihre Verarbeitung zu erhalten und weiterzugeben. Oft sind es halbtägige Seminare, manchmal dauern die Kurse und Werkstätten, die auch Kinder und Jugendliche ansprechen, einen Tag oder ein ganzes Wochenende. Franziska beschreibt die Philosophie der Naturlebensschule mit einer Analogie: „Auf den Kehren hoch ins Ultental muss man einen

Gang zurückschalten. Das passiert auch mit den Teilnehmern, sie müssen runterfahren und gehen am Ende bereichert raus." Und werden dann automatisch zu Multiplikatoren. Waltraud fasst den Wesenskern der Schule in ihre ganz persönlichen Worte, die fast schon schamanisch klingen.

>»Die Natur ist die reinste Intelligenz. Sie ist die höchste Hochschule, an der wir studieren können. Und wir werden reich!«

Dann holt die Bergbäuerin ihr Spinnrad aus einer Nische, das gewissermaßen als Kontrapunkt zur rasanten Geschwindigkeit des Alltags zu verstehen ist. „Wir rennen und rennen und der restliche Körper kommt nicht mit", sagt sie, während sie mit geübten Händen und Füßen aus einem kleinen Knäuel weißer Wolle einen Faden zieht. Ein gleichmäßiges Surren erfüllt den Raum, ich schaue interessiert zu und spüre die Ruhe, die sich rund um das Spinnrad ausbreitet. „Die Musik des Rades ist Balsam für unsere Seele", sagt Waltraud und erzählt, dass früher in jedem Hof ein Spinnrad stand. Es war die Beschäftigung für den Winter gemeinhin, noch dazu eine, „die Körper, Seele und Geist in Einklang bringt", ist sich die Bäuerin sicher.

Ich will es selbst testen, setze mich ans Rad und versuche, mit den Füßen einen Rhythmus zu finden, während ich ein kleines Wollknäuel in den Händen halte und konzentriert zwischen den Daumen und Zeigefingern einen Faden entstehen lasse. Es fühlt sich unheimlich zart und filigran an, anfangs denke ich, zu wenig Wolle als Nachschub zu haben. Doch bald stellt sich ein gutes Gefühl zwischen Halten und Loslassen ein. Waltraud ist sehr angetan, kann es kaum fassen, dass ich noch nie zuvor an einem Spinnrad gesessen bin. „Schau dir den perfekten Faden an, das ist ja unglaublich", sagt sie zu ihrer Tochter und ich werde ein wenig verlegen. Jedenfalls weiß ich jetzt, dass ich offenbar Talent zum Spinnen habe. Im übertragenen Sinne wusste ich das schon länger, nur jetzt habe ich noch einen praktischen Nutzen davon.

HANDWERKSKUNST: DAS ZWEITE LEBEN DER BÄUME

Bei meinen Recherchen über das Erbe der Alpen treffe ich auch auf Menschen, die ihren ganz eigenen Weg gehen (oder gegangen sind), dabei der Natur der Berge auf eine faszinierende Weise näher kommen und durch ihr Tun Werke für die Ewigkeit schaffen. Christoph Finkel ist so ein Mensch, und als wir ihn in seiner Werkstatt in Vorderhindelang besuchen, einem Gemeindeteil von Bad Hindelang, springt der Funke seiner Begeisterung für den Werkstoff Holz innerhalb weniger Minuten auf mich über. Inmitten des gut 70 Quadratmeter großen Raumes – wir erfahren später, dass dies früher die Grundschule war und Christoph just in diesem Zimmer in die erste Klasse ging – steht eine wuchtige Drehbank. Darauf ist ein Baumstamm mit mindestens vier Metern Umfang zwischen zwei Dornen eingespannt. Hier trifft Alt auf Alt, die Maschine hat mehr als 120 Jahre auf dem Buckel, der Eichenstamm 300. Ich merke bald, dass mit Christoph ein Künstler am Werk ist, dem es viel um Wertschätzung für seine Objekte geht, und dazu gehört letztlich auch die antike Drehbank. „Die Technik wurde für die Ewigkeit gebaut, damals herrschte noch eine andere Philosophie", sagt Christoph. Soll heißen: robust, klarer Aufbau, leicht zu warten und zu reparieren. Und relativ einfach für seine Zwecke umzubauen. Die schwere gusseiserne Konstruktion wiegt knapp zwei Tonnen, 700 Kilo wog der Rohling, also der Baumstamm, erzählt er. Eine Drechselmaschine aus leichterem Material würde die Unwucht eines Baumstammes dieser Dimension kaum halten können. Ich muss spontan an meine Waschmaschine denken, die beim Schleudern mal einen regelrechten Tanz aufführte, weil ich sie falsch beladen hatte. Einige Wochen hat der Künstler an dem Werk schon gearbeitet, er höhlt den Stamm zunächst aus und schabt mit vom Dorfschmied eigens angefertigten langstieligen Drechselmessern Rillen in das Holz. Die Außenstruktur des halb fertigen Kunstwerks erinnert mich an eine Riesenmuschel. Die Wellen, die Christoph aus dem Eichenstamm herausgearbeitet hat, geben dem Ganzen etwas Dynamisches, Lebendiges. Dabei ist das augenblickliche Erscheinungsbild nur ein Zwischenzustand. Nicht nur deshalb, weil der Künstler noch weiter dran drechselt, sondern weil das Holz beim Bearbeiten feucht gehalten wird und der spätere Trocknungsprozess ganz eigene Formen hervorbringen wird. „Der Baum versucht, seinen ursprünglichen Zustand wieder zu erreichen", sagt Christoph. Er ist überzeugt davon, dass Holz eine Seele hat. Ich frage ihn, ob er von Anfang an eine klare Idee hat, was aus einem Stamm oder anderen Stück Holz aus seiner Hände Arbeit entstehen soll, und dringe damit zum Kern seiner Philosophie vor: Es ist das Holz, das das letzte Wort habe, nicht er, denn man könne nicht gegen das Holz arbeiten. Mit fortschreitender Arbeit ergebe sich stets ein neuer Zustand, auf den er reagieren müsse. Er wisse also zu Beginn nicht, wie sein Werk dereinst aussehen werde. „Gerade bei den teils mehrere Hundert Jahre alten Bäumen gibt es viele Frostrisse, Hohlräume und Unregelmäßigkeiten, die das Bearbeiten knifflig machen", erklärt er. Um möglichst präzise zu arbeiten, wird er manchmal auch zu einem Werkzeugbauer. „Ich habe mir selbst ein Instrument gebaut, um die Wandstärke zu messen." Denn so viel wird mir auch als Laie schnell klar: Wenn einmal etwas wegbricht oder reißt, gibt es kein Zurück. Im schlimmsten Fall ist die Seele des Unikats, die er herausarbeiten will, zerstört.

Christoph geht deshalb mit großer Sorgfalt und Liebe zu Werke, sodass ein künstlerischer GAU eigentlich nicht passiert. Lieber lässt er den Stamm einer mehr als 300 Jahre alten Bergulme vor der Eingangstür zur alten Schule erst einmal stehen. „Da traue ich mich nicht ran", sagt er. Der Baum kam eher zufällig zu ihm, Almbauern hatten ihn, ohne über den Wert der Ulme nachzudenken, für Brennholzzwecke gefällt. Doch das Holz der Bergulme lässt sich kaum klein hacken. Also wurde Christoph gefragt – für den Baum war das sozusagen Glück im Unglück. Ich kann Christoph in seiner Zurückhaltung verstehen, denn der Stamm mit seinen Ausbuchtungen, Narben und den verschnörkelt-verwachsenen Strukturen gleicht selbst einem Kunstwerk.

»›Ich will die Natur des Baumes auf keinen Fall schlechter machen. Ich will ihm sein ursprüngliches Wesen zurückgeben‹, sagt Christoph Finkel.«

Sein Anspruch an sich und seine Kunst ist hoch. Aller Gestaltungswille gilt dem natürlichen Wuchs des Baumes. Dieser Ausspruch fasziniert mich und führt unweigerlich zu der Frage, wie Christoph Finkel an die Bäume kommt, deren Wesen er ergründen und wieder zum Leben erwecken will. Mir war von vornherein klar, dass der Künstler keine noch stehenden, lebenden Bäume absägen würde. Das wäre ein Sakrileg, er hätte dem Baum ja sonst seine Seele geraubt. Nein, Christoph arbeitet nur mit Totholz, allerdings einem, das noch nicht lange am Boden liegt, sonst wäre es zu morsch.

„Wenn im Frühjahr große Lawinen die Berghänge herunterrauschen, gehe ich in den Hochtälern die Lawinenkegel ab", erzählt er. Gerade sehr alte Bäume könnten irgendwann den gewaltigen Kräften von Lawinen nicht mehr standhalten. Findet er einen mitgerissenen Stamm, dann beginnt vor Ort – oft im steilen, unwegsamen Gelände – seine Arbeit. „Die schwierigste Entscheidung ist, was ich wegschneide", erzählt er. Denn jedes dieser Fundstücke habe eine spezielle Charakteristik, der Baum sei gezeichnet von Sturm, Schnee, Steinschlag, Hitze und Frost. Christoph hat nicht nur eine Axt dabei, sondern auch eine Motorsäge. „Das ist das schnellste Instrument", sagt er, und genau deshalb gebrauche er sie mit der größtmöglichen Zurückhaltung. „Ich habe ja die emotionale Verantwortung." Will heißen: Die Fakten, die die Säge schafft, sind irreversibel, ein „Zu-weit-Unten" oder „Zu-weit-Oben" könne er sich nicht verzeihen.

Hat er einen Baum in Teile zerschnitten, arbeitet Christoph ähnlich einem Holzer, die früher im Winter die Stämme aus den Bergwäldern ins Tal brachten. Erst zieht er die ein bis zwei Meter langen Stämme mit Axt und Widerhaken aus dem Steilgelände, wuchtet Teil für Teil auf den vom Vater gebauten Hornschlitten und zieht ihn bis zum nächsten befahrbaren Forstweg. Das ist nicht nur beschwerlich, sondern auch gefährlich. Für den Künstler ist es aber eine Herausforderung, die zu seinem Tun unbedingt dazugehört.

>»›Sie hilft mir später im Atelier, verantwortungsvoll, mit dem nötigen Respekt und großer Wertschätzung zu arbeiten‹, sagt er.«

Er fügt an: „Ein Baum, der Hunderte Jahre unter den härtesten Bedingungen gewachsen ist, hat das verdient." In den allermeisten Fällen kennt Christoph die ursprünglichen Standorte der Bäume, die er in einem Lawinenkegel findet. Als Kind war er viel mit dem Vater im nahe gelegenen Ostrachtal auf Holzsuche für den Schlittenbau unterwegs. „Bergbauern und das Handwerk im Dorf waren allgegenwärtig", erzählt er. Und dann gab es da auch noch die Zeit als Hirtenbub auf einer Galtalpe im Bärgründeletal. Drei Sommer lang war er in den großen Ferien oben auf 1800 Metern Höhe und hütete gemeinsam mit zwei anderen Buben und einem erwachsenen Hirten fast 300 Stück Jungvieh – auf einer Galtalpe werden nur junge Rinder gehalten, die noch keine Milch geben. „Das war eine entbehrungsreiche Zeit, die aber sehr lehrreich war." Den ganzen Tag bei Sonne, Wind und Wetter draußen, übernachtet wurde in einfachen Hütten. Auch von dieser Zeit kennt Christoph viele Bäume, die jetzt, vier Jahrzehnte später, in seinem Atelier wieder zum Leben erweckt werden.

Verantwortung, Respekt und Wertschätzung: Diese Attribute kommen im Gespräch immer wieder zum Tragen, wenn es um den Gegenstand seiner Kunst geht. Tradition ist ein weiterer Begriff, der eng mit der Vita Christoph Finkels verbunden ist. Urgroßvater, Großvater und Vater – alle drei waren Wagner und Schlittenbauer. Und alle drei wussten bestens über den Werkstoff Holz Bescheid, über die besonderen Eigenschaften je nach Baumart, Lage und Standort. „Wenn wir im Winter in die Bergwälder gegangen sind, um das beste Holz für Werkzeugstiele oder Schlitten zu suchen, sind wir sehr behutsam vorgegangen", berichtet er. Steile und schattige Hänge versprachen langsam gewachsenes und zähes Holz, ideal für die Zwecke eines guten Schlittens. Denn der müsse zum einen elastisch, aber eben auch stabil sein. So sei jeder Stamm erst einmal auf Basis seines Standorts und Wuchses beurteilt worden, und wenn man ihn denn auserkoren hatte, sei er freigegraben und mit Rücksicht auf die benachbarten Bäume dem Bergwald entnommen worden.[173] Später, in der Werkstatt des Vaters, hat er viel darüber gelernt, wie sich Holz je nach Wuchsbedingungen beim Bearbeiten und beim Trocknen

verhält. „Das Feuer, der Kern kommt aus der Tradition", sagt Christoph über seine künstlerische Karriere, und ich habe keinen Zweifel daran, dass dies stimmt. Es ist ein wenig wie bei mir, der ich die Leidenschaft fürs Skifahren – spielerisch und ohne Druck – von meinen Eltern vermittelt bekommen habe.

Dennoch ging Christoph im Vergleich zu seinen Vorfahren einen anderen, mutigen Weg. Die Freiheit, selbstbestimmt zu leben, die Geheimnisse des Holzhandwerks neu zu interpretieren, innovativ und experimentell zu arbeiten, haben ihn früh auf eine künstlerische Laufbahn gebracht.

>>Ich lote die Grenzen des Machbaren aus, bewege mich am Limit. Sonst würde ich ja immer das gleiche Exponat machen.<<

Er vergleicht seine Maxime mit dem professionellen Skifahren, was ich spannend finde. Dazu muss man wissen, dass Christoph eben jene Grenzen des Machbaren auch im Sport ausgelotet hat, er war in seiner Jugend und während seines Studiums an der Akademie der Bildenden Künste Nürnberg ein Sportkletterer von Weltklasse. Er weiß also, was es heißt, Grenzen zu verschieben. „Scheitern ist Teil der Arbeit, sonst kommst du nicht weiter", sagt er. Parallelen zieht er bei den beiden Leidenschaften seines Lebens, Klettern und Kunst, in den Punkten Freiheit und Respekt für die Natur. „In beiden Disziplinen geht man ans Limit natürlicher Vorgaben: Beim Klettern folge ich dem Verlauf der Felslinien, um neue Routen zu finden. Auch bei der Arbeit mit dem Holz muss ich mich Strukturen und Gegebenheiten anpassen." Was das konkret heißen kann, erklärt mir Christoph an einem Beispiel. Auf der Drehbank habe sich ein „16-Millimeter-Stahlbogen wie eine Banane verbogen, als ein Widerstand im Holz auftauchte".

Jetzt will ich selbst sehen und spüren, wie so eine Arbeit an einem großen Holzobjekt abläuft. Christoph schaltet die Drehbank an, der Stamm beginnt sich um die Achse der Maschine zu drehen, man spürt im ganzen Raum die Wucht der Masse, die in Bewegung gekommen ist. Der Künstler nimmt eines der Drechselmesser, führt es im Stehen mit ruhigen Händen in den bereits ausgehöhlten Holzkorpus ein, stützt seinen linken Arm auf der Achse der Drehbank ab, sodass er mit dem rechten Arm den richtigen Druck beim Drechseln erzeugen kann. Die Sehnen und Muskeln der Unterarme treten hervor, man ahnt, dass sie durchs Klettern geformt worden sind. Es entsteht ein kratzendes Geräusch, das im Rhythmus der Rotation nachschwingt. Späne fallen, feine Rillen entstehen. Ich übernehme das Messer und versuche, weder zu verrutschen noch zu verkanten, Christoph steht hinter mir und stabilisiert und führt den Stiel des Messers, denn für Anfänger ist das eigentlich nichts. Ich denke spontan an Außenski und die richtige Belastung, denn der Widerstand, den ich beim Führen des Messers spüre, ist schon ordentlich. „Der Stamm hat immer noch 300 Kilo", sagt der Herr über das Holz, wobei er sich ja eher als Diener in Demut versteht.

Wochen, manchmal Monate arbeitet Christoph an einem Exponat. Während seines Tuns wisse er selbst nicht, wann das Kunstwerk fertig sei. Er spricht von Ausgewogenheit zwischen Material und Gestaltung und allmählich begreife ich: Der richtige Moment ist bei jedem Stück ein anderer und nicht planbar. Wir gehen einen Stock höher in seinen Showroom, in dem in seiner Kindheit die zweite Klasse der Grundschule unterrichtet worden ist. Nach vielen Jahren im Ausland zog Christoph mit seiner Frau Angelica und Tochter Alba im Jahr 2015 wieder zurück in seine Heimat Bad Hindelang. „Wir haben unseren Traum verwirklicht und das 1837 erbaute Schulhaus in Vorderhindelang erworben", erzählt er. Nun sind Wohnen, Werkstatt, Atelier und Ausstellung unter einem Dach vereint.

Der Ausstellungsraum ist dank der vielen Fenster lichtdurchflutet, die Exponate haben genügend Luft zum Atmen, was ihnen zusätzlich Leichtigkeit und Transparenz verleiht. Diese beiden Eigenschaften sind zentral für das Wirken des Künstlers. Extrem faszinierend finde ich zum Beispiel ein Werk, das Christoph treffenderweise „Formenspiel" getauft hat. Es ist eine aufrecht stehende Skulptur, entstanden aus einem Eichenstamm, deren fragile Außenform aus leicht gewellten Lamellen besteht, die einen innen liegenden Korpus umhüllen, der wiederum wie eine Sanduhr geformt ist, sich also zur Mitte hin verjüngt. Geht man vor dem Kunstwerk in die Knie, sieht man zuerst die Lamellen, dann den Innenkorpus, dann wieder die Lamellen, es entsteht eine dynamische Abfolge.

Christoph spielt mit den geometrischen Formen, wobei er dem Holz immer das letzte Wort lässt. Denn während des Drechselns, Schneidens, Sägens und Einkerbens besprüht er das Holz regelmäßig mit Wasser, sonst würde es reißen. Wenn er seine Arbeit abschließt, dann beginnt ohne sein Zutun die letzte Gestaltungsphase, die Trocknung. Das Holzobjekt fängt an, sich entsprechend seiner natürlichen Strukturen zu verformen, am Ende sind die symmetrischen Strukturen, die Christoph geschaffen hat, oft gänzlich aufgebrochen, wie zum Beispiel bei seinem Exponat „Wandlung", das wie ein luftiger Kokon aussieht, geformt aus gewellten Blättern – dabei war das ursprünglich ebenfalls mal ein Eichenstamm. Es gibt auch Exponate, die wie perfekt geformte Tongefäße oder Vasen aussehen und die durch die feinen Rillenstrukturen des Drechselns in Kombination mit den natürlichen Jahresringen und Markstrahlen des Holzes haptische, dreidimensionale Wirkungen erzeugen. Ein kugelförmiges Exponat sieht für mich aus wie ein Globus. Die Maserung des Holzes markiert die Kontinente, Risse im Holz könnten tektonische Verwerfungen wie Gebirge, Unterseegräben und Vulkane sein. Ich kann mich kaum von den Kunstwerken trennen.

Und wie sieht ein Vater die Arbeit seines Sohnes, der dafür bereits mehrere Staats-, Kunst und Kulturpreise einheimste und mit diversen Ausstellungen um die Welt zog? Rudolf Finkel ist keiner, der zum Überschwang neigt, das merkt man schnell, wenn man ihn in seiner Werkstatt in der Ortsmitte von Bad Hindelang besucht. Oben in der ehemaligen Tenne gibt es einen kleinen Verkaufsladen. Bald wird er 79 Jahre alt, steht aber noch jeden Tag im Untergeschoss des mehr als 500 Jahre alten Hauses. Der Vater und der Großvater haben hier schon als Wagner gearbeitet. Tradition verpflichtet, auch wenn die Wagnerinnung längst schon nicht mehr existiert. „1960 ging das mit der Gummibereifung bei den Lkw los, danach gab es bald keinen Wagner mehr im Tal", erzählt er. Rudolf erinnert sich an die ganz schweren Hornschlitten, die im Spätherbst produziert worden sind – für den winterlichen Holztransport aus den Wäldern. „Wenn etwas kaputt war, haben wir das nachts gerichtet, die Fuhrwerke waren ja nur kurze Zeit da." Damals war er ein Bub, Bilder an der Wand in der Werkstatt zeigen ihn hinter dem Vater, der vor zwei Wagenrädern posiert. Überhaupt gleicht die Werkstätte aus dem 17. Jahrhundert einem Museum, nur mit dem Unterschied, dass hier noch gearbeitet wird. Einzelne Werkzeuge tragen Prägungen mit dem Jahr, in dem sie gefertigt wurden. 1900 steht zum Beispiel auf einem kleinen Handhobel, der eigens für die ovalen Formen von Axtstielen gebraucht wurde. Auf einem anderen Spezialwerkzeug für die Wagnerei ist das Jahr 1986 eingraviert. „Ich kann so etwas nicht wegschmeißen", sagt Rudolf, und ich verstehe ihn

voll und ganz. Denn wenn auch die Zeit und der Fortschritt viele Produkte ausrangiert hat, die Werkzeuge erzählen von der Geschichte des Berufsstandes.

„In dem Beruf muss man sich immer wieder umstellen", sagt Rudolf. „Der Kunststoff hat vieles kaputt gemacht, eine Katastrophe", klagt er. Früher habe er Bügel für Skilifte gefertigt. Bei mir klingelt's, denn vor Kurzem war ich für eine TV-Dokumentation zu nostalgischen Skigebieten auch am Herzogstand, wo es noch Holzbügel am alten Lift gab. Schade, denke ich mir, denn Bügel aus Holz sind nicht nur viel schöner, sondern bestimmt auch langlebiger. Rudolf erzählt, dass große Hornschlitten nur noch selten bestellt werden, deshalb baut er vor allem Rodel. Er steht vor einem fast fertigen Schlitten, die Metallkufen liegen bereit und werden nach unserem Besuch montiert. Der Schlitten ist komplett aus Eschenholz gefertigt, das sei am stabilsten und langlebigsten. Schnell ist er mitten in seinem Element, klärt uns über die richtige Biegung auf, die meisten seien zu steil gebogen („Goaht gar it!"). Und darüber, dass er keinen Leim verwendet, sondern mit Holzdübeln arbeitet („Sus kasch dean it gschied richte"), und dass solche Feinheiten halt auch dauerten. Einen ganzen Tag brauche er für einen Schlitten, aber da müsse dann alles schon vorbereitet sein, also das Holz zugeschnitten und das Kufenholz gebogen sein.

> »Das alles macht er in Handarbeit und
> Rudolf Finkel freut sich, dass wieder mehr
> Menschen das Handwerk schätzen und
> solche Rodel bei ihm bestellen.«

Aber wie sieht er das Wirken seines Sohnes Christoph? „Ich habe bald gemerkt, dass der Bub viel Talent für die Arbeit mit

Holz hat", sagt er. Das kommt einem hohen Lob gleich und Christoph gibt auch postwendend eines zurück. „Der Hörnerschlitten vom Vater hält unglaublich viel aus", rühmt er. Mich erfüllt diese besondere Art, das Erbe der Familie und des Berufsstandes weiterzutragen, mit großer Freude. Je tiefer ich eintauche in das kulturelle Erbe der Alpen, desto deutlicher spüre ich, dass die Kraft der Menschen aus ihrer Verwurzelung, aus ihrem engen Bezug zur jeweiligen Heimat herrührt. Das war bei den Zachers in Innichen nicht anders als bei den Schwienbachers im Ultental und trifft auch auf die Finkels in Bad Hindelang zu. Es ist aber unmöglich, Schablonen über die Alpen zu ziehen und Patentrezepte für ein gutes Leben zu entwickeln. Das würde keinem gerecht und würde auch zu nichts Gutem führen.

SPRACHEN SPEICHERN GESCHICHTEN

Längst bevor Hannibal, der karthagische Feldherr, im Jahr 218 v. Chr. mit anfangs 50 000 Soldaten, 9000 Reitern und 37 Elefanten die Alpen – vermutlich über den Col de la Traversette – Richtung Römisches Reich überquerte, gab es Handelsströme über das größte Hochgebirge Europas. Letztlich ist „Ötzi", der Mann aus dem Eis, der früheste Zeuge für den transalpinen Austausch von Nord nach Süd und umgekehrt, wie Forscher anhand seiner Ausrüstung belegen konnten (siehe Kapitel 5). Zeugnisse dieser kulturellen Drehscheibe, die die Alpen trotz der Barriere der Berge seit Menschengedenken darstellten, gibt es zuhauf. Und gerade die Sprachfärbungen, die sich über die Jahrhunderte, manchmal sogar Jahrtausende erhalten haben, speichern die Geschichte und Vergangenheit. So gibt es zum Beispiel Ausdrücke im Allgäu, die auf die römische Geschichte hindeuten, wie zum Beispiel im Dialekt des Oberallgäus der Begriff „Fehl" oder „Föhl" für junges Mädchen oder junge Frau, was auf das lateinische Wort „filia" für Tochter hindeutet. Schließlich hatten die Römer mit der Via Claudia Augusta eine Straße über die Alpen via Reschen- und Fernpass gebaut, die Norditalien mit dem süddeutschen Raum verband. Sie war in den ersten beiden nachchristlichen Jahrhunderten die wichtigste Verbindung zwischen der Poebene und dem westlichen Voralpenraum. Im heutigen Forggensee lässt sich die Trasse im Winter, wenn der Stausee weitgehend abgelassen wird, noch gut erkennen. Cambodunum, das heutige Kempten, war damals eine der bedeutendsten römischen Städte nördlich der Alpen und darf sich neben Trier und Köln zu den ältesten Städten Deutschlands rechnen. Kein Wunder also, dass sich Wörter und Begriffe aus der Römerzeit noch heute in Allgäuer Dialekten wiederfinden.

Es gibt in den Alpen neben dem Ladinischen noch eine zweite große Sprachgruppe, die ebenfalls römische Wurzeln hat und die sich in einigen abgelegenen Tälern der Pyrenäen und der Alpen bis heute gehalten hat: das Okzitanische. Als ich im Mairatal in der „Locanda Mistral" zu Besuch und mit Roberto, dem Bergführer unterwegs war (siehe Kapitel 3), fiel mir gleich zu Beginn etwas für mich Sonderbares auf: Die Ortsschilder – wie auch die Hinweise auf die Wanderwege – sind stets zweisprachig. In italienischer und okzitanischer Sprache, wie mir Roberto erklärte.

»Sie würdigen eine uralte Sprache,
die im Valle Maira noch lebendig ist und einst
sowohl im Süden des heutigen Frankreichs als auch
im angrenzenden Italien und Spanien
gesprochen wurde.«

Das Okzitanische klingt melodiös und poetisch, ist eine aus dem Volkslatein entstandene frühfranzösische Sprache. Dabei war die „Langue d'oc" auch die Sprache der Troubadoure und Bänkelsänger und inspirierte sogar Dante Alighieri dazu, den Minnesänger Arnaud Daniel in der „Göttlichen Komödie" in seiner Muttersprache Okzitanisch zu Wort kommen zu lassen. Während das Okzitanische in Frankreich nach der Revolution Ende des 18. Jahrhunderts unterdrückt wurde, hat es sich in einigen italienischen Tälern erhalten und in jüngerer Zeit sogar neue Impulse bekommen.

Auch wenn das Italienische und Piemontesische heute vielerorts die Sprachenlandschaft in den Tälern dominieren, so wird vor allem in den höher gelegenen Dörfern des Mairatals noch Okzitanisch gesprochen. Es ist eine neue okzitanische Bewegung, die sich auf den Dichter und Literaturnobelpreisträger Frédéric Mistral (1830–1914) beruft. Erstmals größere Aufmerksamkeit erhielt sie durch den Film „Il Vento Fa Il Suo Giro" (Der Wind zieht seinen Weg, Regie Giorgio Diritti, 2005), der zahlreiche Preise gewann und bis weit über die Grenzen der okzitanischen Sprachinsel hinaus populär wurde. Der Kinofilm und die Musik der Band Lou Dalfin um den charismatischen Sänger Sergio Berardo stehen für ein neues okzitanisches Bewusstsein, eine eigenständige Kultur, die sich nicht nur der musealen Vergangenheit widmet, sondern sich auch auf eine angemessene Art und Weise weiterentwickelt.

Eine Vorkämpferin ist Ines Cavalcanti, die ebenfalls im Mairatal aufgewachsen ist. Die 71-jährige Schauspielerin erzählt, dass sie zu Hause seit ihrem sechsten Lebensjahr nur Okzitanisch gesprochen habe. Ines engagiert sich in der Chambra d'Oc, einer Vereinigung zur Pflege und zum Erhalt des offiziell als Minderheitensprache anerkannten Okzitanisch. Seit November 2022 gibt es auf dem Portal einen Podcast-Kanal, der Episoden und Serien zu unterschiedlichen Themen wie künstlerische Produktionen, Unterricht und Geschichten aus dem täglichen Leben veröffentlicht. Chambra d'Oc ist aber auch für Nicht-Okzitaner interessant, so kann man sich zum Beispiel über die geografische Ausdehnung des Großraums Okzitanien informieren, diverse Karten zu Dialekten anschauen und sich über die Symbole wie das okzitanische Kreuz und die daran angelehnte Flagge ein Bild machen.

Was mich zudem beeindruckt hat: Das Portal widmet insgesamt 18 Menüs berühmten Frauen der okzitanischen Geschichte, wie etwa Stefania Belmondo, die 1969 in Vinadio im Valle Stura (ein Nachbartal des Valle Maira) geboren wurde und die in den 1990er-Jahren zu den weltweit erfolgreichsten Athletinnen im Skilanglauf gehörte. Sie gewann bei Olympischen Spielen und Weltmeisterschaften insgesamt 23 Medaillen. Ihr Menü ist, wie ich finde, eines Champions würdig: Omelette mit Perigord-Trüffeln als Vorspeise, Keule vom Sambucano-Lamm mit Esskastanien als Hauptgang und Mandelkuchen zur Nachspeise. Alles schön nach Zutaten und Zubereitung aufgelistet. Am liebsten würde ich sofort all die fantastischen Rezepte nachkochen.

Im Valle Maira wird seit einigen Jahren auch ein spezieller Preis für Werke der lingue minore, der Minderheitensprachen auf der ganzen Welt, verliehen. „Dieser Preis soll das Prestige der kleinen Sprachen weltweit wachsen lassen, in der Literatur, im Theater und im Kino", betont Ines Cavalcanti. Letztlich verspricht sie sich von der Auszeichnung, „dass der Blick auf die vielen Sprachen auf der Welt gerichtet wird, die im Verschwinden begriffen sind". Einen kleinen Erfolg kann sie bereits verbuchen. Die Preisverleihung der Minderheitensprachen im Jahr 2022 sei 15 Stunden online mitzuverfolgen gewesen, zudem berichteten mehrere Radiosender darüber. Auch auf der supranationalen Ebene tut sich etwas. Seit etlichen Jahren fördert die Europäische Union zahlreiche Aktivitäten im Zusammenhang mit der okzitanischen Sprache und der Regionalkultur.

Das sprachlich-kulturelle Mosaik der Alpen trägt eine einzigartige Buntheit zum alten Kontinent Europas bei. Und es sind die Menschen mit ihren Geschichten und Projekten, die der stillen Größe der Natur eine Stimme geben.

LADINISCH – EINE FAST VERGESSENE SPRACHE

Zwei Talschaften, die nur durch eine Bergkette getrennt sind, können ganz unterschiedliche Traditionen aufweisen, andere Dialekte, manchmal sogar eine komplett andere Sprache. In den Dolomiten ist das der Fall, hier hat sich im Grödnertal und im Gadertal die ladinische Kultur erhalten, die eine eigene Sprache pflegt. Was viele nicht wissen: Vom Beginn unserer Zeitrechnung an bis ins 6. Jahrhundert n. Chr. hat es einen ladinischen Sprachgürtel von der Donau bis zum Gardasee und vom Gotthardpass im Westen bis nach Triest im Osten gegeben.[174]

Hunderttausende Alpenbewohner sprachen Ladinisch. Eine Sprache, die sich durch den Einfluss der Römer entwickelte, welche sich unter Kaiser Augustus (Alleinherrscher von 31 v. Chr. bis 14 n. Chr.) die Alpengebiete kurz vor unserer Zeitrechnung in ihr Reich einverleibten. Schritt für Schritt übernahm die rätische Bevölkerung der Dolomitenregionen das Volkslatein der römischen Beamten und Soldaten und formte es zum Ladinischen um. Teile des rätischen Wortschatzes blieben aber erhalten, es gab Lautverschiebungen und Angleichungen an die im Süden und Norden angrenzenden Nachbarsprachen. Herausgekommen ist eine Sprache, die sich manchmal beim Hören erschließt, wenn man Italienisch kann (oder in der Schule Latein hatte), wie zum Beispiel „Bun de" (oder auch „Bon di"), was „Guten Tag" heißt, oder „Buna nöt" für „Gute Nacht". Anderes klingt, für mich zumindest, ziemlich fremdländisch, wie zum Beispiel „A s' odëi" für „Auf Wiedersehen".[175] Ladinisch war damals die meistverbreitete Sprache in den Alpen, das Italienische entstand zum Beispiel erst einige Jahrhunderte später.[176]

Mit dem Beginn der Völkerwanderung im 5. Jahrhundert und dem Vorrücken der Alemannen und Bajuwaren von Norden und der Slawen aus dem Osten engte sich das Sprachgebiet der Ladiner ein, wozu später im 15. Jahrhundert auch die Venezianer beitrugen. Die Republik Venedig weitete ihren Machtbereich auf das Friaul und das Cadore in der heutigen Provinz Belluno aus, es wurde ein venezianischer Keil zwischen das Dolomitenladinische und das ladinische Friaul getrieben. Letztlich ist das Ladinische – von heute aus gerechnet – seit mehr als 1500 Jahren auf dem Rückzug, es gibt alpenweit nur noch vier Sprachinseln: Graubünden im Südosten der Schweiz, Dolomitenladinien, Comelico im Norden der Provinz Belluno und das Friaul. In den Dolomiten sprechen noch etwa 30 000 Menschen die ladinische Sprache, das Furlanische im Friaul sprechen zirka 600 000, das Bündnerromanische etwa 35 000 Menschen. Südtirol hat das Ladinische 1989 neben dem Deutschen und Italienischen als offizielle Amtssprache anerkannt, etwa vier Prozent der Bevölkerung sprechen die rätoromanische Sprache.

Seit den 1990er-Jahren ist man von offizieller Seite bemüht, die alte Sprache durch Publikationen sowie Radio- und Fernsehsendungen zu fördern. In den Schulen des Gader- und des Grödnertals wird Ladinisch als eigenständige rätoromanische Sprache unterrichtet, Kultur- und Theatervereine, Kunstausstellungen und Musikgruppen stehen zudem für ein Wiedererwachen des ethnischen Bewusstseins der Dolomitenladiner. In St. Martin in Thurn konzentriert sich das Kulturinstitut „Micurà de Rü" darauf, die ladinische Sprache und Kultur zu fördern[177] und im Museum Ladin „Ćiastel de Tor" erfährt der Besucher wichtige Stationen aus Geschichte und Gegenwart der Ladiner. Dort werden auch die Wechselbeziehung zwischen Landschaftsformen und Lebensweisen dieser ältesten Sprache der Dolomiten beleuchtet.[178]

Wie steht es wirklich um die ladinische Kultur? Wer vertritt sie auch nach außen?

> »Aus meiner Sicht könnte es keine besseren Botschafter für das Ladinische geben als die Geschwister Elisabeth und Marlene Schuen, die die Band Ganes gegründet haben.«

Wobei man eigentlich sagen muss, dass die gesamte Familie dieser archaischen Landschaft der Dolomiten eine Stimme gibt – fünf Stimmen, um genau zu sein. Die Schuen-Eltern leben in La Val, wie Wengen auf Ladinisch heißt, weit hinten im Gadertal in einer alten Mühle. Von hier aus kann man zu Fuß in die Fanes starten, eine sagenumwobene Bergwelt, deren weite Hochflächen und schroffe Gipfel die Fantasie der Einheimischen schon immer angeregt hatten. In ihren Liedern besingen die Schuen-Schwester die Sagengestalten wie die kriegstüchtige Königstochter Dolasiła, den glücklosen Helden Ey de Net und den hinterlistigen Zauberer Spina de Mul – selbstverständlich in ladinischer Sprache. Doch dazu später mehr.

Wir treffen die Familie Schuen kurz nach Neujahr, alle drei Kinder – Sohn André ist viel gefragter Opernsänger auf internationalen Bühnen – sind zu Hause. Die kleine holzvertäfelte Stube mit dem typischen Südtiroler Kachelofen, auf dessen

Oberseite eine gemütliche Liegefläche gebaut ist, hat gerade genug Platz für uns alle. „Wir haben in unserer Kindheit nur Ladinisch gesprochen", erzählt Marlene, und als habe es dazu noch eines Beweises bedurft, fallen alle Familienmitglieder immer wieder in ihre Muttersprache, bis ihnen einfällt, dass ihre deutschen Gäste – ich bin wieder mit dem Fotografen Peter Neusser und dem Autor und Bergkenner Michael Ruhland unterwegs – nur Deutsch und ein wenig Italienisch sprechen. Für uns kein Problem, es klingt melodiös, ein warmer Klang.

Seit 2009 gibt es die Band Ganes und schnell kristallisierte sich heraus, dass für die beiden Schwestern die Sprache der Kindheit die stärkste Ausdruckskraft hat.

»›Wirkliche Poesie erreicht man nur durch die Muttersprache‹, sagt Marlene.«

Das Ladinische sei für sie selbst Klang, habe ihre eigene Melodie und forme somit auch die Musik. Elisabeth pflichtet ihr bei: „Man singt anders auf Ladinisch, weicher, harmonischer." So benannten sie ihr erstes Album aus dem Jahr 2010 auch mit einem ladinischen Begriff: „Rai de Sorëdl", Sonnenstrahlen. Es ist in der Tat ein Strahlen, das von dieser sphärischen, an Obertönen reichen Musik ausgeht. Man sieht sich augenblicklich hoch oben in einer weiten Landschaft, umgeben von Bergen, von quirligen Wasserfällen oder auf einem Grat, an dem Nebelschwaden anbranden und die Sonne um die Vorherrschaft kämpft. Die Musik ist sozusagen eingebettet in die Heimatberge der Schuen-Schwestern. „Wenn du vor der Heiligkreuzkofelgruppe stehst und dagegen singst, dann kommt dein Echo zurück – deshalb die flirrenden Teppiche von Klarinetten oder Querflöten oder auch Synthesizer in unserer Musik, die eine solche Atmosphäre erzeugen", erklärt Elisabeth.[179]

227

Aber wie ist das bei Tourneen, wenn 99,99 Prozent der Zuhörer nichts von den Texten verstehen? „Wir haben das Glück, dass unser Publikum erstaunlich gut mitgeht. Viele machen sich die Mühe und schauen auf der Homepage nach, um was es bei unseren Songs geht. Es ist vielleicht sogar von Vorteil. Denn so können die Leute erst einmal die Musik auf sich wirken lassen", meint Elisabeth.[180] Marlene freut sich rückblickend, dass sich Ganes, was übrigens so viel wie Wassernixen heißt, voll und ganz auf das Ladinische eingelassen hat. „Das war unser Glück. Es ist ein Alleinstellungsmerkmal."

An dem USP haben die Eltern maßgeblichen Anteil. Denn die Musik ist von Anbeginn ein Teil des Hauses Schuen. „Als wir klein waren, haben wir ganz viel mit Mama und Papa gesungen", erzählt Marlene. Vater Paul war Kapellmeister der Blasmusikkapelle von La Val, die Familie wohnte zu der Zeit direkt über der Gemeindeverwaltung. Hausmusik war angesagt und die Kinder durften schon früh Instrumente lernen, die Töchter entschieden sich für Geigenunterricht in Bruneck, Sohn André lernte Cello in Gröden, was die zeitraubende Fahrt übers Grödner Joch beinhaltete. Mutter Hilda spielte Gitarre, Vater Paul die Ziehharmonika, alle fünf harmonierten im ladinischen Gesang. Die Familie schaffte es nicht nur diverse Male ins Fernsehen, sondern wurde 2006 gar nach Tokio in die renommierte Suntory Hall für ein Hausmusik-Weihnachtskonzert eingeladen. „Wir haben dann auf Japanisch Stille Nacht gesungen", erinnert sich Paul Schuen mit glänzenden Augen. Ein Jahr später stellte die Familie im Museum Ladin Ciastel de Tor ihre CD „Aria de Munt" (ladinisch für Bergluft) vor, als Stargast hatten die Schuens den österreichischen Musiker und Liedermacher Hubert von Goisern gewinnen können.[181] Marlene spielte zu der Zeit in dessen Band mit.

Das alles hört sich nach ziemlich viel Lebensglück und Harmonie an, und das strahlt die Familie auch bei unserem Besuch aus. Es dauert nicht lange, dann stimmen die Schuens aus dem Stegreif ladinische Lieder an, eines mit dem Namen „Nos salvans" könnte nicht besser zum Thema der Sprachminderheiten passen: Viva la liberté – es lebe die Freiheit, lautet der Refrain. Die Stube ist erfüllt von den glockenreinen Stimmen der drei Schuen-Frauen und den Bariton- und Basstönen der Schuen-Männer. Wir sind ganz ergriffen von dem kleinen Privatkonzert, allerdings ahne ich schon, dass es hier in der alten Mühle, die der Vater vor vielen Jahren kaufen konnte, zu einem kulturellen Austausch kommen soll. Ein bayerisches Lied wird eingefordert, wir schauen uns kurz an und finden tatsächlich auf Anhieb ein Lied, das wir alle drei spontan anstimmen können: „Drunt in da greana Au steht a Birnbam sche blau, juche. / Drunt in da greana Au steht a Birnbam sche blau." Wir singen aus vollen Kehlen und der Vorteil dieses uralten Aufzählliedes ist, dass man ziemlich viele Strophen parat hat. Probe bestanden.

Musik verbindet über Grenzen hinweg, aber wie schaut es mit der Akzeptanz des Ladinischen jenseits der Klänge und Stimmen aus? „Als Ladiner hat man schon eher so eine Grundschüchternheit", gibt Elisabeth zu verstehen. Als Kind sei es ihr manchmal peinlich gewesen, wenn sie von Touristen etwas gefragt wurde und die ihre Antwort nicht verstanden haben. „Schon in Bruneck oder Brixen ist alles entweder deutsch- oder italienischsprachig, da bist du mit Ladinisch schnell alleine." Marlene erinnert sich an die Hänseleien während der Schulzeit.

»›Krautwalscher war das Schimpfwort
für uns Ladiner‹, sagt sie.«

Selbst die Lehrer hätten sie ungerecht behandelt. Elisabeth weiß noch genau, dass sie immer eine Stufe schlechter eingestuft wurde, wenn sie zwischen zwei Noten stand. „Damit du weiterlernst", sei der übliche Spruch gewesen, speziell von der Deutschlehrerin. „Ich habe erst im Studium gemerkt, dass das Ladinische etwas Tolles ist, eine Bereicherung", erzählt Elisabeth. Inzwischen lebt sie mit ihrem Mann in Vorarlberg, an der Liebe zur Muttersprache hat das nichts geändert. Mit ihren zwei kleinen Kindern spreche sie nur Ladinisch. Marlene, die nach einigen Jahren in Berlin nun in München lebt, findet, dass alle Schulen in Südtirol mindestens einmal pro Woche eine Stunde Ladinisch unterrichten sollten. „Das ist doch die Ursprache hier in den Dolomiten und deutlich älter als Italienisch", sagt sie.

Wir machen uns auf zu einer kleinen Schneewanderung in Richtung Piza da les Nü (Neunerspitze) und Piza da les Diesc (Zehnerspitze), zwei markante Gipfel der Fanes. Für uns haben die beiden Schwestern ihre Geigen mitgenommen, sie wollen draußen vor den Felswänden ladinische Lieder spielen. Lieder, die inspiriert sind von der Landschaft hier, von den Armentarawiesen, von der Fanes-Hochebene mit ihren kalten, klaren Seen. Sie improvisieren, normalerweise spielt Marlene bei dem Lied Gitarre. Es klappt gut, bei einem Jodler spüren sie, dass sie perfekt harmonieren, auch hier fernab eines Aufnahmestudios. „Das sollten wir öfters machen", sagt Marlene mit einem breiten Lächeln. Und dann haut sie einen Juchzerjodler raus, schrill und laut, das Echo kommt postwendend zurück. Wir verharren still, nach vielleicht zehn Sekunden kommt ein zweites Echo aus den Klüften der Zehnerspitze, fast gehaucht, feengleich.

»Es ist ein magischer Moment, wir bleiben still, hören dem Klang noch nach, als er längst verschwunden ist.«

Jetzt kann ich verstehen, warum hier ein reicher Sagenschatz überliefert ist, der im Grunde die Bergformen, die Farben, die Tierwelt auf eigene Weise erklärt. Ich verstehe auch, dass Ganes hier in der Fanes ihre Wurzeln haben, dass sie diesen Schatz weitertragen, denn der Mensch brauche das Märchenhafte, das Fantasievolle, das Leichte, wie Marlene sagt. 2016 hat Ganes das Album „An cunta che" (ladinisch für „Man erzählt, dass ...") herausgebracht, das sich ausnahmslos der Dolomitensagen widmet. „Über Jahrhunderte, wenn nicht Jahrtausende haben in Ladinien die *cuntastories* – Geschichtenerzähler – in langen Nächten am Feuer oder in den Spinnstuben ihr Können zum Besten gegeben. Die ladinischen Sagen sind europaweit einzigartig, die Ursprünge der Sage vom *Reich der Fanes* zum Beispiel sind wahrscheinlich noch älter als Homer. Dass sie sich erhalten haben, grenzt an ein Wunder, denn aufgeschrieben wurden sie erst um 1900", heißt es auf der Homepage von Ganes.[182] Elisabeth findet: „Sagen passen einfach sehr gut zu uns, weil wir damit aufgewachsen sind und weil wir dazu sofort in uns Musik gehört haben." Schließt man die Augen und lauscht den anschwellenden Klängen der beiden Geigen, so meint man die Königstochter Dolasila auf einem Pferd über die Wiesen der Fanes reiten zu sehen, mit ihrem weißen Hermelinfell und den unfehlbaren silbernen Zauberpfeilen von Sieg zu Sieg stürmend. In den hohen Tönen der Querflöte schwingt aber auch Übermut mit, es kann nicht auf Dauer gut gehen, zumal der Vater Dolasilas raffgierig ist ... Musik, zumal in einer faszinierenden Ursprache der Alpen, kann meines Erachtens Geschichten besser erzählen als jedes Buch. Sie geht tiefer, spricht direkter an.

Ist Ganes nur in den Bergen möglich? Ich denke schon, und auch die beiden Schuen-Schwestern sehen Elemente, die für sie bergspezifisch sind. „Die Mehrstimmigkeit ist alpin", sagt

Marlene und Elisabeth ergänzt, dass gerade die Obertöne als Kommunikationsmittel verwendet worden seien. „Oberton und vokalreich überwindet Berge." So sei der Jodler typisch für die Bayerischen Alpen, für Österreich, die Schweiz und Südtirol. „Und so etwas Ähnliches findet man auch in Tibet", sagt Marlene.

Dass Musik etwas stark Verbindendes hat, war mir klar. Dass sie in Kombination mit einer Kultur wie dem Ladinischen sprichwörtlich Berge versetzen kann, wurde mir erst beim Besuch der Ganes in La Val bewusst. Wie schön, dass sie das Erbe weitertragen und neu interpretieren.

BERGMESSE: ÜBER ALLEN GIPFELN IST MUSIK

Nicht nur die Musik hat etwas stark Verbindendes, auch der Glaube. Bei den Bergmessen vereint sich Musik und Frömmigkeit auf eine oft wunderbare Weise. Die Tradition der Messen auf den Gipfeln der Berge oder zumindest weit oben auf einer Almwiese hat eine jahrhundertelange Geschichte, wurden die Gipfelkreuze ja meist direkt auf den Bergen geweiht. Einmal im Jahr pilgern dann Alte und Junge, Gläubige und weniger Gläubige, leidenschaftliche Bergsteiger und Familien auf den jeweiligen Hausberg, wo der Pfarrer, unterstützt vom Kirchenchor oder der örtlichen Blasmusik, eine heilige Messe liest. Eine Bergmesse ist ein Gemeinschaftserlebnis, das weit über seinen religiösen Kern hinausreicht. Für die Einheimischen ist es ein fester Termin im Jahreskalender, für Touristen ein eindrückliches Erlebnis, das sie garantiert länger im Gedächtnis behalten als eine spektakuläre Aussichtsplattform oder eine Sommerrodelbahn. Häufig organisieren die Bergmessen gar nicht Kirchenvertreter, sondern örtliche Vereine, der Alpen-

verein oder die Bergrettung. Manchmal wurde der Brauch auch neu belebt, etwa im kleinen Ort Spiss im Samnauntal, der höchstgelegenen Gemeinde Österreichs. Dort wird seit drei Jahren auf dem Hausberg Muttakopf (2525 m) auf Initiative der dortigen Landjugend wieder eine Bergmesse gefeiert, sehr zur Freude der Einheimischen.[183]

ALPSPITZMESSE: MIT DER TUBA ÜBER DIE WOLKEN

In meiner Heimat, dem Wetterstein, wird einmal im Sommer die Alpspitzmesse gefeiert. Die Alpspitze ist zwar mit 2628 Metern gut 300 Meter niedriger als die Zugspitze, ihre pyramidenförmige Gestalt im Gipfelaufbau verleiht dem Berg aber für mich (und bestimmt für viele andere auch) eine Erhabenheit, mit der es der Höchste Deutschlands nicht aufnehmen kann. Die Bergmesse oben am Gipfel, lerne ich, wird von der Kolpingsfamilie Garmisch ausgerichtet, und allein schon die Geschichte dieses alle Jahre stattfindenden Gottesdienstes zeigt, wie lebendig auch die religiösen Traditionen gehalten werden. Das gilt sicherlich für viele Teile der Alpen.

Vor der ersten Messe stand das Kreuz im Zentrum der Anstrengungen, denn unmittelbar nach dem Zweiten Weltkrieg fanden die zwei Garmischer Bergsteiger Kaspar Jocher und Richard Weber auf dem Gipfel der Alpspitze ein kaputtes Kreuz aus dem Jahr 1928 vor, vom Blitzschlag verkohlt, vom Sturm ramponiert. Die beiden beschlossen spontan aus Dankbarkeit für ihre unversehrte Heimkehr aus dem Krieg, ein neues Kreuz zu errichten.[184] Mehrfach durchstiegen sie die Alpspitz-Nordwand – schwer beladen mit Wasser und Zement in den Rucksäcken – und fertigten am Gipfel ein Fundament. Zum Hochbringen und Aufstellen des frisch im Tal gezimmerten Kreuzes brauchten sie aber Hilfe. Sie fanden eben jene beim damaligen Katholischen Gesellenverein, der heutigen Kolpingsfamilie Garmisch. Mit geliehenem Ochsenkarren wurde das Kreuz zur Hochalm auf 1705 Meter gebracht, von da an ging es nur noch zu Fuß weiter. An einem Samstag im August 1946 trugen schließlich die zwei Stifter mithilfe von einigen Kolpingssöhnen das sechs Meter hohe und drei Zentner schwere Kreuz von der Hochalm über die Schongänge auf den Gipfel – ein wahrer Kreuzweg, der bis in die späten Abendstunden dauerte. Sie biwakierten auf der Alpspitze, bauten das Kreuz sowie einen schlichten Steinaltar am nächsten Morgen auf. Bis der Gottesdienst begann, hatten sich an die 400 Gläubige auf dem Gipfel eingefunden. Die Tradition der Alpspitzmesse war geboren.

Am Sonntag, 21. August 2022, treffe ich mich mit Markus Stimpfle an der Talstation der Alpspitzbahn, die uns bis auf 2050 Meter bringen wird, auf ein Plateau unweit des Osterfeldkopfes. Der auffälligste Unterschied zwischen Markus und mir: Er trägt auf dem Rücken eine Kraxe mit einer Tuba, deren voluminöser Schalltrichter seinen Kopf (auf dem ein Lodenhut sitzt) fast um einen halben Meter überragt. Der kleine blaue Tagesrucksack, den der Garmischer noch hinten drangeschnallt hat, macht sich dagegen wie ein Anstecker auf einem Janker aus. Markus ist Mitglied der Musikkapelle Garmisch, die seit Jahrzehnten die Bergmesse musikalisch begleitet – „eine Ehrensache", wie er sagt. Nun muss man wissen, dass zur Alpspitze mehrere Wege führen, einer davon ist der Klettersteig „Schöngänge", nicht schwierig eigentlich. Aber mit einer Tuba auf dem Buckel? „Ich bin regelmäßig in den Bergen unterwegs", sagt Markus, der seit 32 Jahren „bei der Musi" ist, wie er mir verrät. Und ja, es sei schon anstrengend beim Raufgehen, schließlich habe er etwa 25 Kilo auf dem Buckel, Tuba, Brotzeit und Gewand zusammengerechnet. Wobei ihm der Aufstieg lieber sei, wie er mir verrät. Später, beim Runtergehen, werde ich das verstehen.

Behände bewegt sich Markus durch das felsige, zum Teil mit Drahtseilen versicherte Gelände. Ich staune, mit welcher Sicherheit er die Steilpassagen meistert, ein Klettersteigset trägt er genauso wenig wie seine Kolleginnen und Kollegen der Musikkapelle. 1977, im Alter von 14 Jahren, war er zum ersten Mal oben bei der Bergmesse, die für ihn ein fester Termin im Jahreslauf ist. Auf 2600 Metern kann es auch im August mal schneien, doch heute ist ein strahlender Sommertag, wir gehen kurzärmelig. „Früher fand die Alpspitzmesse im Zweijahresturnus statt", erzählt er, „sie ist dann aber wetterbedingt oft ausgefallen, deshalb feiern wir sie jetzt jedes Jahr." Wenn es schneie oder der Fels vereist sei, seien Auf- und Abstieg zu gefährlich. Die Mühe, mit dem großen Instrument auf die Alpspitze zu steigen, nimmt Markus gerne in Kauf.

»›Ich war immer schon gläubig,
aber ich brauche kein Kirchenschiff mit
barockem Brimborium‹, sagt er.«

Der gelernte Blechblasinstrumentenbauer arbeitet im Garmischer Rathaus in der Personalabteilung. Doch oben auf dem Gipfel zu stehen und die Deutsche Messe von Franz Schubert anzustimmen, „das macht was mit einem".

Er sei dankbar, hier sein zu dürfen, diesen Rundumblick genießen zu können und die Schöpfung zu preisen. Als die Musikkapelle dann nach der feierlichen Eucharistie zum Ende der Messe das Lied „Großer Gott, wir loben Dich" anstimmt, spüre ich Gänsehaut am ganzen Körper. Markus spielt die Tuba mit geblähten Backen und gibt den zehn anderen Bläsern die Erdung. Wolkenfetzen ziehen durch das Wetterstein-

massiv und verleihen der Szenerie noch mehr Dramatik. Fast 50 Teilnehmer, ein paar davon zufällige Bergsteigergäste, blicken andächtig und gleichzeitig gedankenverloren runter auf das fast 2000 Meter tiefer im Tal der Loisach gelegene Garmisch-Partenkirchen und wollen, da bin ich mir sicher, in diesem Moment nirgends anders sein als genau hier, auf dem Gipfel der Alpspitze.

Später beim Abstieg durch die sogenannten Schöngänge muss der Tubist gehörig aufpassen, nicht nur bei den Kletterstellen, wo ihm der durch die Tuba nach oben verlagerte Körperschwerpunkt zum Verhängnis werden könnte. Es gilt ein paar in den Fels gehauene Tunnel zu durchqueren, was mit dem sperrigen Instrument nur gebückt funktioniert. Fleißarbeit für einen, der zudem aus Erfahrung weiß, dass auch das Blasen des Instruments in der Höhe anstrengender ist als unten. Missen möchte Markus die Alpspitzmesse nicht mehr. „Die Tradition der Messe gibt einem eine schöne Stetigkeit", sagt er, „genau das, was man im Alltag oft vermisst."

Genau das ist es, was mir das gute Gefühl gibt, dass das Erbe der Volksfrömmigkeit gerade in Zeiten globaler Unsicherheiten fortgeführt wird.

»Es gibt Hunderte, wahrscheinlich sogar Tausende
Bergmessen im Alpenraum. Sie alle legen auch das
Zeugnis ab, dass der Mensch Teil der Bergnatur ist
und sie ehren und schützen sollte.«

ALPEN IM FIEBER

DIE ZUKUNFT DES WINTERSPORTS

DAS GROSSE SCHMELZEN

An dem Tag, an dem wir uns mit der Glaziologin Andrea Fischer treffen, wollen wir weit hinten ins Kaunertal zur Gletscherzunge des Gepatschferner steigen, an dem Fischer seit vielen Jahren forscht. Und wir wollen sehen, wie es dem zweitgrößten Gletscher Österreichs im Juli geht. Eine Kaltfront ist angekündigt, sie soll Sturm und Regen bringen, vielleicht auch Schnee, zumindest ganz oben auf der Weißseespitze auf 3500 Metern. Der Gipfel markiert das westliche Ende des Gepatschferner und zugleich die Grenze zu Südtirol.

Schnee im Sommer, das wäre doch was. Das täte dem Gletscher gut, das weiß ich aus eigener Erfahrung. Jahrelang habe ich im Sommer auf Gletschern trainiert, in Saas-Fee im Wallis zum Beispiel oder in Zermatt. Ich habe gesehen, wie sie immer weniger Schneeauflage hatten, ihre Oberfläche voller Schutt und Staub, das Eis zerfasert und von Rinnsalen durchzogen. Das hat mich über die Jahre als Skirennläufer immer mehr berührt.

»Wenn ich mitbekam, dass wieder ein Stück Gletscher ins Tal abgebrochen war, dann machte mich das massiv traurig und auch nachdenklich.«

Die Kaltfront könnte also Schnee bringen. Eine frische Auflage im Sommer – sie könnte den Gletscher wenigstens ein paar Tage vor der gleißenden Sonne schützen, ihm eine kleine Verschnaufpause gönnen. Wir starten etwas früher am Morgen als geplant, von der aufziehenden Front ist am Horizont noch nichts zu ahnen. Andrea Fischer will uns ihr Forschungsgebiet im Überblick zeigen und nimmt uns mit in ihrem Geländewagen die Serpentinen der Kaunertaler Gletscherstraße hoch. Seit dem Jahr 2018 bohrt sie gemeinsam mit Kollegen der Österreichischen Akademie der Wissenschaften (ÖAW) auf dem Gipfelplateau der Tiroler Weißseespitze in die Tiefe des Eisschildes. Die Bohrkerne geben Aufschluss über das frühere Klima in der Region, über Niederschlagsmengen sowie Warm- und Kaltphasen. Später wird sie uns erklären, dass man damit 6000 Jahre in die Vergangenheit schauen kann. Und dass dieser Blick in die Geschichte der Alpen ein geheimes Wissen birgt, das uns alle beunruhigen sollte.

DER RÜCKZUG DER EISRIESEN

Der Himmel ist milchig bis grau, hinten am Talschluss ziehen Wolkenfetzen die Felswände hoch, zwischendrin erhaschen wir Blicke auf den Gletscher. Was ich sehe, schmerzt mich. Die Hitzeperiode und der starke Regen der letzten Wochen haben dem Gepatschferner enorm zugesetzt. Sein Eispanzer sieht aus, als habe man ihn mit riesigen Tapeziermessern angeritzt und versucht zu filetieren. Seit Jahren verfolge ich mit wachsender Sorge die jährlichen Gletscherberichte des Österreichischen Alpenvereins.[185] Im Berichtsjahr 2016/2017 landete der Gepatschferner gar an der ersten Stelle der österreichischen Gletscher mit den größten Längenverlusten. Minus 125 Meter im Vergleich zur Vorsaison![186] 83 Eisriesen hatte das Messteam des Alpenvereins damals in Augenschein genommen, in

den Folgejahren schwankte der Rückgang beim Gepatschferner zwischen 51,5 Metern (2019/2020) und 11 Metern Länge (2020/2021). Wie nicht anders zu erwarten, hat das ehrenamtliche Messteam auch für den Zeitraum 2021/22 keine guten Nachrichten zu vermelden. Der Gepatschferner landet in der Liste der am stärksten schmelzenden Gletscher Österreichs mit minus 78 Metern auf Platz 4. Das alarmierende Gesamtfazit des Alpenvereins:

>>Noch nie in der bis 1891 zurückreichenden Geschichte des Alpenvereins-Gletschermessdienstes gab es einen größeren Gletscherschwund.<<

„Im Mittel sind die 89 vom Österreichischen Alpenverein beobachteten Gletscher um 28,7 Meter kürzer geworden." Das vermeldet der OeAV in einer Pressemitteilung.[187]

„Pro Jahr schmelzen in der Dicke ein bis eineinhalb Meter weg", sagt Andrea Fischer. Was uns die Glaziologin beim Zurückfahren Richtung Gepatschferner Stausee berichtet, lässt für den Gletscher nichts Gutes hoffen. „Alle drei Brücken des Gletscherlehrpfades wurden weggeschwemmt", sagt die Vize-Direktorin des Institutes für Interdisziplinäre Gebirgsforschung der ÖAW. Die Kombination aus Regen und Schmelzwasser hat den Faggenbach über die Ufer treten lassen. Sie will uns trotzdem bis in die Nähe der Gletscherzunge bringen und sich selbst ein aktuelles Bild machen. Ein Bild von einem Jahr, das es so seit Beginn der Wetteraufzeichnungen „noch nie gegeben hat", wie sie sagt. Denn eigentlich werde oben im Nährgebiet des Gletschers Anfang Mai die maximale Schneehöhe erreicht. Doch 2022 sei dies im Februar gewesen, danach habe schon das große Schmelzen eingesetzt. „Bis oben hin liegt das Eis blank, der ganze Gletscher schmilzt", macht sie uns klar und schiebt sofort nach, was es bedeutet, wenn die Sonne im Hochsommer täglich 13 oder 14 Stunden auf das Eis einbrennt. „Der Gepatschferner verliert dann zehn Zentimeter Dicke – am Tag."

Der Gletscherlehrpfad beginnt an der Brücke über den Faggenbach auf zirka 2000 Metern über Meereshöhe. Bis hierher hat der Gepatschferner im Jahr 1850 gereicht – es war der Zeitpunkt seiner größten Ausdehnung seit Ende der letzten Eiszeit, Forscher sprechen auch von der Kleinen Eiszeit. Von der Gletscherzunge sehe ich heute freilich nichts mehr, sie liegt mehr als zwei Kilometer weiter oben am Berg auf etwa 2200 Metern, versteckt hinter mächtigen Seitenwänden einer Schlucht. Allein in den letzten zehn Jahren zog sich der Gletscher um 200 Meter zurück. Die Glaziologin verlässt den (für Besucher wegen des Hochwassers gesperrten) Pfad, wir marschieren die Seitenmoräne hangaufwärts, bahnen uns einen Weg durch dichter werdendes Gebüsch – junge Erlen, Zirben und Birken haben hier Wurzeln geschlagen. Keine fünf Höhenmeter unterhalb rauscht der Faggenbach, er ist vom vielen Schmelzwasser zum reißenden Strom geworden. Die von den Sedimenten graubraun gefärbte Brühe gräbt an der Seitenmoräne. Ab und an hören wir ein dumpfes, klopfendes Geräusch, wenn die Wassermassen mal wieder einen größeren Felsbrocken ins Rollen gebracht haben. „Ich bin immer wieder beeindruckt, wenn ich das höre", sagt Fischer. Ich schaue sie neugierig fragend an. Die Kraft des Schmelzwassers meint die Wissenschaftlerin und zeigt auf einen halbwüchsigen Baum, der halb vom Wasser umspült ist und aussieht, als würde er sich verzweifelt am Hang festkrallen. „Ich bin neugierig, ob die Zirbe morgen noch steht", sagt sie.

Zieht sich der Gletscher zurück, dann geht es relativ schnell mit der Vegetation. Erst einmal. Nach zwei bis drei Jahren, erklärt Fischer, seien fünf Prozent der Flächen mit etwa zwanzig verschiedenen Arten bedeckt. Mir wird allerdings bei unserer kleinen Wanderung Richtung Gletscherzunge bald klar, dass es die Pflanzen auf dem instabilen, steilen Moränengelände nicht gerade leicht haben. Immer wieder rutschen Hangteile ab, werden von Gewitterregen oder von Hochwassern weggespült. Etwa 80 Jahre dauert es, bis sich wieder eine stabile Vegetation bildet. Das sehen wir weiter oben am Gletscherlehrpfad, der sich in der Zwischenzeit vom Faggenbach entfernt hat und nun problemlos zu begehen ist. „Gletscherstand im Jahr 1922", heißt es auf einem Schild, das an einem Granitfelsen festgebohrt ist. Drumherum schaue ich auf eine Landschaft, wie sie auch anderswo im Hochgebirge vorkommt: einzelne übermannshohe Zirben, hüfthohe Latschen und Alpenrosen als Bodendecker. Nur das geübte Auge erkennt hier am Gletscherschliff – glatt geschliffene und polierte Felswände und -brocken –, dass hier über die Jahrtausende Eismassen über das Gelände geschrappt sind.

Wir bewegen uns also gewissermaßen in der Vergangenheit und gleichzeitig in der Zukunft. Andrea Fischer steht reich gestikulierend vor uns und schärft unsere Sinne für die Relikte des Gletschers an dieser Stelle auf zirka 2150 Metern. Ihre Botschaft ist eindeutig und ernüchternd:

>»In den nächsten 20 bis 30 Jahren ist
in den Ostalpen von den Gletschern kaum mehr
etwas übrig‹, sagt sie.«

In den frühen 1980er-Jahren habe es noch einen kurzen Vorstoß des Eises gegeben, doch seit den 90er-Jahren beobachtet die Glaziologin, die seit mehr als 20 Jahren zu den renommiertesten Gletscherexperten in den Alpen gehört, ein „rapides Abschmelzen". Ein Negativrekord jagt den nächsten, wie auch der Österreichische Alpenverein in seinen jährlichen Gletscherberichten bestätigt.[188] Seit 1850 haben die Gletscher in den Alpen gut 60 Prozent ihres Volumens verloren. Seit den 1990er-Jahren ist die Geschwindigkeit des Abschmelzens in neue Dimensionen vorgerückt.

Auch wenn es wehtut – ich empfehle jedem, einen Blick in das Online-Gletscherarchiv der „Gesellschaft für ökologische Forschung e. V." zu werfen. Dort sind alpenweit Hunderte historische Aufnahmen von Gletschern aktuellen Fotos gegenübergestellt, in aller Regel vom gleichen Standpunkt aus aufgenommen. Wenn ich zum Beispiel das Bild des in meiner Heimat gelegenen Schneeferners von 1910 anschaue, als er noch das ganze Zugspitzplatt bedeckte, und mit den kläglichen Eisresten vom Sommer 2022 vergleiche, dann blutet mir das Herz. Es fühlt sich an, als würde mir der Boden unter den Füßen weggezogen.

Dabei wissen wir alle: Die Ursache für das Sterben der Gletscher – aktuell zählt man in den Alpen noch rund 3500 – ist die Klimakrise mit dem vom Menschen verursachten weltweiten Temperaturanstieg. In den Alpen ist das Aufheizen dabei im Vergleich zur vorindustriellen Zeit mit rund zwei Grad Celsius doppelt so hoch wie der globale Durchschnittswert. Das Klima auf 3500 Metern Höhe, also beispielsweise am Gipfel der Weißseespitze, hat sich an die zuvor 500 Meter tiefer vorherrschenden Verhältnisse angenähert.[189]

Als wir dort oben auf der Seitenmoräne des einst mächtigen Eisstroms stehen, kommt mir ein Gespräch in den Sinn, das ich im Frühsommer 2021 mit dem Klimaforscher Dr. Hannes Vogelmann in Grainau am Fuße der Zugspitze geführt habe. Er hat mir erklärt, dass Kohlendioxid Hunderte von Jahren in der Atmosphäre bleibt. Auf der Webseite des Umweltbundes-

amtes kann man sich einen guten Überblick über die unterschiedlichen Treibhausgase verschaffen. Sie sind maßgeblich
für den globalen Temperaturanstieg verantwortlich. Das Amt
bestätigt die Aussage des Klimaexperten zum sehr langsamen
CO_2-Abbau: „Nach 1000 Jahren sind davon noch etwa 15 bis
40 Prozent in der Atmosphäre übrig. Der gesamte Abbau dauert jedoch mehrere Hunderttausend Jahre."[190]

Ein Satz Vogelmanns hat sich mir regelrecht ins Gedächtnis gebrannt:

>>Der vom Menschen verursachte Klimawandel
ist vermutlich auf die kommenden 1000 Jahre nicht
mehr reversibel, selbst wenn wir heute in
die Steinzeit mit null Emissionen
zurückkehren würden.<<[191]

Was aber keinesfalls heißen darf, dass wir panisch den Kopf in
den Sand stecken und nichts gegen den Ausstoß von Treibhaus-
gasen tun sollten. Das wäre das Verkehrteste, was übrigens Vogelmann genauso sieht. Denn schließlich geht es um unsere
Verantwortung für die nächsten Generationen. Jede Tonne
CO_2, die wir einsparen, mildert die Klimafolgen in der Zukunft
ab. Und jede Maßnahme – auch zum Schutz von Siedlungen,
von Mensch und Tier – kann katastrophale Auswirkungen wie
zum Beispiel von Felsstürzen und Muren eindämmen helfen.

Andrea Fischers Profession ist es, vor allem in die Vergangenheit zu schauen. Während wir also auf einer Hangschulter
stehen, die der Gepatschferner einst mit seiner gigantischen
Eismasse rund geschliffen hat, und die Vegetation betrachten,
die sich in 100 Jahren nach dem Rückzug des Eises gebildet
hat, erzählt sie uns von ihren Forschungen auf der Weißseespitze. Das Gipfelplateau ist der ideale Platz für Bohrungen,

denn hier lagert eine stabile Eisschicht. Die Kappe schmelze zwar auch, sagt Fischer, aktuell um zirka 60 Zentimeter pro Jahr. „Insgesamt gibt es hier aber noch zehn Meter Eis, die unterste Schicht ist etwa 6000 Jahre alt." Das Eis ist also schon da gewesen, als Ötzi gar nicht weit von hier am Tisenjoch zu Tode kam, denke ich. Und jetzt wird es nach den Schätzungen der Glaziologin in zehn Jahren weggeschmolzen sein? Ich kann das gar nicht fassen. Auch die wissenschaftliche Dimension ist mir nicht bewusst. „Wir verlieren eines der wichtigsten Archive für extreme Klimaereignisse", sagt Andrea Fischer. Deshalb sei Eile geboten.

Extreme Ereignisse. Ich stutze. Was genau können Wissenschaftler aus einem 6000 Jahre alten Eis herauslesen? Ziemlich viel, berichtet uns Fischer. Die Bohrungen haben eines klar ergeben: „Der derzeitige Masseverlust ist deutlich höher als der Schnitt der vergangenen 6000 Jahre." Zum Vergleich zog das Forscherteam der ÖAW historische Aufzeichnungen und Messdaten heran, die in den Alpen bis 1770 zurückreichen. Die Bohrkerne können aber noch viel mehr. Fischer liest das Eis, vergleichbar mit Jahresringen von Bäumen. Helle Schichten bestehen aus lufthaltigem Wintereis, dunkle Schichten mit Staub, Ruß und organischen Ablagerungen zeigen sommerliche Gletscherschmelze. „Sehr dunkle Schichten weisen auf ungewöhnliche, mehrere Wochen lange Warmphasen hin", sagt Fischer.

Man könnte auch sagen: Das Gletschereis lügt nicht. „Veränderung ist der natürliche Zustand, sie birgt Risiken und Möglichkeiten", analysiert die Glaziologin nüchtern. Um aber die Chancen nutzen zu können, brauche man Wissen. Ihre Mission: „Die Wissenschaft muss die Bevölkerung erreichen." Nicht durch Beiträge in Fachzeitschriften, sondern durch klare Botschaften. Eine lautet: „Gerade wenn die Sprünge der Natur mit dem vom Menschen verursachten Temperaturanstieg zusammenfallen, dann gibt es enorme Auswirkungen", sagt Andrea Fischer.

Nur welche großen Konsequenzen können das sein? Fischer ist sich sicher, dass die Auswertungen der Bohrkerne genau diese Fragen beantworten helfen. Augenblicklich wisse man zwar, dass die globalen Temperaturen weiter ansteigen werden. Doch welche Dynamiken sich wo genau entwickeln werden, dazu tappten die Wissenschaftler noch im Dunklen. Sie vergleicht die aktuelle Situation mit einem tausendseitigen Würfel. Den müsse man ziemlich oft werfen, um zu sehen, wie häufig zum Beispiel die Zahl 6 erscheint. „Klimamodelle können nur so gut sein wie der Datensatz, mit dem man sie trainiert", erklärt sie. Und Daten aus dem Alpenraum gibt es eben erst seit dem Jahr 1770. „Das Klimasystem ist sehr komplex, da sind 250 Jahre relativ wenig."

Was mir bislang nicht recht bewusst war: Aktuell verwendet die Wissenschaft die Daten aus kälteren Jahren – wie schon erwähnt, werden die zirka fünf Jahrhunderte bis zur Mitte des 19. Jahrhunderts auch als Kleine Eiszeit bezeichnet –, um damit die heutigen wärmeren Jahre zu eichen. Dass dies mit großen Unsicherheiten behaftet ist, leuchtet ein. 6000 Jahre Rückschau ist folglich eine ganz andere Dimension. Vor 6000 Jahren sei es ähnlich warm gewesen wie heute, berichtet Fischer, freilich damals ohne menschlichen Einfluss aufs Klima. In den folgenden Jahrtausenden habe es nochmals Warmphasen während der Römerzeit und später im Mittelalter gegeben.

Aber was können die Jahresringe des Eises für Erkenntnisse bringen? Zum Beispiel das Niederschlagsverhalten in Abhängigkeit der zur jeweiligen Zeit vorherrschenden Temperaturen, erklärt Fischer. Denn in den Alpen sei die Anströmungsrichtung der Luftmassen entscheidend. In eine einfache Frage gepackt: Stauen sich die Wolken im Süden oder im Norden und regnen sich ab? Daraus können die Wissenschaftler ableiten, ob eher im Nordalpenraum mit vermehrten Hochwassern und Muren zu rechnen ist oder in den Südalpen und wie man sich am besten darauf vorbereiten kann.

Nur: Wann wissen Andrea Fischer und ihr Team mehr über erwartbare Gefahren, die über das hinausgehen, was wir derzeit schon wissen? „Wenn ich's bis zur Pension geschafft habe, diese Fragen zu beantworten, dann bin ich nicht so schlecht", sagt sie mit einem Augenzwinkern. Wir reden über 15 Jahre, was verglichen mit den Zeithorizonten, in denen Klimaforscher sich bewegen, nicht mehr als der viel zitierte Wimpernschlag ist. Vielleicht kann es mit den neuen Erkenntnissen der Forscher der Österreichischen Akademie der Wissenschaften gelingen, der drohenden Klimakatastrophe noch mehr öffentliche Aufmerksamkeit zu verschaffen. Was sie aus ihren bisherigen Forschungen herausdestillieren könne, bringt Fischer auf eine einfache Formel: „Hello, wach werden!"

DER KRIMINALFALL ÖTZI

Eigentlich hätte auch der sensationelle Fund der Gletschermumie im September 1991 am Tisenjoch in den Ötztaler Alpen auf 3200 Metern ein Aufwachen auf breiter öffentlicher Front bewirken können, vielleicht sogar müssen. Denn „Ötzi", wie ihn ein Wiener Reporter in den Wochen danach in Anspielung auf die Gebirgskette kurzerhand nannte,[192] wurde nur deshalb zufällig von einem Bergwanderpaar entdeckt, weil sich die durchschnittlichen Temperaturen auch in dieser Höhe in den letzten 100 Jahren um zirka zwei Grad Celsius erhöht hatten. Die Schnee- und Eisdecke, die Ötzi über mehr als fünf Jahrtausende bedeckt hatte, schmolz dahin, der Leichnam aperte aus. Seither haben sich zig Wissenschaftler über die Mumie und seine prähistorische Ausrüstung gebeugt und mit modernsten Methoden nicht nur sein Alter bestimmt, sondern auch seinen Gesundheitszustand (er hatte diverse Gebrechen), die Beschaffenheit seiner Kleidung, seiner Rückentrage (wir würden heute Kraxe dazu sagen), seiner Waffen und Werkzeuge, die er mit sich führte, und schließlich auch die wahrscheinlichste Todesursache analysiert und mosaikhaft zu einem Gesamtbild zusammengefügt. Man kann die Mumie heute das ganze Jahr über im Südtiroler Archäologiemuseum in Bozen, kurz Ötzimuseum genannt, bestaunen[193] oder von April bis November auf Erkundungstour im „archeoParc Schnalstal" gehen.[194] Letzterer ist ein archäologisches Freilichtmuseum. Auf 5000 Quadratmetern lässt sich die Welt des Mannes aus dem Eis (L'Uomo venuto dal ghiaccio), wie ihn die Südtiroler Landesregierung sechs Jahre später am 2. Juli 1997 gemäß offiziellem Beschluss nannte, entdecken, inklusive Museumsfernrohr zur Ötzi-Fundstelle, Bogenschießstand und Besucherwerkstatt mit Brotbackhaus. Selbst eine Tagestour zur Fundstelle mit Bergführer unter dem vielversprechenden Namen „Ötzi Glacier Tour" ist von dort aus buchbar.[195]

An die diversen Pannen bei der Bergung (ein Gendarm benutzte anfangs einen Pressluftmeißel und beschädigte dabei die linke Hüfte der Leiche), bei der am zweiten Tag auch die zufällig auf der nahe gelegenen Similaunhütte eintreffenden Extrembergsteiger Hans Kammerlander und Reinhold Messner mitwirkten, denkt heute kaum noch einer zurück. Es dauerte von der Entdeckung am Donnerstag, 19. September 1991, 13:30 Uhr, fast fünf lange Tage, bis der Ordinarius am Institut für Ur- und Frühgeschichte der Universität Innsbruck, Konrad Spindler, als Archäologe hinzugezogen wurde. Spindler war es auch, dem sofort klar war, dass man den mumifizierten Leichnam – er war inzwischen auf 18 Grad Celsius aufgetaut –

schnellstens unter denselben Bedingungen konservieren musste, unter denen er mehr als fünf Jahrtausende unter dem Eis gelegen hatte. Die Mumie wurde daraufhin in eine Kühlzelle mit einer konstanten Temperatur von -6 Grad Celsius gepackt, eingehüllt in ein steriles Operationstuch und umgeben von mehreren Lagen gecrashtem Eis aus keimfreiem Wasser, um die Bedingungen des Gletschers zu simulieren. Denn dort herrschen nahezu 100 Prozent Luftfeuchtigkeit.[196] Übrigens starb der Prähistoriker Spindler, der sich als Erforscher der Ötzi-Mumie weltweit einen Namen machte, schon im Alter von 65 Jahren in Innsbruck. Ich erinnere mich noch gut an die Schlagzeilen der deutschsprachigen Boulevardpresse, die bei jedem Sterbefall im Umfeld der Ötzi-Entdeckung und -Forschung (es gab einige) sofort mit Zeilen wie „Der Fluch der Mumie" titelten. Wenn es um verkaufte Auflage geht, sind die Boulevardmedien mit kruden Geschichten schnell zur Hand.

Dabei wäre das, was die Forscher peu à peu über Ötzi herausfanden, eigentlich über Jahre Stoff genug gewesen für Sensationsberichte. Mithilfe der Radiokarbondatierung, auch bekannt unter dem Begriff „C14-Methode", konnten die Prähistoriker anhand von Gewebeproben des Körpers und von verschiedenen bei der Leiche gefundenen Gegenständen das Alter relativ gut eingrenzen. Ötzi lebte demnach im Zeitraum zwischen 3350 und 3100 Jahren v. Chr.,[197] mithin also vor mehr als 5000 Jahren. Eine Zeit, in der es in Mesopotamien, der Mündungsebene zwischen Euphrat und Tigris in Vorderasien, bereits hoch entwickelte Städte mit Tausenden von Einwohnern gab und in der in Mitteleuropa Kupfer als neuer Werkstoff entdeckt wurde (siehe Kapitel 3). Auch Ötzis Alter konnten die Wissenschaftler recht genau bestimmen – der Mittelwert aus insgesamt neun Analysen, bei der die Knochenstruktur und ihre Abnutzung untersucht wurden, ergab ein Lebensalter von

45,7 Jahren. Die wahrscheinlichste Todesursache: Von einem Pfeil in der linken Schulter getroffen, verblutete Ötzi am Tisenjoch. Wer ihn damals ermordet hat und möglicherweise seine Schafherde raubte – der Mann aus dem Eis könnte ein transhumanter Hirte gewesen sein –, wir wissen es nicht.

Wie aber kam es, dass der Leichnam nicht an Ort und Stelle verweste oder von Aasfressern zerhackt wurde? Auch der Meteorologe Sven Plöger ist der Frage nachgegangen, und schlussfolgert, dass es kurz nach Ötzis Tod – die Archäologen datieren den Zeitpunkt aufgrund von Funden in Magen und Darm auf den Sommer – zu schneien begonnen haben müsste.[198] Es gibt auch neuere Theorien, die davon ausgehen, dass der Leichnam eine Zeit lang unbedeckt von Schnee und Eis blieb.[199] Ob Schnee oder nicht Schnee, nach Ötzis Tod stellte sich vermutlich eine nördliche Strömung ein, die über Wochen Schnee und Kälte in die Zentralalpen brachte, sodass der Leichnam bis in den Herbst nicht mehr auftaute.

>»Ötzi wurde regelrecht gefriergetrocknet, dem Leichnam wurde von der Umgebung das Wasser entzogen – er mumifizierte.«

Das allein hätte wohl nicht gereicht, ihn 5300 Jahre lang weitgehend unversehrt aufzubewahren, doch fiel Ötzis gewaltsamer Tod mit einem abrupten Klimawandel zusammen.[200] Seine Jugend hatte er wohl noch in einem recht warmen Klima verbracht, im sogenannten „postglazialen Maximum", also in der wärmsten Phase nach der letzten Eiszeit. Die Gletscher der Alpen hatten ihre geringste Ausdehnung, die Waldgrenze lag etwa 300 Meter höher als heute. Doch dann wurde es schlagartig kühler, der Schnee blieb oberhalb von 3000 Metern auch im Sommer liegen, die Eisdecke über Ötzi wuchs und wuchs.

Die Wissenschaft spricht von Dansgaard-Oeschger-Ereignissen (benannt nach dem dänischen Paläontologen Willi Dansgaard und dem Schweizer Physiker Hans Oeschger), die meist innerhalb von knapp 1500 Jahren wiederkehren.[201]

Schnee im Sommer. Noch ist an diesem ersten Tag im Juli 2022 nichts von der Kaltfront zu spüren. Der Wind frischt allerdings auf, ein Vorbote für das umschlagende Wetter. Wir steigen wieder ab, doch dann bleibt Andrea Fischer plötzlich stehen. „Hier muss ich ein Foto machen, das glaubt mir sonst keiner", sagt die Glaziologin. Sie schaut gebannt auf die Wassermassen, die sich talwärts wälzen. Und denkt schon voraus. „Ich brauche dreimal so viel Personal, damit wir die Abflussmengen messen können", sagt sie. Fischer ahnt, dass dieses Jahr 2022 in eine neue Dimension abdriften könnte. Am Abend dann ist der Wetterwechsel da. Kein Wettersturz und leider auch kein Schnee oben am Gipfel, sondern wieder Regen. Das große Schmelzen geht weiter.

Im Frühjahr 2023 treffe ich Andrea Fischer ein weiteres Mal mit dem Journalisten und Geografen Michael Ruhland und dem Fotografen Peter Neusser. Nach dem heißen, trockenen Sommer ist mir klar, dass sie keine guten Nachrichten haben wird. Doch was sie uns erzählt, schockiert mich dann doch.

„Das Jahr 2022 war insgesamt katastrophal", lautet ihre Bilanz. Wochenlang sei am Gipfel der Weißseespitze das blanke Eis Sonne und Regen ausgesetzt gewesen. Drei Meter Dicke hätten der Gepatschferner wie auch andere Gletscher in Österreich verloren – das Dreifache dessen, was Glaziologen in den 2000er-Jahren im Durchschnitt gemessen hätten.

»›Das ist außerhalb jeglicher Statistik, die Wahrscheinlichkeit einer solchen Schmelze lag praktisch bei null‹, sagt Fischer.«

Nur: Es ist wirklich passiert. Noch kann die Gletscherforscherin nicht einschätzen, ob das ein Ausreißer war oder ob es einen Kipppunkt im System darstellt.

WELTWEITE ABWÄRTSSPIRALE

Nach diesem Aha-Erlebnis will ich wissen, wie es den Gletschern weltweit geht und wie die Alpen im Vergleich dazu dastehen. Der World Glacier Monitoring Service (WGMS) in Zürich sammelt alle weltweit erhobenen Gletscherdaten, auch der Österreichische Alpenverein speist hier seine Ergebnisse ein. Im Turnus von zwei Jahren gibt die Einrichtung das „Glacier Mass Balance Bulletin" heraus, das die Massenbilanzen ausgewählter Gletscher veröffentlicht und mit den Daten vergangener Jahre vergleicht. Alle fünf Jahre veröffentlicht der WGMS zudem den Bericht „Fluctuations of Glaciers", der noch stärker ins Detail geht. Wer sich durch die Tabellen und Grafiken arbeitet, stellt schnell fest, dass – wenig verwunderlich – der Rückgang der Gletscher ein globales Phänomen ist, das sich zudem seit 1990 beschleunigt und seit 2010 in immer neue Dimensionen vordringt.[202] Jährlich verlieren die Gletscher weltweit seit 2015 im Durchschnitt etwa ein Prozent an Masse.

In den Alpen haben die Gletscher in den letzten 40 Jahren bereits 40 Prozent an Mächtigkeit eingebüßt und gehören damit gemeinsam mit den Rocky Mountains (Kanada und USA) zu den am stärksten schrumpfenden Eisriesen.[203] Das Verstörende an den Analysen der Forscher: Es geht weltweit seit 2010 rasant abwärts. Der letzte weltweite Zuwachs an Gletschermasse datiert auf das Jahr 1987 mit etwa 0,1 Prozent. Die Erwartung, solche Jahre könnten wiederkehren, hat derzeit kein seriöser Forscher.

In Zürich werden auch die Schweizer Gletscher und ihre Entwicklung genauestens dokumentiert. 1400 Gletscher sind

im Schweizerischen Gletschermessnetz (GLAMOS – Glacier Monitoring in Switzerland) registriert, sie bedecken eine Fläche von 961 Quadratkilometern,[204] mehr als dreimal die Fläche Münchens. Zu 176 Gletschern gibt es Messdaten. Man kann auf einer interaktiven Karte auf einen der grünen Punkte klicken und bekommt im Bruchteil einer Sekunde den Gletscherschwund schwarz auf weiß geliefert: 3459 Meter an Länge beträgt er beispielsweise am Großen Aletschgletscher im Zeitraum von 1870 bis 2021. Man muss sich das vor Augen führen: Dreieinhalb seiner einst 25 Kilometer hat der größte und längste Gletscher der Alpen bereits eingebüßt, der sich wie eine gewaltige mehrspurige Eisautobahn von einer Höhe von 4160 Metern bis zu seiner Zunge auf zirka 1700 Metern durch die Berner Alpen wälzt. Seine Fläche hat seit 1860 um mehr als die Hälfte abgenommen. Allein von 2021 auf 2022 verlor er um drei Prozent an Masse, in einem Jahr![205]

Der Blick in meine Heimat verspricht erst recht nichts Gutes: Das Bayerische Umweltministerium hat im Frühjahr 2021 den zweiten Gletscherbericht herausgegeben, basierend auf den Forschungsergebnissen der Bayerischen Akademie der Wissenschaften. Er heißt treffenderweise „Zukunft ohne Eis. Klimawandel in den Alpen".[206] Forscher hatten im Jahr 2018 die Gletscher neu vermessen. Im Bericht werden in den Bayerischen Alpen noch fünf Gletscher geführt, was angesichts der Miniflächen, die sie noch mit Eis bedecken, und der kaum registrierbaren Fließbewegungen eine recht optimistische Betrachtung ist. Neben dem südlichen und dem nördlichen Schneeferner zählen die Forscher den Höllentalferner (alle drei im Dunstkreis der Zugspitze) sowie den Blaueis- und den Watzmanngletscher (beide Berchtesgadener Alpen) als solche. Die Gletscher verlieren seit Jahren kontinuierlich große Schmelzwassermengen. Allein der nördliche Schneeferner auf der Zugspitze schmilzt im Durchschnitt alle 30 Sekunden um fast 250 Liter Wasser ab, heißt es in der 52-seitigen Broschüre, die man kostenlos downloaden kann.[207] Die aktuellen Erkenntnisse gehen dahin, dass der letzte bayerische Gletscher bereits Anfang der 2030er-Jahre verschwunden sein dürfte. Bisher ging die Wissenschaft davon aus, dass dies erst gegen Mitte des Jahrhunderts der Fall sein würde. Die Eisreste des südlichen Schneeferners werden bereits in wenigen Jahren abgeschmolzen sein. Die Bayerische Akademie der Wissenschaften degradierte ihn im September 2022 vom Gletscher zum Toteis.[208] Da waren es nur noch vier. Man muss kein Geologe, Geograf oder Biologe sein, um zu verstehen, dass Gletscher wichtige Aufgaben im Wasserhaushalt eines Gebirges übernehmen, indem sie Bäche und Flüsse auch während längerer Trockenperioden im Sommer mit Schmelzwasser versorgen. Dadurch bleiben Ökosysteme erhalten, wie ich schon im Kapitel 2 beschrieben habe. Messungen an großen Flüssen der Alpen haben ergeben, dass zum Beispiel das Wasser des Rheins von Mai bis August im Schnitt zu 50 Prozent aus Schmelzwasser der Gletscher besteht, beim Po sind es rund 20 Prozent.

> »Die Prognosen sind düster: Bis zum Ende des Jahrhunderts könnten bis zu 55 Prozent weniger Wasser aus den Zentral- und Südalpen abfließen, eine direkte Folge der dann weitgehend abgeschmolzenen Gletscher.«[209]

Wenn man weiß, dass die Alpen rund 170 Millionen Menschen in den an das Gebirge angrenzenden Gebieten mit Wasser versorgen und geschätzte 40 Prozent des Süßwassers Europas liefern, wird einem die Dimension klar, um die es in Zukunft geht. So fordert zum Beispiel der Schweizer Wasserbauexperte Professor Peter Rutschmann, schon jetzt große Stauseeprojekte in den Alpen auf den Weg zu bringen, um damit zumindest in Ansätzen die Funktion der Gletscher zu übernehmen.

Ich traf den damaligen Leiter des Lehrstuhls für Wasserbau und Wasserwirtschaft der Technischen Universität München im Sommer 2021 an meinem Heimatfluss, der Loisach, wo er gemeinsam mit der Gemeinde Großweil ein ökologisches Kleinkraftwerk in den Fluss bauen ließ. Seine klare Botschaft: Im Kleinen wie im Großen bedarf es gewaltiger Anstrengungen, um die Klimakrise in den Alpen anzugehen. Dass dies nicht von heute auf morgen geht, zeigt sein fischschonendes Flussbauprojekt am Fuße von Heimgarten und Herzogstand. Zehn Jahre dauerte es, bis die erste Turbine angeschaltet wurde und seit nunmehr drei Jahren die Gemeinde komplett mit Strom versorgt. Und das mit null Emissionen.

Was viele nicht wissen: Die Eispanzer der Gletscher wirken in den Bergen wie Widerlager, sie stabilisieren also durch ihr Gewicht und den dadurch erzeugten Druck labile Bergflanken und verhindern so ein Abrutschen. Schmilzt ein Gletscher ab, kommt es daher leichter zu Steinschlägen, im schlimmsten Fall zu Felsstürzen und Murgängen, die Almen und ganze Täler bedrohen. Just am Kitzsteinhorn in Kaprun, über dessen Nachhaltigkeitsanstrengungen als Skiort ich in diesem Kapitel noch berichten werde, forschen der Geophysiker Kay Helfricht und der Geomorphologe Markus Keuschnig auf 3000 Metern Höhe. Sie untersuchen die Randzone des Gletschers, den Schmiedingerkees, zeichnen seismografisch Bewegungen der Felswände auf und messen tief im Gestein das, was Jahre zuvor draußen passiert ist – an Temperaturen, an Sonnenschein, an Niederschlägen. Denn es dauert Jahre, bis der Klimawandel im Gestein angekommen ist.

Sie haben dokumentiert, dass 80 Prozent der aufgetretenen Steinschläge und Felsstürze aus Bereichen stammten, die in den vergangenen Jahren eisfrei geworden sind.[210] Zudem nimmt mit den steigenden Temperaturen die Festigkeit des Gesteins ab. Dazu müsse der Permafrost, also das dauerhaft gefrorene Gestein, nicht einmal komplett auftauen. Keuschnig lässt keinen Zweifel daran, dass sich das Kitzsteinhorn und mit ihm die gesamten Ostalpen oberhalb von 2500 Metern in einem „supersensitiven Übergangsbereich" befinden. Denn viele Permafrostbereiche weisen bereits eine Temperatur von zirka -1 Grad Celsius auf.[211] Dieser Bereich sei besonders problematisch, da zur Abnahme der Felsfestigkeiten auch noch flüssiges Wasser hinzukommt, welches das System weiter destabilisiert und zum Kippen bringt. Der Kitt der Berge löst sich.

DER BERGSTURZ VON BONDASCA

Wie real die Gefahr ist, zeigt das Unglück, das sich – durchaus mit Ansage – am 23. August 2017 im Bondascatal in Graubünden ereignete. Von der Nordflanke des Piz Cengalo (3369 m) lösten sich etwa drei Millionen Kubikmeter Gestein – ab einer Million Kubikmeter spricht man von einem Bergsturz. Nach dem Bergsturz dauerte es nur 30 Sekunden, bis eine Gerölllawine durch das Val Bondasca donnerte und am Talausgang auch Teile von Bondo zerstörte. Ein automatisches Vorwarnsystem löste Alarm aus, sodass die 200 Einwohner der Ortschaft rechtzeitig evakuiert werden konnten. Dennoch starben acht Menschen bei dieser Naturkatastrophe – Bergwanderer, die trotz offizieller Warnungen im Bondascatal unterwegs waren. Ihre Leichen hat man bis heute nicht gefunden. Mit solch einem Murgang hatten weder die Einwohner von Bondo noch die Behörden oder die Experten gerechnet.

Denn zum Zeitpunkt des Bergsturzes herrschte im Bondascatal trockenes Wetter und strahlend blauer Himmel. Murgänge brauchen aber Wasser, viel Wasser, damit das Geröll ins Gleiten kommt. Sie entstehen meist bei sogenannten Starkregenereignissen.

Wie konnte das Unglück dennoch passieren? Eine von den Behörden eingesetzte Expertengruppe ging zunächst davon aus, dass durch den Aufprall der Gesteinsmassen auf den Gletscher Eis geschmolzen sei, das die Mure in Gang gesetzt habe. Doch zeigten Videoaufnahmen, wie der Gletscher regelrecht pulverisiert wurde und sich dann als feine Schicht auf die Bergsturzmasse legte. Der Geologe Florian Amann von der Uni Aachen entwickelte daraufhin eine neue These, die auch die Berichte von Augenzeugen mit zur Erklärung heranzog. Letztere hatten Wasserfontänen unmittelbar nach dem Bergsturz in den Himmel schießen sehen. Amann geht deshalb davon aus, dass Gestein auf von Wasser gesättigte Sedimente fiel. Ähnlich einem vollgesogenen Schwamm, den man zusammendrückt, wurde das Wasser aus dem Moränenuntergrund herausgepresst und bildete so die verhängnisvolle Gleitmasse, die den Schuttstrom auslöste.[212]

> »In den Tagen und Wochen danach folgten
> weitere Murgänge und zeigten auf,
> was an Unheil droht, wenn ein Berg aus
> dem Gleichgewicht geraten ist.«

Der Piz Cengalo wird bereits seit einem Felssturz im Jahre 2011 überwacht, sodass ein Geologe am 10. August, also knapp zwei Wochen vor dem Unglück, vor einem größeren Bergsturz gewarnt hatte und empfahl, das Bondascatal erst einmal nicht mehr zu betreten. Allerdings nahmen die Behörden die Warnung nicht ernst. Die Katastrophe hat seit 2018 ein juristisches Nachspiel, in dem das Schweizer Bundesgericht im Februar 2021 Position für die Opferangehörigen bezog. „Das Kantonsgericht müsse die Kosten- und Entschädigungsfolgen neu prüfen und die Staatsanwaltschaft müsse die Strafuntersuchung fortführen", entschieden die Lausanner Richter.[213]

Auch wenn nicht zweifelsfrei geklärt werden kann, ob der Bergsturz durch tauenden Permafrost ausgelöst worden ist und die wasserdurchtränkten Sedimente eine Folge der gestiegenen Temperaturen waren – es zweifelt kein Experte daran, dass die Gefahren in den Alpen durch die Klimakrise größer werden. Ein grausiges Beispiel ist der Eissturz an der Marmolada (3343 m), dem höchsten Gipfel der Dolomiten, der sich am 3. Juli 2022, einem Sonntag mit hochsommerlichen Temperaturen, um 13:45 Uhr ereignete und elf Bergsteiger in den Tod riss. Acht weitere Alpinisten wurden zum Teil schwer verletzt. Bei dem Unglück brach das untere Ende des Gipfelgletschers der Punta Rocca (3309 m) ab, des niedrigeren der beiden Gipfel der Marmolada. Die Eis- und Gesteinsmassen stürzten mit einer Geschwindigkeit von bis zu 300 Stundenkilometer mehrere Hundert Meter tief über den Nordhang und rauschten auch über die vorbeiführende Normalroute, auf der sich mehrere Seilschaften befanden.[214]

Am Tag zuvor war auf der Marmolada mit zehn Grad ein neuer Temperaturrekord gemessen worden.[215] Zudem war der Winter 2021/22 in den Südalpen sehr schneearm, weshalb den Gletschern die schützende Schneeschicht fehlte. Ganz Italien trauerte um die Opfer, der damalige Ministerpräsident Mario Draghi besuchte die Ortschaft Canazei am Fuße der Marmolada und traf Opferangehörige. Papst Franziskus betete für die Opfer und twitterte über seinen Kanal eine Botschaft, die den entscheidenden Punkt trifft:

»›Die Tragödien, die wir gerade mit dem Klimawandel erleben, müssen uns dazu drängen, dringend neue menschen- und naturbewusste Wege zu finden.‹[216] – Papst Franziskus«

Auch bei dem schrecklichen Unglück an der Marmolada ist unstrittig, dass die steigenden Temperaturen den Gletscher instabil gemacht haben. „Vermutlich ist Schmelzwasser über die Gletscherspalten eingedrungen, bis zum Grund des Gletschers vorgestoßen und hat dadurch den angefrorenen Teil losgelöst. Dadurch ist dann ein relativ großer Block abgestürzt", sagte der Glaziologe Christoph Mayer einen Tag nach dem Unglück in der ARD-Nachrichtensendung „Tagesschau".[217]

Auch Andrea Fischer geht davon aus, dass immer mehr Gletscher oder Teile von ihnen in Fluss geraten, weil sie die Verbindung zum Untergrund verlieren, also regelrecht wegrutschen. Kann man solche Rutschungen und in der Folge Abbrüche seriös vorhersagen? „Das ist wahnsinnig schwierig bis unmöglich", sagt sie und erzählt mir, dass sie nach dem Marmolada-Unglück mit ihrem Team mehrere mögliche Gefahrenstellen in den österreichischen Bergen definiert habe. „Die Gletscher sind aber alle stabil geblieben."

Was sie aber sagen kann, ist gerade für Bergsteiger ein deutlicher Fingerzeig: Durch die Klimakrise sammle sich in den Gletschern Schmelzwasser, das nicht nur zu plötzlichem Abrutschen führen kann, sondern auch zum Ausbrechen von unterirdischen Gletscherseen. Zudem seien viele Gletscher so dünn geworden, dass man in solche Seen einbrechen könne. „Wenn das Eis nur noch einen halben Meter dick ist, kann eine Seilschaft durch ihr Gewicht einbrechen und hat dann keine Chance mehr", warnt sie. Sehen könne man die Gefahr kaum. Ihr dringender Rat: Gerade bei hohen Temperaturen im Sommer, wenn es nachts selbst im Hochgebirge nicht mehr gefriert, müssten Bergsteiger sehr vorsichtig sein. Fakt ist, viele Routen, die Alpinisten früher im Sommer durchstiegen haben, sind nur noch im Winter machbar – zu groß die Gefahr von Steinschlägen oder abbrechendem Eis. Jüngstes Beispiel: Am Tiroler Fluchthorn (3398 m) im Silvretta-Massiv riss am 11. Juni 2023 ein gewaltiger Bergsturz einen Teil des Gipfels in die Tiefe. Wie durch ein Wunder kamen keine Menschen zu Schaden. Die wahrscheinlichste Ursache: tauender Permafrost.[218]

IST NACHHALTIGES SKIFAHREN MÖGLICH?

Das große Schmelzen. Die wachsenden Gefahren. Ich frage mich auf der Heimfahrt vom Kaunertal, wie es mit „meinem" Wintersport weitergehen kann. Ist nachhaltiges Skifahren möglich? Und was wären die Leitplanken dafür? In Deutschland gibt es elf Millionen aktive Skifahrer, in allen Alpenländern sind es zirka 50 Millionen.[219] Ich liebe diesen Sport, kann mir ein Leben ganz ohne Skifahren kaum vorstellen. Das Naturerlebnis ist einfach einzigartig, das möchte ich auch meinen Kindern vermitteln.

> »Skifahren gehört für mich
> zur Kultur unserer Alpen. Dennoch sehe ich
> die Problematik und sehe jeden Winter,
> dass der Naturschnee immer weniger wird.«

Der Meteorologe Sven Plöger beobachtet seit vielen Jahren den Klimawandel mit wachsender Sorge. Spätestens seit seinem Buch „Zieht euch warm an, es wird heiß" im Jahr 2020 hat er sich einen Namen als ein Wetterexperte gemacht, der die

Dimensionen der Klimakrise nüchtern analysiert und für alle verständliche Schlüsse daraus zieht. Und er ist einer, der die Finger in Wunden legt, die wir alle – je nach Lebenslage und Leidenschaften – nur allzu gerne kaschieren. Als ich ihn zu seiner Meinung über die Zukunft des Skifahrens befrage, antwortet er mit einer Grundsatzfrage: „Kann man als Mensch ewig gegen die Naturbedingungen ankämpfen, nur um Wintersport zu betreiben? Ist das vernünftig?"

Das Thema Skifahren trotz Klimakrise treibt mich immer mehr um. Ich frage beim Deutschen Wetterdienst nach den Durchschnittstemperaturen in Garmisch-Partenkirchen von 1980 im Vergleich zu 2022. Was ich in der Tabelle sehe, kann ich kaum fassen: 5,8 Grad Celsius waren es damals vor 42 Jahren, im vergangenen Jahr steht die Zahl 9,0. Kein Wunder, dass die Tage, an denen der Schnee liegen bleibt, immer weniger werden. Weil Debatten um die Frage von Schneereichtum oder Schneearmut oft emotional geführt werden, bin ich dem Bayerischen Rundfunk um die Übersicht der Temperaturen, Schneehöhen und Schneetagen von sieben Orten in den Bayerischen Alpen dankbar, die jeder im Internet einsehen kann – und zwar für alle Jahre von 1961 bis 2014.[220] Die Balkendiagramme zeigen ein Auf und Ab, doch der Mittelwert, in der Grafik als roter Strich eingezeichnet, ist auf Talfahrt. Heißt für Garmisch-Partenkirchen: Ein Rückgang um mehr als 20 Prozent auf nunmehr unter 100 Tage.[221] Die durchschnittliche Schneehöhe hat im gleichen Zeitraum sogar um fast 50 Prozent abgenommen von einst knapp 20 Zentimetern (1960er-Jahre) auf nicht einmal mehr 10 Zentimeter (2010er-Jahre).[222]

Ich weiß, dass es gerade in den Bayerischen Alpen nicht gut um die Zukunft des Skifahrens ausschaut. Vor zehn Jahren hat der Deutsche Alpenverein (DAV) beim Geographischen

Institut der Universität Innsbruck und der alps GmbH dazu eine Studie zu insgesamt 46 Skigebieten im bayerischen Alpenraum in Auftrag gegeben, der Projektschlussbericht wurde im März 2013 veröffentlicht.[223] Die Wissenschaftler kamen anhand der steigenden Temperaturen und anderer Faktoren – vor allem der jeweiligen Höhenlage – zu einem ernüchternden Ergebnis. „Selbst mit massivem Ausbau der Beschneiung sind wahrscheinlich nur noch 50 bis 70 Prozent der Skigebiete in den Bayerischen Alpen schneesicher", teilte der DAV mit.[224] Längerfristig könne die Quote auf bis zu fünf Prozent absinken, wenn die Temperatur um vier Grad Celsius ansteige. Übrig blieben dann nur noch hoch gelegene Skigebiete wie Fell- und Nebelhorn und die Zugspitze. Fazit: „Die Ergebnisse zeigen, dass die Beschneiung langfristig in kaum einem bayerischen Skigebiet eine Versicherung gegen den Klimawandel sein kann", so heißt es in der damaligen Pressemitteilung zur Veröffentlichung der Expertise.[225]

Nun sind mehr als zehn Jahre vergangen, seit die Studie erstellt wurde, und gerade die jüngsten Klimadaten zeigen, dass auch die Winter immer wärmer werden. Das bestätigen die Daten des Deutschen Wetterdienstes (DWD) genauso wie die Daten der österreichischen Zentralanstalt für Meteorologie und Geodynamik (ZAMG). Wenn ich die Analyse des DWD für den deutschen Winter 2021/22 lese, dann verschlägt es mir die Sprache. „Die Durchschnittstemperatur lag im Winter 2021/22 mit 3,3 Grad Celsius um 3,1 Grad über dem Wert der international gültigen Referenzperiode 1961 bis 1990", heißt es auf der Webseite in nüchterner Wissenschaftlersprache.[226] Auch der Winter 2022/23 war laut DWD 2,7 Grad zu warm. Vielleicht Ausnahmen? Leider nein. Die Meteorologen setzten den vergangenen Winter in Bezug zu den vorherigen und das Fazit des Pressesprechers Uwe Kirsche ist noch niederschmetternder:

>>Deutschland erlebte damit den zwölften
zu warmen Winter in Folge. Der Klimawandel
lässt nicht locker.<<[227]

Die Wissenschaftler wagen auch einen Blick in die Zukunft,
und der fällt, was den weiteren Temperaturanstieg anbetrifft,
erwartungsgemäß nicht erfreulich aus. „Die globalen Zirku-
lationsmodelle zeigen für den Alpenraum eine Fortsetzung
des beobachteten Trends hin zu höheren Temperaturen. Bis
zum Ende des Jahrhunderts steigt die Jahresmitteltemperatur
in den Simulationen um ca. +3,5° C", schreiben die Experten
des ZAMG, einer Forschungseinrichtung des österreichischen
Bundesministeriums für Bildung, Wissenschaft und Forschung.[228] Die Schwankungsbreite beziffern die Wissenschaftler auf „+2 bis +5,5° C".[229] Das heißt im Klartext: Im günstigsten
Falle steigt die Temperatur von heute an gerechnet um 2 Grad,
im schlechtesten um 5,5 Grad. Nachdem wir aber schon wissen, dass es in den Alpen in den letzten 150 Jahren menschen-
bedingt um zwei Grad wärmer geworden ist, reden wir also
von insgesamt mindestens 4,5 Grad Celsius Temperaturanstieg bis Ende dieses Jahrhunderts! Die Klimaziele des Pariser
Abkommens von 2015, die Erderwärmung im Vergleich zum
vorindustriellen Zeitalter auf deutlich unter zwei Grad Celsius
zu begrenzen, möglichst sogar auf 1,5 Grad",[230] sind also für
die Alpen eh schon passé.

BERGE IN DER KLIMAKRISE

Aber warum sind die Alpen – wie übrigens auch alle anderen Bergregionen – stärker von der Klimakrise betroffen als
der Rest des Globus? Sven Plöger hat dafür eine einfache und
plausible Erklärung. Berge bieten der Sonne durch ihre Topografie – Plöger nimmt der Einfachheit halber einen pyrami-

denförmigen Berg als Beispiel – in etwa die doppelte Fläche zum Aufheizen wie ein von der Grundfläche her gleich großes Areal in der Ebene.[231] Zudem fehlen Bergregionen große Wasserflächen und Landmassen erwärmen sich einfach schneller und stärker. Weil meist alles mit allem zusammenhängt, gibt es in den hohen Bergen noch einen weiteren Effekt, der die Klimakrise, zumindest kleinräumig, verstärkt: Albedo heißt das Zauberwort, das schlichtweg beschreibt, dass helle Flächen Lichtstrahlen stärker zurückstrahlen als dunkle. Schnee und Eis reflektieren demnach die Strahlung, die auf sie eintrifft, um ein Vielfaches im Vergleich zu dunklem Fels, zu Wiese oder Wald.

Die Albedo wird als Maßeinheit für das Rückstrahlvermögen verwendet und liegt bei frisch gefallenem Schnee bei bis zu 0,95. Heißt: 95 Prozent der Sonnenstrahlung werden reflektiert und wieder in den Weltraum zurückgeschickt.[232] Alter, von Staub und Geröll verschmutzter Schnee kommt dagegen nur noch auf eine Albedo von zirka 0,45 – was wiederum das Abschmelzen beschleunigt, wie wir an den Gletschern Jahr für Jahr beobachten können. Wiesen und Weiden liegen bei einer Albedo von etwa 0,20 und Wald kommt auf einen Wert von 0,05 bis 0,18, je nach Dichte und Baumarten.[233] Eine schwarze Fläche absorbiert die eingehende Strahlung zu 100 Prozent. Gehen wir also davon aus, dass nach dem Rückzug eines Gletschers erst Ödnis und dann Wiesen beziehungsweise lichter Wald folgen, dann kann man von einer Verzehn- bis Verzwanzigfachung der Albedo ausgehen. Ich erinnere mich an ein Video, aufgenommen von Skifahrern in Hintertux, die im Sommer 2022 auf dem gräulichen Gletscher durch kleine Rinnsale und Bäche Ski fahren.[234] Wobei das mit Skifahren aus meiner Sicht nichts mehr zu tun hat. Es ist unverantwortlich, die Gletscher im Sommer für Skifahrer auf Biegen und

Brechen offen zu halten. Wir brauchen dringend ein neues Bewusstsein.

Im Kaunertal mit seiner dramatischen Gletscherschmelze treffe ich auch Michaela Gasser-Mark, Geschäftsführerin des Tourismusverbandes Tiroler Oberland. „Wir haben unser Gletscher-Skigebiet Mitte Mai zugemacht", sagt sie und verweist auf den akuten Schneemangel des Jahres 2022. Geplantes Saisonende sei Anfang Juni gewesen. Vom Sommerskifahren auf dem Gletscher hat sich das Kaunertal schon vor Längerem verabschiedet. Seither entwickelt das Team um Gasser-Mark neue touristische Angebote wie zum Beispiel den „Klimaführer. Wandern mit Nachhaltigkeit". Den kann man auch via App auf seinem Smartphone abrufen und bekommt Tourenvorschläge passend zu den aktuellen Temperaturen und dem Wetterbericht.[235]

Überhaupt wird der Klimawandel offen thematisiert, beispielsweise sind in der Wanderbroschüre auf einer Doppelseite die Gletscherstände von 1850 bis zum Jahr 2015 eingezeichnet. „Ziel ist es, die eindrückliche Natur- und Kulturlandschaft für künftige Generationen zu erhalten", heißt es auf der Webseite zum Thema Nachhaltigkeit.[236] Dass dies kein inhaltsleeres Marketing ist, zeigt sich an den konkreten Umsetzungsmaßnahmen, die das Kaunertal in Anlehnung an die 17 Ziele der Vereinten Nationen (Sustainable Development Goals) verfolgt, ausgegeben im Millenniumsjahr bis zum Jahr 2030. So ist das Tal eine von insgesamt 44 Klimawandel-Anpassungsregionen Österreichs geworden und pflegt unter anderem ein Zeitzeugenarchiv, bietet Klima-Workshops in Schulen an, fördert die Regenwassernutzung, unterstützt den naturnahen Waldbau und errichtet Trinkbrunnen für die Öffentlichkeit. Das Engagement – dazu gehört auch die Anbindung der drei Gemeinden des Kaunertals an den Bahnhof Landeck mit zehn Verbindungen pro Tag in beide Richtungen – hat sogar zu einer internationalen Auszeichnung geführt. Im Dezember 2021 erhielt das Tal von der Welttourismusorganisation der Vereinten Nationen das Nachhaltigkeitssiegel „Best Tourism Villages". Damit gehört das Tiroler Kaunertal zu den handverlesenen Vorzeigeregionen weltweit und war 2021 die erste Region in Österreich mit solch einem Prädikat. Bei der Preisverleihung gratulierte auch Bundespräsident Alexander Van der Bellen.

>»Die Entwicklung hin zu einem nachhaltigen Tourismus ist in Zeiten der Klimakrise der einzige richtige und erfolgversprechende Weg‹, sagte er.«[237]

Aber kann es ein nachhaltiges Skifahren überhaupt geben? Ich treffe mich Anfang Dezember mit Michael Pröttel am Hausberg in Garmisch-Partenkirchen. Pröttel ist Autor für verschiedene Bergmagazine, selbst leidenschaftlicher Skitourengeher und engagiert sich seit vielen Jahren für die Umweltschutzorganisation „Mountain Wilderness". Zuletzt mit einer Aktion an der Talstation des Hausbergliftes, wo er und seine Mitstreiter mit Lebensmittelfarbe in der Nacht ein Peacezeichen auf die Skipiste sprühten, um in den Zeiten der Energie- und Klimakrise ein Mahnmal gegen die Energieverschwendung durch Schneekanonen zu setzen. Bis zu 40 Millionen Kilowattstunden Strom könnten in einer Wintersaison eingespart werden, wenn nur die bayerischen Skigebiete auf das Beschneien verzichteten. Das entspricht in etwa dem Jahresverbrauch von 25 000 Bundesbürgern.

Als ich ihn auf die enorme wirtschaftliche Bedeutung des Skisports für meine Heimatgemeinde anspreche, zieht er einen Vergleich, der noch lange in mir nachhallt. „Wie bei der

Kohle in Nordrhein-Westfalen geht es in vielen Wintersport-orten um einen tiefgreifenden Strukturwandel. Skifahren un-terhalb von 1500 Metern hat auch mit Schneekanonen keine dauerhafte Chance", sagt Pröttel und ich weiß, dass er einen wichtigen Punkt trifft.

Ein paar (für die Jahreszeit zu warme) Wochen später fah-re ich mit Sven Plöger nach Tirol in die kleine Tourismusge-meinde Obsteig nahe Innsbruck. Der Schnee, der vor Weih-nachten gefallen war, ist weggeschmolzen – trotz der Lage der Gemeinde auf fast 1000 Metern über Meereshöhe. Neuer ist nicht in Sicht. Hermann Förster, der frühere Bürgermeis-ter des 1400-Einwohner-Ortes, fährt uns zur Bergstation des ehemaligen Skiliftes der Gemeinde. Während der Fahrt auf dem Forstweg, der komplett schneefrei ist, klärt uns der Mete-orologe über das „Weihnachtstauwetter" auf, das es früher in einzelnen Jahren immer mal gegeben habe. Inzwischen werde dies zur Normalität.

> »Wenn wir heute hier aus dem Autofenster gucken, dann sehen wir die Klimazukunft der nächsten 20 bis 25 Jahre‹, sagt Plöger.«

Obsteig hatte vor 50 Jahren eine Liftanlage am Grünberg bau-en lassen, deren Rentabilität aber durch weniger Schneetage in Gefahr geriet. Statt auf Schneekanonen zu setzen, baute die Gemeinde die Masten des Sessellifts samt Betonfundamen-ten bereits Anfang der 2010er-Jahre wieder ab.[238] „Wir waren schon länger an der Grenze, ob wir noch im Schneegebiet sind oder nicht", erzählt Hermann Förster. Zwar hätten Pläne existiert, das kleine Skigebiet über den Simmering (2096 m) zu erweitern und mit anderen Gebieten zu verbinden – Ge-samtkosten 30 Millionen Euro. Doch die Klimakrise habe die

Gemeinderäte anders entscheiden lassen. „Für so ein Skigebiet bekommst du auch keine Finanzierung mehr", sagt Förster. Seither setzt die Gemeinde auf Ökotourismus und fährt damit laut Ex-Bürgermeister nicht schlecht.

Das Lifthäuschen am Berg oben, ein kleiner quadratischer Holzbau, hat die Gemeinde stehen gelassen. Die Tür ist offen, der alte Holzofen in dem kleinen Raum sieht noch funktionsfähig aus. „Den machen die Tourengänger manchmal noch an, wenn sie sich umziehen oder aufwärmen wollen", sagt Förster. Spontan denke ich mir: Ja, so kann es gehen, wenn ein Skigebiet einfach nicht mehr schneesicher ist. Sven Plöger sieht das genauso. „Einzelne Jahre werden auch in Zukunft noch schneereich sein. Dann kann man diese Gegend für Ski- oder Schneeschuhtouren nutzen", sagt er. Seine Prognose, wie schneesicher die Alpen noch sein werden, fällt im Prinzip ähnlich aus wie die oben zitierte Studie des DAV. „Unterhalb von 2000 Metern werden wir durch den Klimawandel in Zukunft keinerlei Schneesicherheit mehr haben."

Das Unternehmen „Skiresort Service International GmbH" betreibt eine Webseite, auf der sie nach eigenem Bekunden weltweit alle Skigebiete auflistet. In den Alpen sind es 1160 mit insgesamt fast 27 000 Pistenkilometern, die von 8254 Skiliften erschlossen werden.[239] Man kann auf dieser Seite per Filterfunktion auch die Höhe der Skigebiete eingeben, und das Ergebnis für bis zu 2000 Meter über Meereshöhe hat mich überrascht: 825 Skigebiete fallen unter diese Grenze, das sind 71 Prozent! Mit anderen Worten: Mehr als zwei Drittel aller Skigebiete der Alpen bekommen in den nächsten Jahren noch massivere Probleme, als sie eh schon haben. Selbst wenn man die Höhengrenze deutlich niedriger zieht, nämlich bei 1500 Metern, fallen noch 522 Skigebiete darunter. Das sind exakt 45 Prozent.

Übrigens gibt es nach Recherchen von skiresort.de weltweit 6154 Skigebiete mit insgesamt 60 391 Pistenkilometern. Hier ist das Ergebnis noch eklatanter: 76 Prozent reichen maximal bis 2000 Meter und sind damit in naher Zukunft nicht mehr schneesicher. Es gibt zwar keine allgemeingültige Definition für Schneesicherheit, doch werden in der wissenschaftlichen Literatur 100 Tage als betriebswirtschaftliche Grenze für einen rentablen Betrieb genannt, die ein Skigebiet in sieben von zehn Wintern erreichen müsse. Zudem muss wegen des wichtigen Weihnachtsumsatzes an allen 14 Ferientagen der Skibetrieb gesichert sein – wiederum in sieben von zehn Jahren.[240]

NACHHALTIGER WINTERSPORT – EIN DRAHT-SEILAKT

Mir wird klar, dass es kein „Weiter so" geben kann. Sven Plöger stellt die Gretchenfrage: „Wie schafft man die Balance zwischen Nachhaltigkeit, Wintersport und Wirtschaft für eine schwierige Klimazukunft?" Letztlich ist es den meisten Skigebieten längst klar, dass sie ohne Nachhaltigkeitskonzepte keine Zukunft mehr haben werden. Und es ist an der Zeit, dass sich gerade niedrig gelegene Skiorte neue Konzepte überlegen und ihre Pisten wieder in die Natur zurückführen. Das schmerzt sehr, denn der Wintersport in den Alpen hat eine mehr als 100-jährige Tradition. Gerade das nach dem Zweiten Weltkrieg boomende Skifahren hat vielen Orten in den Alpen eine wirtschaftliche Perspektive geboten.

Wie groß der Markt ist, hat im Oktober 2016 ein Forscherteam aus fünf Alpenländern beim „the ALPS Media Summit 2016" in Innsbruck mitgeteilt. Demnach gab es im besagten Jahr 158 Millionen Skifahrertage in den Alpen, ein Drittel davon fielen auf Österreich, dicht gefolgt von Frankreich mit 30 Prozent, Italien mit 18 und der Schweiz mit 16 Prozent.

Deutschland konnte vier Millionen Skifahrertage aufweisen (2,5%), Slowenien eine Million (0,6%).[241] Dass dies ein Milliardengeschäft ist, zeigt eine einfache Rechnung: Nehmen wir an, an jedem dieser Tage gibt der Skifahrer 100 Euro aus – was meiner Ansicht nach recht konservativ gerechnet ist, muss ein Skifahrer ja nicht nur die Liftkarte bezahlen, sondern auch die Übernachtung und Verpflegung –, dann sind wir schon bei 15,8 Milliarden Euro Umsatz.

Man kann noch eine weitere Rechnung aufstellen. Aktuell beschneien 60 bis 70 Prozent der Skigebiete in den Alpen ihre Pisten künstlich, in Deutschland sind es rund ein Viertel, in der Schweiz und Frankreich etwa die Hälfte, in Österreich 70 und in Italien 87 Prozent.[242] Nehmen wir an, die durchschnittliche Anzahl von Schneekanonen beträgt 80 pro beschneitem Skigebiet, kommen wir auf zirka 60 000. Die Preise variieren je nach Modell, man kann aber konservativ von 25 000 Euro Neupreis für eine vollautomatische Schneekanone ausgehen. Mehr als 1,5 Milliarden Euro teure Beschneiungsgeräte stehen demnach in den Alpen. Die Kosten für den Bau der Speicherteiche sowie das Verlegen der Leitungen und den Betrieb der Beschneiungsanlagen und der Pflege der Pisten durch Pistenraupen kommen freilich noch hinzu. Für Österreich gibt es relativ genaue Zahlen, was das Investitionsvolumen der Skigebiete für Schneekanonen betrifft. „In den letzten zehn Jahren wurden österreichweit alleine in diesem Bereich 1,1 Milliarden Euro in den Ausbau und die Modernisierung investiert", lautet eine Analyse der Wirtschaftskammer.[243] Eine Statistik über die genaue Anzahl der Beschneiungsanlagen gibt es allerdings auch für Österreich nicht. Schätzungen zufolge sind es inzwischen etwa 33 000. Vor 15 Jahren habe es alpenweit nur etwa 3100 Schneekanonen gegeben, das ist mehr als eine Verzwanzigfachung bezogen auf die gesamten Alpen.[244]

Ich könnte das Hochrechnen hier noch weitertreiben und die Kosten der laut Österreichischer Energieagentur zirka 2000 Pistenraupen aufsummieren, sodass wir bei etwa 900 Millionen Euro landen würden, jeweils einen Neukauf vorausgesetzt. Die 30 Millionen Liter Diesel pro Saison, welche die Bullis verbrennen, fallen – zumindest was die Kostenseite betrifft – schon gar nicht mehr groß ins Gewicht. Vom CO_2-Ausstoß dagegen schon, da landen wir bei etwa 40 000 Tonnen.[245] Und da wären auch noch die 455 registrierten Speicherteiche, die laut Wirtschaftskammer für die Kunstschneeerzeugung in die österreichischen Alpen gebuddelt wurden.[246] Der Fachverband Seilbahnen in der Wirtschaftskammer spricht in diesem Zusammenhang davon, dass durch die heimische Seilbahnwirtschaft 125 900 Vollzeitarbeitsplätze gesichert würden, davon „108 800 Arbeitsplätze bei direkt begünstigten Branchen oder indirekten Vorleistern".[247]

Für mich stellt sich die Situation folgendermaßen dar:

- Skifahren hat zur wirtschaftlichen Entwicklung in den Alpen beigetragen. Das muss man anerkennen.
- Nicht nur Skitourismus ist ein Milliardengeschäft, sondern auch in der technischen Infrastruktur, insbesondere der Aufrüstung mit Schneekanonen stecken weitere Milliardeninvestitionen.
- Durch die Klimakrise und die weitere Erwärmung der Atmosphäre sind Skigebiete unterhalb von 2000 Metern bald nicht mehr wirtschaftlich zu betreiben; das wird gut 70 Prozent der Skidestinationen in den Alpen betreffen.
- Beschneiung macht nur Sinn, wenn das Skigebiet höher hinausragt, und sollte unbedingt CO_2-neutral erfolgen; in den Bayerischen Alpen bleiben dann wohl nur drei übrig. Die Kunst wird sein, sich neben noch möglichem Skilauf neue attraktive touristische Konzepte zu überlegen.

Die Wintersaison in den Alpen macht einen gewichtigen Anteil an den gesamten Übernachtungen aus. Wissenschaftler haben die Gesamtzahl für das Jahr 2015 auf insgesamt mehr als 500 Millionen geschätzt, fast 44 Prozent. Das macht die Dimension deutlich.[248] Entscheidend ist jedoch, dass der mit Abstand größte Umsatz im Winterhalbjahr gemacht wird. Auf bis zu 80 Prozent schätzen Marktforscher den Anteil am gesamten Wirtschaftsertrag des Tourismus im Alpenraum. Sieben Millionen Gästebetten, davon etwa 1,5 Millionen in Hotels, stehen den Urlaubern zur Verfügung.[249] Der Alpenexperte Werner Bätzing geht gar von 9,9 Millionen touristischen Betten aus, „davon 1,3 Mio. Betten in der Hotellerie, 3,2 Mio. Betten in der Parahotellerie (gewerblich vermietete Zweitwohnungen, Alpenvereinshütten u. Ä.) und 5,4 Mio. Betten in privat genutzten Zweitwohnungen, die besonders schwer zu erfassen sind".[250] Allein diese Zahlen zeigen, welch nicht wegzudenkender Wirtschaftsfaktor der Tourismus in den Alpen ist. Dies trifft auch auf den Arbeitsmarkt zu. Die Basler Arbeitsgruppe für Konjunkturforschung BAK schätzte für das Jahr 2018 den Anteil der Beschäftigten, die direkt oder indirekt vom Tourismus abhängig sind, auf 15 Prozent.[251]

Im Jahr 2019, also vor der Coronapandemie, machte Österreich mit dem Winter- und Sommertourismus mehr als 26 Milliarden Euro Umsatz.[252] Man kann davon ausgehen, dass diese Zahlen bald wieder erreicht werden, ich hoffe allerdings, mit einer anderen Nachhaltigkeitsbilanz. „Gerade bei alpinen Winterreisen wäre eine qualitative Entwicklung mit Augenmaß sowie eine zunehmende Risikostreuung über ergänzende Angebote angesagt", erklärten die Forscher eines Projektverbunds, an dem auch das Management Center Innsbruck (MCI) beteiligt war. „Fakt sei auch, dass Investitionen in ein nachhaltiges Energie-, Wasser- und Flächen-Management wirtschaftlich sind und zu einem Wettbewerbsvorteil im internationalen Tourismus werden können", schrieben die Salzburger Nachrichten anlässlich der Studie bereits im Oktober 2016.[253] Was ist seither passiert?

> »Ich bin der Meinung, dass sich jedes
> Skigebiet dem Thema Nachhaltigkeit stellen und
> überlegen muss, wie zukunftsweisende
> Konzepte ausschauen können.«

Gäste könnten so ihr Urlaubsziel auch nach Umweltkriterien auswählen. Das kann den Abbau von niedrig gelegenen Liftanlagen wie in Obsteig bedeuten, das können auch neue Mobilitätskonzepte sein. Denn wenn wir über die Klimakrise reden, spielt gerade die Mobilität eine große Rolle. Seit den 1970er-Jahren hat sich das Verkehrsaufkommen auf den Straßen der Alpen durch den Transport von Gütern sowie durch den Tourismus verdreifacht.[254] Ungefähr 60 Prozent des CO_2-Ausstoßes stammen von der Anfahrt mit dem eigenen Auto zum Urlaubsort. Bus und Bahn wären die umweltfreundliche Alternative. Die Bilanz ist deutlich: Wer mit den Öffentlichen anreist, produziert zirka Zweidrittel weniger klimaschädliches CO_2.

Ich besuche Wagrain am Mooskopf im Salzburger Land. Wenn man sein Liftticket online kauft, kann man aus dem gesamten Bundesland mit Bahn und Bus kostenlos anreisen. Seit dem Winter 2022/23 pendeln Elektrobusse aus dem Ort direkt bis zur Piste. Christina König, Geschäftsführerin des Skigebiets „Snow Space Salzburg", in dessen Zentrum sich Wagrain befindet, berichtet von Umfragen unter Urlaubern, die sich in den letzten Jahren immer stärker für das Thema Nachhaltigkeit interessierten. Gerade hat die Snow Space Salzburg Bergbahnen Aktiengesellschaft, die das Skigebiet betreibt, in eine neue Hochleistungskabinenbahn mit dem klangvollen Namen „Flying Mozart" investiert. Kapazität: 4000 Skifahrer pro

Stunde. Je nach Andrang wird die Geschwindigkeit der Seilbahn laut Christina König gesteuert, sodass sich Strom sparen lasse. Der Strom, auch für die Beschneiung der Pisten, komme ausschließlich aus nachhaltiger Produktion.

Zudem berät eine Expertenkommission die Betreiber, wie sich die Schneekanonen so sparsam wie möglich einsetzen lassen und ob und wie die Flächen ökologisch zu bewirtschaften sind. „Wir sind der festen Überzeugung, dass sich unsere Investitionen irgendwann rechnen. Es ist auch der einzige Weg, den wir einschlagen können", sagt König. Seilbahnen würden generell kritisch betrachtet, insofern sei es aller Mühen wert, das Image mit Maßnahmen für den Natur- und Artenschutz aufzubessern. Die Tickets würden dadurch aber nicht teurer. Klimaneutral ist das Skigebiet in Wagrain freilich noch lange nicht. König gibt zu, dass die Bergbahn in einer Wintersaison etwa 4150 Tonnen CO_2 produziert. Die verursachten zum Großteil die Pistenraupen. „Wir versuchen, Stück für Stück von unserem großen Paket zu reduzieren."

Mich würde freuen, wenn es in den Alpen ein zuverlässiges und unabhängiges Bewertungssystem geben würde, anhand dessen ein Urlauber beurteilen kann, ob ein Skigebiet nachhaltig wirtschaftet oder nicht. Mit so einem Wettbewerb ließe sich ein Umdenken am besten erreichen. Für Hotels gibt es solche Labels schon.

> »Ideenwettbewerbe, Innovation und
> Sensibilisierung der Menschen – ich bin für
> die Belohnung nachhaltiger, beweisbarer
> Klimakonzepte und deren Umsetzung.«

Wintersport ist nicht nur ein Freizeitvergnügen und Lebensfreude, er leistet auch einen wichtigen gesundheitlichen und

sozialen Beitrag für unsere Gesellschaft. Für Jung und Alt. Wir brauchen den Wintersport und sollten lösungsorientiert die Probleme angehen.

KÖNNEN BERG UND MENSCH IM EINKLANG EXISTIEREN?

Fakt ist leider aber auch, dass Skifahren seit Jahren immer teurer wird. Für einen Sechstages-Skipass zahlt man im Durchschnitt in den Alpen 300 Euro, der Sport wird mehr und mehr zu einem Exklusivsport. Das gefällt mir gar nicht. Aber Nachhaltigkeit kostet halt auch zusätzliches Geld, ob nun für die Modernisierung des Fuhrparks, die optimale Steuerung von Schneekanonen in Verbindung mit den Pistenraupen, für die Verwendung von Ökostrom oder für modernes „Snowfarming". Wie Letzteres aussieht, kann man in Kaprun am Kitzsteinhorn sehen. Die zwei Gemeinden Zell am See und Kaprun sind in Österreich eine Klima- und Energiemodellregion. Norbert Karlsböck, Vorstand der Gletscherbahnen Kaprun, kann den Klimawandel oben am Kitzsteinhorn auf 3200 Metern seit Jahren beobachten. „Der Gletscher oben verliert einen Meter pro Jahr an Dicke. In den letzten 40 Jahren eben 40 Meter. Das entspricht der Höhe des Kirchturms von Kaprun", sagt Karlsböck und schüttelt dabei den Kopf, als könne er das immer noch nicht fassen.

Natürlich weiß der Chef der Gletscherbahnen, dass er und sein Unternehmen Teil des Problems sind – so wie ich auch und die Millionen Skifahrer, die Jahr für Jahr in die Alpen fahren, um ihren Sport auszuüben. Durch das Schmelzen des Gletschers sei das Bewusstsein für den Naturraum gewachsen, sagt Karlsböck. „Wir haben uns bewusst entschieden, auf die Erschließung eines neuen Gebietes zu verzichten." Stattdessen läuft seit 2019 eine neue Dreiseilumlaufbahn, „3K K-onnection" genannt, deren Umsetzung vom Institut für Ökologie Salzburg begleitet wurde. Die mit Ökostrom betriebenen Gondeln erschließen keine neuen Pisten, reduzieren aber den Individualverkehr im Tal enorm. „Sie ist eine Art Nahverkehrsmittel. Sie bringt Gäste und Skifahrer von Kaprun direkt auf das Kitzsteinhorn", erklärt Karlsböck, „und erspart so dem Kapruner Tal zirka 1,5 Millionen Pkw-Kilometer pro Jahr." Dazu muss man wissen, dass die Gäste früher die sieben Kilometer vom Ort bis zur Talstation hin- und wieder zurückfahren mussten. Auch in Sachen Energie versucht Kaprun, autark zu sein. Nach Angaben des Unternehmens werden pro Jahr 100 000 Kilowattstunden (kWh) durch Photovoltaikanlagen am Kaprun Center, selbst ein Niedrigenergiehaus, sowie an der Tal- und Bergstation produziert. 2023 soll der Wert durch weitere PV-Anlagen auf insgesamt 500 000 kWh gesteigert werden. Ferner spare die Energierückgewinnung aus der Abwärme der Motoren der großen Seilbahnen jährlich 250 000 kWh ein. Das Gros komme aber von einem kombinierten Pump- und Kleinkraftwerk am Kitzsteinhorn, das im Jahr etwa eine Million kWh produziere und durch eine weitere Pumpstation auf 1,3 Millionen Kilowattstunden ausgebaut werden solle. „In Summe beträgt die eigene Stromerzeugung und Energiegewinnung aus erneuerbaren Energiequellen bis Ende 2023 damit rund 2 350 000 kWh im Jahr", heißt es in einer unternehmenseigenen Veröffentlichung mit dem Namen „Nachhaltigkeit. Berg & Mensch im Einklang".[255]

Dem Skigebiet kommen hier natürlich die enormen Höhenunterschiede – die Pisten gehen von 768 Meter bis auf 3029 Meter – zugute sowie die Tatsache, dass es im Sommer viel Schmelzwasser gibt. „Wir nutzen zudem die Energie von Windrädern, die während der Nachtstunden keine Abnehmer findet, um Wasser von einem tiefer gelegenen Stausee in einen höher gelegenen zu pumpen", berichtet Karlsböck. Tagsüber könne dieses Wasser dann wieder turbiniert, also zur Energieerzeugung verwendet werden. Sein Fazit: „Eine große Batterie Österreichs steht auch hier an der Ostflanke des Kitzsteinhorns." Freilich werde ein Teil des Wassers der Stauseen im Winter auch für die Schneekanonen verwendet. Doch die Betreiber des Skigebiets wollen auch hier möglichst wenig verbrauchen. Deshalb haben sie ein alternatives Konzept des Snowfarmings entwickelt, das nicht mit Abdeckplanen arbeitet und damit alten Schnee des Vorjahres retten will. Der Seilbahnchef fährt mit mir von der Bergstation auf Skiern eine breite Piste hinunter und zeigt mir einen mit Zäunen abgegrenzten Bereich, vielleicht so groß wie zwei Fußballfelder. Hier wurde der Schnee parallel zum Hang von Pistenraupen in großen Bahnen angehäufelt, sodass eine Bodenstruktur entstanden ist, die das Abrutschen und das Verblasen des natürlich fallenden Schnees verhindern soll. „Es werden ungefähr 100 000 Kubikmeter natürlich gefallenen Schnees sein, die sich hier in der künstlich geschaffenen Struktur verfangen", sagt Karlsböck. Partiell könne so im Nährgebiet des Gletschers geholfen werden, dass der Gletscher Masse aufbaut, die freilich über die Jahre wieder nach unten fließt.

Das Schmelzen der Gletscher wird so natürlich nicht gestoppt werden, das ist klar. Aber die Idee ist gut und sie bringt mich gedanklich sofort zum Schweizer Glaziologen Felix Keller, den ich vor Jahren kennengelernt habe und der ein großes Versuchsprojekt am Morteratschgletscher in Graubünden gestartet hat – in Kooperation mit den dortigen Betreibern der Diavolezza-Seilbahn.[256] Es geht im Wesentlichen darum, das Gletscherschmelzwasser im Sommer aufzufangen und im Winter bei Minusgraden zum Beschneien zu nutzen – im großen Stil. Dem Visionär Keller gelang es, über einen Projektantrag Geld bei der Schweizer Innovationsförderagentur aufzutreiben und auch industrielle Partner für die Entwicklung einer neuen Technik der Beschneiung zu gewinnen. Denn herkömmliche Schneekanonen sind für das Pilotprojekt ungeeignet, der Gletscher würde sie innerhalb weniger Jahre durch seine Fließbewegung zerstören. Zudem braucht es nach den Berechnungen Kellers 32 000 Tonnen Schnee täglich, um eine relevante Schneeauflage zu produzieren, die den Gletscher vor den Sonnenstrahlen und damit dem weiteren Abschmelzen schützt. „Unsere Idee der Beschneiung kam bei der Industrie gut an. Sie war bereit, sogenannte Schneiseile zu entwickeln. Das sind Aluminiumrohre, die über dem Gletscher aufgehängt und auf beiden Seiten im Fels verankert werden", sagte Felix Keller im Winter 2020/21 zu mir. Keller denkt gerne groß, sodass den Berechnungen seines Teams zufolge zirka zehn Prozent des Morteratsch, das ist ein Quadratkilometer Fläche, mit mindestens zehn Metern Schnee beschneit werden müssten, um sein weiteres Abschmelzen „um 30 bis 50 Jahre hinauszuschieben". Acht Schneiseile mit einer Länge von bis zu 1000 Metern seien dafür nötig.

Viele belächeln den Schweizer Glaziologen, manche halten ihn für durchgeknallt. Mich hat sein Projekt von Anfang an in den Bann gezogen, auch weil für die Schneeproduktion weder Wasser hochgepumpt noch Strom hochgeleitet werden muss. Denn das Wasser, so die Idee, kommt vom höher gelegenen Persgletscher, sodass die Fallenergie ausreichend Druck für die Düsen der Schneianlage mitbringt. Auch fand ich Kellers Mission den Versuch wert:

»Mir ging es nie um den Punkt, Gletscher länger
am Leben zu erhalten, weil sie schön sind und zu den
Alpen gehören. Auch haben wir in der Schweiz auf
absehbare Zeit kein Wasserproblem.
Im Himalaya ist das anders.«

Das sagte er vor zwei Jahren zu mir.[257] „Dort hängen ganze Siedlungen, zum Beispiel Leh, die Hauptstadt von Ladakh, von dem in Gletschern gespeicherten Süßwasser ab. Schmelzen sie weg, sind die Dörfer tot. Die Dimension ist gewaltig: Etwa 200 Millionen Menschen nutzen das Wasser der Himalaya-Gletscher."

Und was ist seither passiert? Es dauert einige Tage, bis ich Keller ans Telefon bekomme. Als wir dann miteinander sprechen, spüre ich sofort, dass er nach wie vor für das Projekt brennt. Die Pilotanlage an der Diavolezzabahn auf 2000 Metern habe im Winter 2020/21 bei einem Sturm gelitten, der Sprühstrahl habe sich so verändert, „dass die Anlage nicht mehr funktionierte", erzählt er. Findige Techniker hätten die Schneiseile nun so verändert, dass sich „der Wasserstrahl selbst schützt und sogar noch produktiver ist". Keller ließ die Anlage im darauffolgenden Winter nochmals aufbauen und ist nun rundherum zufrieden. Derzeit sei er mit mehreren Schweizer Skigebieten in Verhandlung, die eine weltweit erste Anlage im Normalbetrieb aufbauen könnten. Kostenpunkt: bis zu 160 Millionen Schweizer Franken. „Ich bin sehr optimistisch, dass es zum Beschneien kommt", sagt er. Parallel laufe eine Doktorarbeit eines indischen Studenten an der Universität Freiburg/ Schweiz, deren Ziel es sei, im Himalaya geeignete Orte für die künstliche Beschneiung zu finden. Von seiner Ursprungsidee, dem Morteratschgletscher eine solche Anlage zu verpassen, ist er inzwischen abgerückt. „Ich bin froh, den Morteratsch in Ruhe zu lassen. Es wäre ein hässlicher Landschaftseingriff."

Dass am Ende Skigebiete von seiner Innovation profitieren könnten, stört ihn dabei nicht. „Die einzige Legitimation unseres Projekts ist es, die Zukunft von Siedlungen zu sichern, die vom Süßwasser der Gletscher abhängig sind. Wenn dann der wirtschaftliche Benefit in den Alpen dazu beiträgt, den humanitären Einsatz im Himalaya zu ermöglichen, ist das ethisch vertretbar", sagte Keller damals im Interview zu mir. Dahinter steht er immer noch voll und ganz. Was ihn umtreibt, ist die Sorge, dass sich zu viele Glaziologen weltweit „einen Wettkampf liefern, wer noch schlimmere Szenarien in die Öffentlichkeit bringt". Ich stimme Felix Keller in seiner Botschaft zu, dass es wichtig ist, den Menschen zu zeigen, dass man Lösungen suchen will und dafür Risiken eingeht. „Natürlich dürfen wir trotzdem nicht wegschauen oder am Ende zu Klimaleugnern werden", betont er. Auch wenn es aktuell um die Klimaentwicklung gar nicht gut stehe, hält Keller apokalyptische Stimmungsmache für Gift.

Der Meteorologe Sven Plöger zollt den Kapruner Anstrengungen für mehr Nachhaltigkeit wie auch der Gletscherinitiative Felix Kellers Respekt.

„Grundsätzlich sind das Leuchtturmprojekte, die geeignet sind, in den Köpfen der Menschen an der Haltung zu arbeiten", sagt Sven Plöger. Er ist der Überzeugung, dass vieles Kopfsache ist, gerade im Umgang mit der Umwelt. Die Haltung, alles mit der Natur machen zu können – nach dem Motto: wird schon irgendwie gut gehen –, müsse sich ändern in eine, die die Zusammenhänge erkennt und Korrekturen des eigenen Handelns zum Ziel hat.

> »Vielleicht vermittelt ja dann die junge Generation später ihren eigenen Kindern von vornherein das, was wir auf dem Weg der Veränderung erst einmal lernen mussten.«

Letztlich bringt aus meiner Sicht nur ein ganzheitlicher Ansatz vernünftige Lösungen zu Tage, wie das Beispiel Kaunertal zeigt. Die Kitzsteinhorn-Region ist einen ähnlichen Weg gegangen, mit der beschriebenen CO2-neutralen Umlaufbahn, aber auch mit kostenlosen, firmeneigenen E-Bussen für die Belegschaft der Gletscherbahnen Kaprun AG und mit der ökologisch überwachten Renaturierung von erodierten Pistenflächen. Zell am See und Kaprun wurden nun gemeinsam – im Jahr 2022 – von der „World Tourism Organization" der UN zu einem der „Best Tourism Villages" ernannt. Das könnte weiter Schule machen.

Nachhaltiges Skifahren kann es also geben, dahinter muss aber ein Gesamtpaket an Maßnahmen stehen. Und es wird nicht überall funktionieren. Für mich ganz entscheidend: Auch jeder Skifan muss seinen Teil dazu beitragen, dass wir diesen Slalom in der Zukunft bewältigen können, das finde ich tröstlich.

Peter Neusser, geboren am 4. Oktober 1966 in Brno, Tschechische Republik, lebt und arbeitet als freier Fotograf in München. Nach seinem Studium an der Staatlichen Fachakademie für Fotodesign in München assistierte er der international bekannten Künstlerin Ernestine Rubens in den USA. 2000–2005 nahm Peter Neusser am fotografischen Projekt „Theresienhöhe" in München teil. Er wurde 2004 und 2005 für den Bayerischen Staatspreis für Bildende Kunst nominiert sowie 2011 und 2012 für den Prix Pictet in Genf. Neussers Werke wurden in zahlreichen Einzel- und Gruppenausstellungen präsentiert, zuletzt 2023 die „Passion_Part One_Nature" im Haus der Berge in Berchtesgaden.

Michael Ruhland, geboren 1965 in Grafenau im Bayerischen Wald, arbeitete 20 Jahre lang als Redakteur für die Süddeutsche Zeitung. Seit 2012 ist er Chefredakteur beim Magazin „Bergsteiger" und veröffentlichte im Jahr 2020 das Buch „Bergmenschen" mit 33 Interviews und Porträts von Profialpinisten und Bergbegeisterten. Im Jahr darauf verfasste er gemeinsam mit Felix Neureuther und dem Bergfotografen Bernd Ritschel den National-Geographic-Bildband „Unsere Alpen – ein einzigartiges Paradies und wie wir es erhalten können", der inzwischen ein Bestseller ist. Durch seine publizistische Tätigkeit setzt sich der Diplom-Geograf intensiv für den Schutz der Berge ein. Seit 2015 lebt er mit Ehefrau Nina und Sohn Max in den Ammergauer Alpen.

QUELLENNACHWEIS

1   https://17ziele.de/info/was-sind-die-17-ziele.html
2   https://www.himalayanclub.org/hj/36/29/three-pioneers-the-schlagint-weit-brothers/
3   Adolph, Hermann und Robert Schlagintweit: Results of the scientific mission to India and High Asia, 1854-58, Leipzig and London, 1861-66
4   https://www.goethe.de/prj/hum/de/dos/kos/21517434.html
5   Gespräch mit der Schlagintweit-Expertin Stephanie Kleidt am 23.02.21 im Alpinen Museum München
6   Moritz von Brescius, Friederike Kaiser, Stephanie Kleidt: Über den Himalaya. Die Expedition der Brüder Schlagintweit nach Indien und Zentralasien 1854 bis 1858. Eine Publikation des Deutschen Alpenvereins, Böhlau Verlag 2015, S. 33
7   Moritz von Brescius, Friederike Kaiser, Stephanie Kleidt: Über den Himalaya. Die Expedition der Brüder Schlagintweit nach Indien und Zentralasien 1854 bis 1858. Eine Publikation des Deutschen Alpenvereins, Böhlau Verlag 2015, S. 99 ff.
8   Moritz von Brescius, Friederike Kaiser, Stephanie Kleidt: Über den Himalaya. Die Expedition der Brüder Schlagintweit nach Indien und Zentralasien 1854 bis 1858. Eine Publikation des Deutschen Alpenvereins, Böhlau Verlag 2015, S. 31 ff.
9   Dr. Gottfried Neureuther: Erste Hilfe im Gebirge, Lehrschriften für die Jugendgruppen und Jungmannschaften des OeAV, Heft 5, Eigenverlag des Österreichischen Alpenvereins, Innsbruck 1968, S. 56
10 Dr. Gottfried Neureuther: Erste Hilfe im Gebirge, Lehrschriften für die Jugendgruppen und Jungmannschaften des OeAV, Heft 5, Eigenverlag des Österreichischen Alpenvereins, Innsbruck 1968, S. 57 ff.
11 Dr. Gottfried Neureuther: Erste Hilfe im Gebirge, Lehrschriften für die Jugendgruppen und Jungmannschaften des OeAV, Heft 5, Eigenverlag des Österreichischen Alpenvereins, Innsbruck 1968, S. 56
12 Alexander Hofstetter & Stefan Illek: Felix Neureuther. Für die Helden von morgen, egoth Verlag 2021, S. 80
13 https://www.bauwelt.de/themen/bauten/Messner-Mountain-Museum-Zaha-Hadid-2436538.html
14 https://www.architecturaldigest.com/gallery/zaha-hadid-greatest-works-slideshow
15 https://www.messner-mountain-museum.it/de/corones/museum/
16 Peter Prantner: Messner treibt Zaha Hadid auf den Gipfel. Des Bergsteigers 6. Streich. In: https://newsv2.orf.at/stories/2291058/2291057/
17 https://issuu.com/mikepowelz/docs/2009_09_23_asv_hoe_20090925_022
18 Die Besteigung des Mont Blanc (4809 m), höchster Berg der Alpen, am 8. August 1786 durch die Franzosen Jacques Balmat und Michel-Gabriel Paccard gilt als die Geburtsstunde des modernen Alpinismus
19 https://www.paulpreuss-gesellschaft.com/aktuelles/standard-titel
20 http://reinhold-messner.de/
21 https://www.wirmagazin.de/unternehmensnachfolge/familie-messner-vater-reinhold-und-tochter-magdalena-messner-8059/
22 Süddeutsche Zeitung Magazin: „Nur Dummköpfe machen die Ortler-Nordwand", Heft 32/2019, S. 8 ff.
23 https://www.simon-messner.com/2020/11/23/messner-mountain-movie-a-selection-of-our-movies-about-mountains-and-mountaineering/
24 https://planetoutdoor.de/wissen/interviews-portraets-und-reportagen/simon-messner-im-interview

25   https://www.simon-messner.com/#about-me
26   https://www.alpenverein.at/portal/der-verein/geschichte/index.php
27   https://www.alpenverein.at/portal/der-verein/geschichte/index.php
28   https://www.sac-cas.ch/de/die-alpen/aus-der-geschichte-des-sac-10285/
29   https://www.alpenverein.de/geschichte/blog/vor-150-jahren-darum-wurde-der-alpenverein-gegruendet/
30   https://www.alpenverein.at/portal/der-verein/geschichte/index.php#anchor_b62c2276_1862:-Gruendung-des-Oesterreichischen-Alpenvereins-
31   https://www.alpenverein.de/der-dav/presse/zahlen-und-fakten-zu-den-dav-huetten_aid_38187.html
32   https://www.sac-cas.ch/de/huetten-und-touren/sac-huetten/
33   https://www.alpenverein.de/der-dav/portraet-deutscher-alpenverein-e-v-_aid_29526.html
34   https://www.alpenverein.at/portal/huetten-wege/wegenetz/index.php
35   https://www.alpenverein.de/der-dav/leitbild-des-dav_aid_12051.html
36   https://www.alpenverein.de/natur/wir-fuers-klima/klimaschutz-im-dav/klimaschutz-im-dav_aid_38268.html
37   https://www.google.com/search?client=firefox-b-d&q=ANAH+Sektion+M%C3%BCnchen
38   https://www.alpenverein.de/der-dav/leitbild-des-dav_aid_12051.html
39   https://www.alpenverein-muenchen-oberland.de/uploads/images/w1YKoSi0CmbsjyBFoVCb2w/bergbus-eng-fahrplan-2023.pdf
40   Die dazugehörige Quelle ist: Sonderheft Generalsanierung, Falkenhütte-Special, ALPINWELT 2/2021, S. 14; im Internet unter: https://www.calameo.com/read/0005832975e32bcd-7dba6?page=1
41   im Internet unter: https://www.merkur.de/lokales/region-tegernsee/tegernsee-ort29547/wir-haben-einen-riesen-start-hingelegt-90068841.html
42   Hermann Hesse: „Engadiner Erlebnisse", herausgegeben von Volker Michels, mit Zeichnungen und Aquarellen des Dichters, Insel Verlag, 2. Auflage 2021, S. 24-35
43   Hermann Hesse: „Engadiner Erlebnisse", herausgegeben von Volker Michels, mit Zeichnungen und Aquarellen des Dichters, Insel Verlag, 2. Auflage 2021, S. 30
44   Hermann Hesse: „Engadiner Erlebnisse", herausgegeben von Volker Michels, mit Zeichnungen und Aquarellen des Dichters, Insel Verlag, 2. Auflage 2021, S. 10
45   Hermann Hesse: „Engadiner Erlebnisse", herausgegeben von Volker Michels, mit Zeichnungen und Aquarellen des Dichters, Insel Verlag, 2. Auflage 2021, S. 32
46   Hermann Hesse: „Engadiner Erlebnisse", herausgegeben von Volker Michels, mit Zeichnungen und Aquarellen des Dichters, Insel Verlag, 2. Auflage 2021, S. 41
47   https://nietzschehaus.ch/de/
48   https://nietzschehaus.ch/friedrich-nietzsche-in-sils-maria/thema-1/
49   Ecce homo, Also sprach Zarathustra, 1. Abschnitt (KSA 6, S. 335)
50   https://www.faz.net/aktuell/feuilleton/buecher/rezensionen/sachbuch/kulturgeschichte-der-grandhotels-um-1900-14762634.html
51   Urs Kienberger: „111 Jahre Hotel Waldhaus Sils. Geschichte und Geschichten zu einem unvernünftigen Familientraum", Scheidegger & Spiess 2019, S. 329 ff.
52   Hermann Hesse: „Engadiner Erlebnisse", herausgegeben von Volker Michels, mit Zeichnungen und Aquarellen des Dichters, Insel Verlag, 2. Auflage 2021, S.14
53   https://nietzschehaus.ch/ausstellungen-und-veranstaltungen/nietzsche-kolloquium/
54   https://issuu.com/mikepowelz/docs/2009_09_23_asv_hoe_20090925_022

55   Urs Kienberger: „111 Jahre Hotel Waldhaus Sils. Geschichte und Geschichten zu einem unvernünftigen Familientraum", Scheidegger & Spiess 2019, S. 9
56   https://www.economia-del-bene-comune.it/wp-content/uploads/2020/02/2014-Cyprianerhof_peer-Gemeinwohl-BerichtTestat.pdf
57   https://www.pursuedtirol.com/de/ueber-uns/philosophie/gemeinwohl oekonomie/
58   Siehe auch: https://www.focus.de/finanzen/news/hotelier-martin-damian-im-interview-wir-muessen-mehr-fuer-den-klimaschutz-machen-und-investieren_id_194123548.html
59   https://www.dasgerstl.com/das-gerstl-hotel-vinschgau/familie-gerstl#
60   https://rebellen.it/
61   Kapelle Salgenreute. Mit Texten von Florian Aicher, Bernardo Bader Architekten, Kunsthaus Bregenz 2016
62   https://www.karwendel.org/isarursprung/
63   https://www.uniper.energy/sites/default/files/2022-04/broschure_kraftwerks gruppe_isar_1.pdf
64   https://www.uniper.energy/sites/default/files/2022-04/broschure_kraftwerks gruppe_isar_1.pdf
65   https://www.sueddeutsche.de/bayern/bayern-natur-fluesse-fische-wasserkraft-1.5003865
66   https://www.karwendel.org/nutzungs-und-benutzungsordnung-konrad-schuster-biwak-im-karwendel/
67   https://www.alpenverein.de/natur/naturschutzverband/pflanzen-der-alpen/das-alpen-edelweiss_aid_32287.html
68   https://magazin.alpenverein.de/artikel/pflanzen-am-fels_4fbc89d8-ae88-4b31-ae65-7b4e0326e950
69   https://de.wikipedia.org/wiki/Alpen-Mauerpfeffer
70   Sven Plöger: Die Alpen und wie sie unser Wetter beeinflussen, Piper Verlag GmbH, München 2022, S. 133 f.
71   https://magazin.alpenverein.de/artikel/kurzfuehrer-geschuetzte-alpenpflanzen_1a56bf7c-e2c3-435c-b041-805c6e1883df
72   https://www.scinexx.de/news/geowissen/alpengras-wird-5-000-jahre-alt/
73   Sven Plöger: Die Alpen und wie sie unser Wetter beeinflussen; Piper Verlag GmbH, München 2022 S. 133
74   https://www.karwendel.org/naturpark-karwendel/
75   https://magazin.alpenverein.de/artikel/hohenstufen-der-alpen_b357eec5-01a6-4c3e-96a7-add6683313b4
76   https://www.karwendel.org/naturpark-karwendel/
77   https://www.karwendel.org/euregio-besuchermonitoring/
78   https://www.karwendel.org/wissen/uebersicht-der-wissensdatenbank/
79   https://magazin.alpenverein.de/artikel/kurzfuehrer-geschuetzte-alpenpflanzen_1a56bf7c-e2c3-435c-b041-805c6e1883df
80   https://www.bund-naturschutz.de/alpen/alpenpflanzen
81   https://www.alpenverein.de/natur/naturschutzverband/tiere-der-alpen/tiere-alpen-berge_aid_27623.html
82   National Geographic: Die Alpen. Erlebnispark oder Naturparadies. Ein majestätischer Lebensraum in der Krise, Juli 2022, S. 76
83   Das Alpenbuch. Zahlen, Fakten und Geschichten. Marmota Maps, Hamburg 2020, S. 32
84   National Geographic: Die Alpen. Erlebnispark oder Naturparadies. Ein majestätischer Lebensraum in der Krise, Juli 2022, S. 76
85   Der Alpenwald. Eine Natur- und Kulturbeschreibung aus 20 Perspektiven, Benevento Verlag 2022, S. 56

86 Der Alpenwald. Eine Natur- und Kulturbeschreibung aus 20 Perspektiven, Benevento Verlag 2022, S. 57
87 https://www.uni-goettingen.de/de/72855.html
88 Der Alpenwald, S. 57/58
89 Biol. Rev. (2021), pp. 000–000. 1, doi: 10.1111/brv.12727
90 Biol. Rev. (2021), pp. 000–000. 1, doi: 10.1111/brv.12727
91 https://www.nabu.de/tiere-und-pflanzen/voegel/artenschutz/rote-listen/roteliste-2021.html
92 https://www.lfu.bayern.de/natur/artenhilfsprojekte_voegel/raufusshuehner/index.htm
93 Verein zum Schutz der Bergwelt: 50 Jahre Bayerischer Alpenplan – Startpunkt für eine zeitgemäße Weiterentwicklung – von Hubert Job und Constantin Meyer, Jahrbuch 2022, Sonderdruck
94 BUND Naturschutz in Bayern e.V.: Der Alpenplan. Hüter der Erholungs- und Naturlandschaft unserer bayerischen Alpen. München 2016
95 https://www.vzsb.de/media/docs/Jahrbuch2018/VzSB-JB_2018_Lintzmeyer_Der_landespolitische_Paradigmenwechsel_zum_Bayerischen_Alpenplan_275-300.pdf, S. 276, S. 280
96 https://www.bund-naturschutz.de/pressemitteilungen/skischaukel-am-riedberger-horn-kann-nicht-genehmigt-werden
97 https://www.fw-bayern.de/fileadmin/user_upload/Dokumente/Koalitionsvertrag__Gesamtfassung_2018-11-04_final_ohne_Arbeitsweise.pdf, S. 29
98 https://www.fw-bayern.de/fileadmin/user_upload/Dokumente/Koalitionsvertrag__Gesamtfassung_2018-11-04_final_ohne_Arbeitsweise.pdf, S. 29
99 https://www.alpinium.bayern.de/
100 Naturschutz in Bayern e.V.: Tourismus in den bayerischen Alpen. Von der Traumlandschaft zum übernutzten Berggebiet. München 2021, S. 25
101 Naturschutz in Bayern e.V.: Tourismus in den bayerischen Alpen. Von der Traumlandschaft zum übernutzten Berggebiet. München 2021, S. 26/27
102 https://www.rettet-den-gruenten.de/fragen-und-antworten/
103 https://www.alpconv.org/de/startseite/konvention/protokolle-deklarationen/
104 https://www.sueddeutsche.de/bayern/allgaeu-tourismus-alpen-bund-naturschutz-rettenberg-1.5739082
105 https://www.sueddeutsche.de/bayern/allgaeu-tourismus-alpen-bund-naturschutz-rettenberg-1.5739082
106 https://www.alpconv.org/fileadmin/user_upload/Convention/DE/Protocol_Tourism_DE.pdf
107 https://www.alpconv.org/fileadmin/user_upload/Convention/DE/Protocol_Tourism_DE.pdf
108 §27 des Bundesnaturschutzgesetzes und Artikel 15 des bayerischen Naturschutzgesetzes legen die gesetzlichen Aufgaben eines Naturparks fest
109 https://www.floraweb.de/xsql/artenhome.xsql?suchnr=4170&
110 https://www.naturpark-ammergauer-alpen.de/kontakt-service/team
111 Werner Bätzing: Die Alpen. Das Verschwinden einer Kulturlandschaft, wgb Theiss, 2018; Detlev Arens, Fackelträger Verlag GmbH, Köln 2016
112 https://www.alpenverein.de/der-dav/presse/zahlen-und-fakten-zum-bergwandern_aid_38161.html
113 Naturschutz in Bayern e.V.: Tourismus in den bayerischen Alpen. Von der Traumlandschaft zum übernutzten Berggebiet. München 2021, S. 17
114 https://www.naturpark-ammergauer-alpen.de/naturpark-verstehen-uebersicht/projekte-und-aufgaben-des-naturparks/nachhaltige-regionalentwicklung
115 https://www.ammergauer-alpen.de/naturpark/regionale-produkte/koch-buch-ammergauer-alpen-genuss

116 https://alpinn.it/de/#ourphilosophy
117 https://alpinn.it/de/#ourphilosophy
118 https://www.hauselisabeth.it/
119 Dominik Flammer, Sylvan Müller: Das kulinarische Erbe der Alpen. Die Ernährungsgeschichte des Alpenraumes, AT-Verlag, 2017, 4. Auflage, S. 16
120 Dominik Flammer, Sylvan Müller: Das kulinarische Erbe der Alpen. Die Ernährungsgeschichte des Alpenraumes, AT-Verlag, 2017, 4. Auflage, S. 16
121 Ein schönes Südtiroler Rezept findet sich in dem Buch „Mit Rosi und Christian in Südtirol", Edition Raetia, 2016, S. 16/17
122 https://www.nabu.de/tiere-und-pflanzen/saeugetiere/wolf/wissen/15812.html
123 https://www.nabu.de/tiere-und-pflanzen/saeugetiere/wolf/wissen/15812.html
124 www.NABU.de/Wolfkarte
125 https://www.bund-naturschutz.de/tiere-in-bayern/wolf
126 Der WWF geht von 250 Wolfsrudeln in den gesamten Alpen aus (2021) und schätzt die Anzahl 2023 auf 300. https://www.google.com/search?client=firefox-b-d&q=WWF+Anzahl+der+W%C3%B6lfe+in+den+Alpen
127 https://www.nabu.de/tiere-und-pflanzen/saeugetiere/wolf/wissen/15812.html#schutz
128 https://www.merkur.de/bayern/bayern-tirol-wolf-abschuss-oesterreich-entnahme-gesetz-bauern-92077330.html
129 https://www.agrarheute.com/tier/rind/wolfsverordnung-bayern-erleichtert-abschuss-woelfen-ab-1-mai-606156 sowie https://www.br.de/nachrichten/bayern/woelfe-leichter-abschiessen-was-bedeuten-die-neuen-regeln, TcWY7YL
130 Werner Bätzing: Die Alpen. Das Verschwinden einer Kulturlandschaft, 2018, Wissenschaftliche Buchgesellschaft
131 Werner Bätzing: Die Alpen. Das Verschwinden einer Kulturlandschaft, 2018, Wissenschaftliche Buchgesellschaft, S. 7
132 Werner Bätzing: Die Alpen. Das Verschwinden einer Kulturlandschaft, 2018, Wissenschaftliche Buchgesellschaft, S. 76
133 Werner Bätzing: Die Alpen. Das Verschwinden einer Kulturlandschaft, 2018, Wissenschaftliche Buchgesellschaft, S. 76
134 https://www.dwds.de/wb/Alpe
135 http://www.hak-unterammergau.de/Museum.html
136 https://www.ammergauer-alpen.de/tour/themenweg-schleifmuehlklamm
137 https://www.ammergauer-alpen.de/tour/der-weg-der-wetzsteinmacher
138 Prof. Dr. Peter Poschold in: Der Almbauer, Juni 2012, S. 3
139 https://www.alpwirtschaft.de/themen/; Vortrag zur Geschichte der Alpwirtschaft im Allgäu von Michael Honisch als PDF-Download
140 Prof. Dr. Peter Poschold in: Der Almbauer, Juni 2012, S. 3
141 https://www.merano-suedtirol.it/de/schnalstal/natur-kultur/land-leute/transhumanz.html#ltseventslist
142 https://www.merano-suedtirol.it/de/schnalstal/natur-kultur/land-leute/transhumanz.html#ltseventslist
143 Prof. Dr. Peter Poschold in: Der Almbauer, Juni 2012, S. 3
144 Werner Bätzing: Die Alpen. Das Verschwinden einer Kulturlandschaft, 2018, Wissenschaftliche Buchgesellschaft, S. 74
145 Almwirtschaft in Oberbayern, Michael Hinterstoißer bei der 29. Internationalen Almwirtschaftstagung, Teil 2; in: Der Almbauer, Oktober 2018, S. 8
146 Aus „Heu Heimat! Ein Blick in unsere Landwirtschaft zwischen Berg und Tal", Zugspitz Region GmbH (Hrsg.), 2022, S. 15

147 https://www.lra-gap.de/de/unesco-weltkulturerbe.html
148 https://www.lra-gap.de/de/unesco-weltkulturerbe.html
149 https://www.sueddeutsche.de/bayern/bayern-unesco-almbauern-natur-schutz-1.5706029
150 https://rsw.beck.de/aktuell/daily/meldung/detail/gericht-weist-klage-gegen-unesco-bewerbung-fuer-garmischer-wiesen-ab
151 https://almwirtschaft.net/statistische-entwicklung-der-almwirt-schaft-seit-1950
152 https://www.wipptal.at/de/schule-der-alm/grundkurs/
153 https://www.alpwirtschaft.de/themen/; Vortrag zur Geschichte der Alpwirt-schaft im Allgäu von Michael Honisch, PDF zum Downloaden
154 https://www.alpwirtschaft.de/themen/
155 https://rsw.beck.de/aktuell/daily/meldung/detail/gericht-weist-klage-gegen-unesco-bewerbung-fuer-garmischer-wiesen-ab
156 https://www.alpwirtschaft.de/themen/; Einfluss der Älpung auf die Gesund-heit der Milchkuh – Ein Vortrag von Dieter Krogmeier
157 https://rsw.beck.de/aktuell/daily/meldung/detail/gericht-weist-klage-gegen-unesco-bewerbung-fuer-garmischer-wiesen-ab
158 https://almwirtschaft.net/
159 https://www.provinz.bz.it/land-forstwirtschaft/fauna-jagd-fischerei/fauna/wolf-suedtirol/situation-in-suedtirol.asp
160 https://www.all-in.de/allgaeu/weltrekord-2-357-kuhschellen-erklin-gen-gleichzeitig-in-bad-hindelang_arid-288629
161 Almwirtschaft in Oberbayern, Michael Hinterstoißer bei der 29. Internatio-nalen Almwirtschaftstagung, Teil 2; in: Der Almbauer, Oktober 2018, S. 8
162 Interview mit Werner Bätzing, Bergsteiger 10/2012
163 Manfred Kasper: Im Tal der freien Geister. Auf den „Percorsi Occitani" durch die faszinierende Welt des Piemonts; in: Bergsteiger 11/2012
164 https://www.alpconv.org/de/startseite/
165 https://www.alpconv.org/de/startseite/konvention/protokolle-deklarationen/
166 https://www.alpconv.org/fileadmin/user_upload/Convention/DE/Proto-col_Tourism_DE.pdf
167 https://www.alpconv.org/fileadmin/user_upload/Convention/DE/Proto-col_Mountain_Farming_DE.pdf
168 https://www.haunold.info/de/
169 https://www.tierschutzbund.de/aktion/mitmachen/verbrauchertipps/merinowolle/
170 http://kraeuterreich.com/ultental-begegnen/wegleit-schwienbacher/
171 https://www.zentrum-der-gesundheit.de/ernaehrung/nahrungsergaenzung/heilpflanzen/mariendistel
172 https://www.winterschule-ulten.it/pic/Winterschule_Ulten_Broschue-re_2022.pdf
173 Ausstellungskatalog „Christoph Finkel", Museum Penzberg, 10.02. bis 16.04.2023
174 https://www.altabadia.org/de/urlaub-suedtirol/land-und-leute/die-ladini-sche-sprache-und-kultur.html
175 https://www.sanvigilio.com/de/entdecken/ladinische-kultur
176 https://www.suedtirolerland.it/de/highlights/brauchtum-kultur/ladini-sche-sprache-kultur/geschichte-ladiniens/
177 https://www.micura.it/de/
178 https://www.museumladin.it/
179 Michael Ruhland: Bergmenschen, Frederking & Thaler, 2020, S. 148
180 Michael Ruhland: Bergmenschen, Frederking & Thaler, 2020, S. 148

181 https://www.museumladin.it/de/news.asp?news_action=4&news_article_id=160859
182 http://ganes-music.com/ancuntachelyrics/
183 https://www.tirol.at/blog/b-kulturleben/bergmesse
184 https://www.kolping-garmisch.de/index_htm_files/02_Kolping-01-13-Festschrift_125Jahre_Layout%201.pdf
185 https://www.alpenverein.at/portal/news/aktuelle_news/2020/2020_04_01_gletscherbericht-2019.php
     https://www.alpenverein.at/portal/service/presse/2021/2021_04_09_gletscherbericht-2020.php
     https://www.alpenverein.at/portal/service/presse/2022/2022_04_01_gletscherbericht-2020-21.php
186 https://www.alpenverein.at/portal/news/aktuelle_news/2018/2018_04_06_gletscherbericht.php#anchor_aafa1d92_Gletschermesser-waren-gefordert
187 https://www.alpenverein.at/portal/service/presse/2023/2023_03_31_gletscherbericht-2021-22.php
188 https://www.alpenverein.at/portal/service/presse/2022/2022_04_01_gletscherbericht-2020-21.php
189 https://www.stmuv.bayern.de/themen/klimaschutz/gletscherbericht/index.htm
190 https://www.umweltbundesamt.de/themen/klima-energie/klimaschutz-energiepolitik-in-deutschland/treibhausgas-emissionen/die-treibhausgase
191 Felix Neureuther, Bernd Ritschel, Michael Ruhland: Unsere Alpen. Ein einzigartiges Paradies und wie wir es erhalten können. National Geographic Buchverlag GmbH 2021, S. 145
192 Angelika Fleckinger: Ötzi, der Mann aus dem Eis, Folio Verlag, Wien-Bozen 2021
193 https://www.iceman.it/de/
194 https://www.archeoparc.it/
195 https://www.archeoparc.it/besuch/hinweise/#oeffnungszeiten
196 Angelika Fleckinger: Ötzi, der Mann aus dem Eis, Folio Verlag, Wien-Bozen 2021, S. 17
197 Angelika Fleckinger: Ötzi, der Mann aus dem Eis, Folio Verlag, Wien-Bozen 2021, S. 17
198 Sven Plöger: Die Alpen und wie sie unser Wetter beeinflussen; Piper Verlag GmbH, München 2022, S. 186 ff.
199 https://journals.sagepub.com/doi/full/10.1177/09596836221126133
200 Sven Plöger: Die Alpen und wie sie unser Wetter beeinflussen; Piper Verlag GmbH, München 2022, S. 186 ff.
201 https://www.pik-potsdam.de/~stefan/Publications/Other/rahmstorf_abrupteklimawechsel_2004.pdf
202 https://wgms.ch/global-glacier-state/
203 https://wgms.ch/data/faq/_FAQ_RefGlac_Regional_Cum_MB.svg
204 https://www.glamos.ch/en/#/B36-26
205 https://swiss-glaciers.glaciology.ethz.ch/en/factsheet#inventories/B36-26
206 https://www.stmuv.bayern.de/themen/klimaschutz/gletscherbericht/index.htm
207 https://www.bestellen.bayern.de/application/eshop_app000002?-SID=2119446330&ACTIONxSESSxSHOWPIC(BILDxKEY:%27stmuv_klima_014%27,BILDxCLASS:%27Artikel%27,BILDxTYPE:%27PDF%27)
208 https://www.bayerische-staatszeitung.de/staatszeitung/wissenschaft/detailansicht-wissenschaft/artikel/suedliche-schneeferner-ist-offiziell-kein-gletscher-mehr.html#topPosition
209 Die Alpen. Erlebnispark oder Naturparadies? Ein majestätischer Lebensraum in der Krise. National Geographic, Deutsche Ausgabe Juli 2022, S. 76-78

210 Felix Neureuther, Bernd Ritschel, Michael Ruhland: Unsere Alpen. Ein einzigartiges Paradies und wie wir es erhalten können. National Geographic Buchverlag GmbH 2021, S. 159 ff.

211 Felix Neureuther, Bernd Ritschel, Michael Ruhland: Unsere Alpen. Ein einzigartiges Paradies und wie wir es erhalten können. National Geographic Buchverlag GmbH 2021, S. 159 ff.

212 https://www.srf.ch/wissen/natur-tiere/bergsturz-in-bondo-was-geschah-am-piz-cengalo-wirklich

213 https://www.nzz.ch/schweiz/der-bergsturz-von-bondo-muss-doch-weiter-untersucht-werden-ld.1601506

214 https://www.tagesschau.de/ausland/europa/dolomiten-unglueck-101.html

215 https://www.sueddeutsche.de/panorama/italien-dolomiten-gletscher-marmolata-1.5614274

216 https://www.sueddeutsche.de/panorama/unfaelle-opferzahl-nach-dolomiten-katastrophe-steigt-dpa.urn-newsml-dpa-com-20090101-220704-99-897452

217 https://www.tagesschau.de/wissen/klima/gletscherabbruch-dolomiten-101. html

218 https://www.br.de/nachrichten/deutschland-welt/riesiger-bergsturz-am-fluchthorn-in-den-tiroler-alpen,Tgwlh5P

219 https://www.sn.at/leben/reisen/oesterreich-zaehlt-51-millionen-skifahrerta-ge-955474

220 https://interaktiv.br.de/schnee-von-morgen/#stage-1

221 https://interaktiv.br.de/schnee-von-morgen/daten/index.html#klima/schneetage/1550/1961-2014

222 https://interaktiv.br.de/schnee-von-morgen/daten/index.html#klima/schneehoehe/1550/1961-2014

223 file:///C:/Users/ruhland/Downloads/DAV-Beschneiungsstudie-1.pdf

224 https://www.alpenverein.de/natur/wir-fuers-klima/klimaschutz-im-dav/dav-stellt-studie-zur-schneesicherheit-bayerischer-skigebiete-vor-win-ter-im-klimawandel-schneesicherheit-in-bayern_aid_12694.html

225 https://www.alpenverein.de/natur/wir-fuers-klima/klimaschutz-im-dav/dav-stellt-studie-zur-schneesicherheit-bayerischer-skigebiete-vor-win-ter-im-klimawandel-schneesicherheit-in-bayern_aid_12694.html

226 https://www.dwd.de/DE/presse/pressemitteilungen/DE/2022/20220228_deutschlandwetter_winter2022_news.html

227 https://www.dwd.de/DE/presse/pressemitteilungen/DE/2023/20230227_deutschlandwetter_winter22-23_news.html

228 https://www.zamg.ac.at/cms/de/klima/informationsportal-klimawandel/klimazukunft/alpenraum/lufttemperatur

229 https://www.zamg.ac.at/cms/de/klima/informationsportal-klimawandel/klimazukunft/alpenraum/lufttemperatur

230 https://www.bmwk.de/Redaktion/DE/Artikel/Industrie/klimaschutz-abkom-men-von-paris.html

231 Sven Plöger: Die Alpen und wie sie unser Wetter beeinflussen; Piper Verlag GmbH, München 2022, S. 290

232 https://www.spektrum.de/lexikon/geographie/albedo/241

233 https://wiki.bildungsserver.de/klimawandel/index.php/Albedo_(einfach)

234 port/neuer-katastrophenfilm-video-von-ski-touristen-auf-geschmolze-nen-gletscher-geht-viral-id17682456.html

235 https://www.kaunertal.com/de/Nachhaltigkeit/Gelebte-Nachhaltigkeit/Klimafuehrer

236 https://www.kaunertal.com/de/Nachhaltigkeit

237 https://www.meinbezirk.at/landeck/c-lokales/kaunertal-bekommt-nachhaltigkeitssiegel-best-tourism-villages_a5044135
238 https://www.dw.com/de/tirol-ein-skigebiet-ohne-lift/av-16712114
239 https://www.skiresort.de/skigebiete/alpen/
240 file:///C:/Users/ruhland/Downloads/DAV-Beschneiungsstudie-1.pdf
241 https://www.sn.at/leben/reisen/oesterreich-zaehlt-51-millionen-skifahrertage-955474
242 https://www.daserste.de/information/reportage-dokumentation/dokus/videos/felix-neureuther-skifahren-trotz-klimawandel-video-102.html
243 https://www.derstandard.de/story/2000139954110/bis-zu-33-000-schneekanonen-in-oesterreich-geschaetzt
244 https://www.derstandard.de/story/2000139954110/bis-zu-33-000-schneekanonen-in-oesterreich-geschaetzt
245 https://tirol.orf.at/stories/3129641/
246 https://www.derstandard.de/story/2000139954110/bis-zu-33-000-schneekanonen-in-oesterreich-geschaetzt
247 https://www.derstandard.de/story/2000139954110/bis-zu-33-000-schneekanonen-in-oesterreich-geschaetz
248 https://www.sn.at/leben/reisen/oesterreich-zaehlt-51-millionen-skifahrertage-955474
249 Lana Bragin (Hrsg.) u. a.: Das Alpenbuch. Zahlen, Fakten und Geschichten, Marmota Maps, Hamburg 2020, S. 227
250 https://webcache.googleusercontent.com/search?q=cache:wm9IuUmhA6A-J:https://www.geographie.nat.fau.de/files/2019/08/wba_publ_322_luger_alpenreise_text.pdf+&cd=15&hl=de&ct=clnk&gl=de&client=firefox-b-d
251 https://www.bak-economics.com/studien-analysen/detail/tourismus-benchmarking-die-schweizer-tourismuswirtschaft-im-internationalen-vergleich
252 https://www.daserste.de/information/reportage-dokumentation/dokus/videos/felix-neureuther-skifahren-trotz-klimawandel-video-102.html
253 https://www.sn.at/leben/reisen/oesterreich-zaehlt-51-millionen-skifahrertage-955474
254 https://www.daserste.de/information/reportage-dokumentation/dokus/videos/felix-neureuther-skifahren-trotz-klimawandel-video-102.html
255 https://www.kitzsteinhorn.at/pressetexte/basis-texte/Presseinformationen-2022/04_Nachhaltigkeit.pdf
256 Felix Neureuther, Bernd Ritschel, Michael Ruhland: Unsere Alpen. Ein einzigartiges Paradies und wie wir es erhalten können. National Geographic Buchverlag GmbH 2021, S. 86 ff.
257 Felix Neureuther, Bernd Ritschel, Michael Ruhland: Unsere Alpen. Ein einzigartiges Paradies und wie wir es erhalten können. National Geographic Buchverlag GmbH 2021, S. 86 ff.

IMPRESSUM

© 2023 GRÄFE UND UNZER VERLAG GmbH,
Postfach 860366, 81630 München

EDITION

Gräfe und Unzer ist eine eingetragene Marke der GRÄFE UND UNZER
VERLAG GmbH, www.gu.de

ISBN 978-3-8338-8733-8

1. Auflage 2023

Projektleitung: Simone Kohl
Text und redaktionelle Mitarbeit: Michael Ruhland
Lektorat: Katharina Katz
Korrektorat: Christian Wolf
Bildredaktion: Katharina Katz
Umschlaggestaltung: Ki36 Editorial Design, München, Bettina Stickel
Umschlagfotografie: Peter Neusser; Portrait Klappe vorne: Schöffel
Herstellung: Markus Plötz
Satz und Innenlayout: Björn Fremgen, KONTRASTE
Repro: Ludwig Media, Zell am See
Druck und Bindung: Livonia, Riga

Bildnachweis: Peter Neusser

Umwelthinweis: Dieses Buch ist auf PEFC-zertifiziertem Papier gedruckt. PEFC garantiert, dass Holz- und Papierprodukte aus nachhaltig bewirtschafteten Wäldern stammen.

Die GU-Homepage finden Sie unter www.gu.de

 www.facebook.com/gu.verlag

Ein Unternehmen der
GANSKE VERLAGSGRUPPE